南开大学／中国社会科学院大学教材

新大众哲学

xin dazhong zhexue

王伟光　主编

中国社会科学出版社

图书在版编目（CIP）数据

新大众哲学：教材版/王伟光主编．—北京：中国社会科学出版社，2020.5

ISBN 978-7-5203-5775-3

Ⅰ.①新… Ⅱ.①王… Ⅲ.①马克思主义哲学—教材 Ⅳ.①B0-0

中国版本图书馆 CIP 数据核字（2019）第 277210 号

出 版 人　赵剑英
责任编辑　王　茵　孙　萍
责任校对　李　沫　刘　洋
责任印制　王　超

出　　版　中国社会科学出版社
社　　址　北京鼓楼西大街甲 158 号
邮　　编　100720
网　　址　http://www.csspw.cn
发 行 部　010-84083685
门 市 部　010-84029450
经　　销　新华书店及其他书店

印　　刷　北京君升印刷有限公司
装　　订　廊坊市广阳区广增装订厂
版　　次　2020 年 5 月第 1 版
印　　次　2020 年 5 月第 1 次印刷

开　　本　710×1000　1/16
印　　张　24.5
字　　数　312 千字
定　　价　58.00 元

《新大众哲学(教材版)》
前　言

《新大众哲学》2014 年 9 月面世以来，已出版两个版本。一是人民出版社与中国社会科学出版社联合出版的七卷版《新大众哲学》；一是中国社会科学出版社出版的《新大众哲学（简明版）》。《新大众哲学（教材版）》是为南开大学、中国社会科学院大学学生准备的参考教材，也可供全国大学生、研究生学习哲学参考之用。这次编写的教材版，删除了大部分实例，个别地方也作了必要的文字修订，大体保持了简明版的体例和论述。崔唯航负责教材版全书的改编工作，周丹参与具体修改，王伟光统稿定稿。

迄今为止，《新大众哲学》已编撰出版了三个版本，即七卷版、简明版和教材版。读完教材版的读者可以依次再深入研读一个简明版和七卷版，这样有助于学习掌握马克思主义哲学这一看家本领。

王伟光

2019 年 6 月 1 日

《新大众哲学（简明本）》
前　言

《中国社会科学报》编辑部根据读者的意见，建议我选择《新大众哲学》一些重点篇章，在《中国社会科学报》上连载，以让更多的读者接受马克思主义哲学的滋养。我应约把《新大众哲学》总论篇、唯物论篇、辩证法篇、认识论篇、历史观篇、价值论篇、人生观篇七篇改编成总论篇、唯物论篇、辩证法篇、认识论篇、历史观篇五篇，精选其中重点章节，并做了必要的删改。从 2015 年 3 月 23 日开始至 2016 年 7 月 20 日止，《中国社会科学报》每周刊登一篇。现应中国社会科学出版社的要求，我把连载的重点篇章集结成册，作为《新大众哲学》的简明本奉献给读者。

王伟光

2017 年 3 月 30 日

原版前言

20 世纪 30 年代，著名马克思主义哲学家艾思奇（1910—1966 年）写过一部脍炙人口的《大众哲学》（最初书名为《哲学讲话》）。该书紧扣时代脉搏，密切联系中国实际，将马克思主义哲学的基本道理以生动活泼的形式，深入浅出的笔法，贴近大众的语言，通俗而生动地表达出来了。《大众哲学》像一盏明灯，启蒙了成千上万的人们走上中国共产党领导的革命道路。

光阴如梭，《大众哲学》问世迄今已逾八十年。八十年在人类历史上只是短暂的一瞬，但生活在这个时代的人们却经历着沧桑巨变！人们能够真切地感受到，科学技术发展一日千里，全球化、信息化浪潮汹涌澎湃，工人阶级和社会主义运动势不可当，当代资本主义内在矛盾激化演变，中国特色社会主义实践日新月异，人们的生活"每天都是新的"。历史时代和社会实践的显著变化，呼唤新的哲学思考。以当年"大众哲学"的方式对现实作出世界观方法论的解答，写出适应时代的"新大众哲学"，既是艾思奇生前未竟的夙愿，更是实践的新需要、人民的新期待、党和国家的新要求。

今天编写《新大众哲学》，要力图准确判断和反映时代的新变化，进行新的哲学的分析。纵观人类历史发展的总体进程，我们的时代是资本主义逐步走向灭亡、社会主义逐步走向胜利的历史时代。尽管马克思主义经典作家早就敲响了资本主义的丧钟，但旧制度的寿终正寝却是一个漫长的历史过程。试看当今世界，通过工人阶级和劳动大众的持续抗争，资本主义不再那么明火执仗、赤裸裸地掠夺，而是进行生产关系与上层建筑体制的局部调整，运用“巧实力”或金融手段实施统治。资本主义不仅没有马上“死亡”，反而表现出一定的活力，然而其不可克服的内在矛盾导致的衰退趋势却是不可逆转的；苏联解体、东欧巨变之后，尽管国际共产主义运动陷入低潮，但社会主义中国则以改革开放为主旋律蓬勃兴起，中国特色社会主义的成功开拓，推动共产主义运动走出低谷。2008 年爆发的世界金融危机就是这一重大历史性变化的转折点。资本主义与社会主义的竞争、较量、博弈正以一种新的形式全面展开。时代的阶段主题虽由“战争与革命”转向“和平与发展”，但马克思主义经典作家所揭示的整个时代的基本矛盾并没有改变，人类历史新的社会形态终将代替旧的社会形态的历史总趋势并没有改变，引领时代潮流的时代精神——马克思主义世界观方法论并没有过时。马克思主义哲学是社会实践的理性概括。作为科学社会主义理论基础的马克思主义哲学，需要重新审视资本主义和社会主义及其关系，给大众提供认识社会历史进程和人类前途命运的新视野。《新大众哲学》要准确把握时代变化的实质，引领大众进行新的哲学认知。

编写《新大众哲学》，要力图科学思考和回答科技创新和生产力发展的新问题，赋予新的哲学的概括。科学技术已经成为“第一生产力”，全面、深刻地塑造着整个世界。全球化、信息化、市场化，高新科技的发展和应用，令世界的面貌日新月异。现代资本主义几十年所创造的生产力，远远超过了资本主义几百年，甚至人类社会成千上万年生产力的总和。社会主义中国在与资本主义的竞争中，正在实现赶超式发展。尽管马克思曾经提出“科学技术是生产力”“世界历史理论”等一系列重要思想，但当今的科技创新和生产力发展，包括全球化、信息化、市场化对经济、政治、文化、社会的全方位渗透影响，仍然提出大量有待回答的哲学之问。马克思主义哲学是人类社会生产实践和科学研究实践的思想结晶，需要对社会生产实践和科学发展实践提出的问题给予哲学的新解答。《新大众哲学》要科学总结高新技术和生产力发展提出的新问题，提供从总体上把握问题、解决问题的哲学智慧，进行新的哲学解读。

编写《新大众哲学》，要力图深刻总结中国特色社会主义伟大实践中涌现出的新经验，并作出新的哲学的概括。中国特色社会主义是当代中国共产党人从事的一项“全新的事业”。改革已经引起了中国社会的深刻变革、社会结构的深刻变动、利益关系和思想观念的深刻变化，一方面推进了经济社会的飞跃发展，另一方面又带来了新的社会矛盾。马克思主义哲学理应正视人民大众利益需求的重大变化，探索满足人民日益增长的物质和文化需要的有效途径，研究妥善处理复杂的利益矛盾、建设富强民主文明和谐的社会主义现代化国家的正确道路。《新大众哲学》在回答重大现实问题的过程中，要对中国道路、中国模式、中国奇迹、中国特色社会主义新鲜经验予以世界观方法论层面的哲学阐释。

编写《新大众哲学》，还要力图回应当代国内外流行的各种哲学社会思潮，给予新的哲学的评判。哲学的发展离不开现成的思想成果，马克思主义哲学是在批判地继承人类一切优秀成果的基础上发展起来的，是在批判非马克思主义、反马克思主义思潮的思想交锋中发展起来的。人们在错综复杂的社会思潮冲击下，常常感到迷惘、困惑，辨不清是非，找不到理想的追求和前行的方向。在这场“思想的盛宴”中，如何“尊重差异，包容多样”，让一切有益于中国特色社会主义建设的思想文化充分涌流；同时，批判错误的哲学思潮，弘扬正确的哲学观，凝聚社会共识，让主流意识形态占领阵地，是马克思主义哲学不容回避的历史任务。《新大众哲学》要在批判一切错误思想、吸取先进思想文明的基础上，担当起升华、创新马克思主义哲学的历史使命。

时代和时代性问题的变化，现实实践斗争的发展，既为马克思主义哲学提供了新的源泉，又不断地对其本身的发展提出急迫的需求。对于急剧变化和诸多问题，马克思主义哲学经典作家没有亲身面对过，更没有专门深入阐述过。任何思想家都不可能超越他们生活的时代，宣布超时代的结论。列宁说："我们并不苛求马克思或马克思主义者知道走向社会主义的道路上的一切具体情况。这是痴想。我们只知道这条道路的方向，我们只知道引导走这条道路的是什么样的阶级力量；至于在实践中具体如何走，那只能在千百万人开始行动以后由千百万人的经验来表明。"[1]但历史并不会因为理论的发展、理论的待建而停下自己的脚步。现实对马克思主义哲学创新充满期待，人们期待得到马克思主义创新的哲学观念的指导。

《新大众哲学》正是基于高度的使命感和理论自觉，努力高扬党的思想路线的旗帜，坚持解放思想、实事求是、与时俱进、求真务实，顺应时代潮流，深入思考和回答时代挑战与大众困惑。《新大众哲学》既不是哲学教科书，刻意追求体系的严密，也不是哲学专著，执着追求逻辑论证与理性推理；而是针对重大现实，以问题为中心，密切关注时代变化和形势发展，注重吸收人类思想新成果，进行哲学提升、理念创新，不拘泥于哲学体系的框架，以讲清哲学真理为准绳。在表达方式上，《新大众哲学》避免纯粹的抽象思辨和教科书式的照本宣科，以通俗化的群众语言来阐述，力求通俗易懂、生动活泼，贴近广大读者的新要求，让马克思主义哲学"讲中国老百姓的话"。

《新大众哲学》立足马克思主义哲学的本真精神，从总论、唯物论、辩证法、认识论、历史观、价值论、人生观七个方面围绕时代问题展开哲学诠释，力求将重大理论与现实问题提升到马克思主义哲学世界观方法论的高度加以分析与阐明，在回答重大理论与现实问题的进程中，力争推进马克思主义哲学的时代化、中国化和大众化。这是历史赋予马克思主义哲学义不容辞的责任，也是《新大众哲学》应当担当的历史重任和奋力实现的目标。或许，在这个信息爆炸、大众兴趣多样化的时代，这套丛书并不能解决大众所有的疑问和困惑，但《新大众哲学》愿与真诚的读者诸君一起求索，一道前行。

以上所述只是《新大众哲学》追求的写作目的，然而，由于《新大众哲学》作者们的水平能力有限，可能难以达到预期。再者，《新大众哲学》分七部分，且独立成篇，必要的重复在所难免。同时，作者们的文字功底不够扎实，文字上亦有不尽完善的地方。故恳请读者们指教，供《新大众哲学》再版时修订。

注 释

〔**1**〕《列宁专题文集　论社会主义》，人民出版社 2009 年版，第 399 页。

目　录

第一章　哲学总论：学好哲学，终生受用

哲学是人类的智慧之学，人类的哲学思想源远流长。马克思曾经说过，“任何真正的哲学都是自己时代精神的精华”，“是文明的活的灵魂”。哲学从总体上概括地把握时代的内容和本质特征，是理论化、系统化的世界观和方法论。掌握科学的世界观和方法论，人就可以从迷到悟，从糊涂变明白，增进智慧。因为，学好哲学，终生受用。

第一节　哲学绪论

说到哲学，大多数人都会有一种复杂的感受，讨论的内容抽象晦涩，研究的问题也好像没有直接的用处，但神秘面纱背后的智慧与玄妙又显示出极大的魅力与吸引力。

说哲学百无一用并不冤枉。古希腊第一个哲学家泰勒斯（Thales，约前 624—前 546 年）因仰望星空而掉进了脚下的土坑。目击这一幕的女奴嘲笑他，哲学连地上的坑都看不见，还看什么宇宙？从这个传说中，可以得到两个隐喻：一是哲学无用。哲学的确不像某门具体科学、具体专业，有专门之用，如数学、物理、化学、生物、医学等都有专门之用。**哲学是解决对世界一**

般规律的总体看法的，无专门的一技之用，但它具有世界观、方法论的总体用处。因此不能狭义地说哲学无用。二是哲学太空。认为哲学“空”“虚”的看法也是对哲学的偏见造成的。**哲学虽然是高度抽象的学问，但哲学来源于现实、服从现实、服务现实**。哲人不应该只是“仰望天空”，必须同时脚踏实地关注脚下，也就是关注现实，面对现实，深入实践，联系实际，为人类的实践服务。

一 为什么学哲学

人生活在世界上，一定会对世界形成自己的看法，也一定要形成对世界的看法。学习哲学，可以使人们自发、零散、片段的世界观变得系统化，因为哲学本来就是系统化了的世界观。认识世界不能只看现象，还要认识现象背后的本质，本质就是规律。各门科学包括全部自然科学和社会科学，解释的都只是自然和社会一个方面、一个领域、一个层面上的规律，而哲学揭示的是事物发展变化最普遍的规律。掌握了一般规律，既有助于认识特殊规律，更有助于从整体上认识和把握世界。马克思主义哲学揭示了自然界、人类社会和思维的最一般的规律，是指导人们认识世界、改造世界的最锐利的思想武器。当然，强调学哲学不是说其他领域的知识、其他的学科可以不学了，相反地，许多有关的知识、学科都要认真学、刻苦学，不同的是有了哲学的根底，学其他知识会更有成效。

人生活在世界上总是要做事的，做事就要讲究方法，方法对了事半功倍，方法错了事倍功半。如何才能掌握科学的方法呢？哲学既是世界观，又是方法论。当然哲学不能教会人们去治病、去酿酒、去盖房，哲学作为方法论提供的不是什么具体的技能、技术、手艺和方法，而是分析问题、认识问题、解决问题的思想方法，这是做好一切工作的思想基础。

有马克思主义哲学这一世界观和方法论打底，就可以树立正确的、科学的利益观、价值观、人生观、幸福观、金钱观、家庭观等，让人们成为一个内心向上、行为积极、对社会有益的人。有马克思主义哲学这一世界观和方法论打底，就可以认清历史大势，找准立场定位，始终站在最广大人民群众的立场上做历史的促进派，做人民的代言人，为人民干实事、做好事。

一代又一代的中国共产党人都对学习哲学给予高度重视。毛泽东在延安时期发动了哲学学习运动，带动全党大兴学习哲学的风气，通过学哲学来解决“我们共产党人眼力不够”的问题，解决领导干部的思想路线和思想方法问题，解决观察问题、分析问题、解决问题的世界观方法论问题。党的十八大以来，中共中央政治局先后就历史唯物主义基本原理和方法论、辩证唯物主义基本原理和方法论进行集体学习，习近平总书记强调，辩证唯物主义是中国共产党人的世界观和方法论。学哲学，用哲学，是我们党的一个好传统，要求各级领导干部特别是高级干部要努力把马克思主义哲学作为自己的看家本领。

无用之用，斯为大用，这就是哲学的品格；无为而无不为，这正是学习哲学的收获。

哲学事实上与我们每一个人都保持着“亲密的接触”，时时刻刻、方方面面，没有须臾的分离，尽管人们可能还不知道或者说从来没有意识到。让我们走向哲学、走进哲学。

二　哲学是什么

哲学是一门学问？哲学是一项技能？哲学是一种境界？当我们走向哲学的时候，首先就要面对关于哲学的这一系列提问。对这些问题的回答是哲学的开始。

（一）哲学的对象

给哲学下定义之前，可以先谈谈世界观。世界观就是人对世界以及人与世界关系的总的看法。问题不在于你有没有一个世界观，而在于有一个什么样的世界观。也就是说，世界观人人都有，没有你有我没有的不同，只有自觉或不自觉地受某种世界观的支配之分。有人压根就没有听说过“世界观”三个字，也没有意识到自己是受某种世界观的支配。也就是说，有人是不自觉地接受某种世界观的指导，有人是自觉地接受某种世界观的指导。

人们的世界观可以分为素朴自发的世界观、神学世界观和哲学世界观。人们最早的世界观是素朴的、自发的，是不自觉的、不系统的，缺乏理论性、科学性、一贯性和系统性。远古人类就已经产生了神学世界观，这反映了人们对人之外的自然力量的恐惧、崇拜与迷信。

哲学世界观就是自觉的世界观。有人说，按此定义，人人都有世界观，难道人人都是哲学家？这当然不是。虽然从哲学的立场来说，最好的回答是：“不能肯定人人都是哲学家的事实，也不能否定人人都是哲学家的可能”；但在可能还没成为现实之前，毕竟还不是现实。所以需要对“哲学世界观”这一定义再加一个定语，即“理论化”。

哲学就是理论化、系统化的世界观，哲学靠理论论证和逻辑分析系统地回答关于世界最一般的问题。

（二）哲学的功能

哲学到底有没有用？对哲学提出这样的问题也是事出有因。因为在实际生活中，很多人都有一种哲学无用的感觉。就好比大学生就业，学工科的可以去搞工业，学医学的可以去当医生，而学哲学的似乎连工作都不太好找，因为许多人不知道你的岗位在哪里，不知道哲学能干什么。其实，哲学从产生开始就面临着这样的质疑。泰勒斯为了改变人们关于哲学无用的观念，他做了这样一件事情以说明哲学的作用。在大家都认为橄榄产量一年不如一年的时候，泰勒斯花低价把橄榄榨油器全部买断。到第二年的时候，橄榄出乎意料地大丰收，家家户户都需要榨油，都要用榨油器，结果泰勒斯赚了一大笔钱。泰勒斯以此告诉希腊人，如果愿意的话，哲学家靠哲学思维可以赚很多的钱，只不过他有更高的追求罢了。应该说泰勒斯这一手确实把人们镇住了，让人们不再敢小瞧哲学的功效。但现在回过头来看，泰勒斯是通过掌握天文学知识，预计出来年的气候适合橄榄生长，橄榄会大丰收，所以才成功了。他用的其实是天文学，当然，是在哲学思维指导下的天文学，具有哲学智慧，而且当时天文学并没有从哲学中分离出来，所以把他的成功当成哲学的成功也不为过。

古希腊是人类哲学思维的发源地之一，古希腊语“哲学”，即“爱智慧”的意思。相传古希腊科学家毕达哥拉斯（Pythagoras，前572—前497年）曾说过，他不是一个智者，而只是一个爱智慧的人。“哲学”一词就是从“爱智慧”演变来的。古希腊人把聪明的智者称为哲人，也是指具有高度智慧的人。因此，不论是中国还是西方，都把哲学看成具有高度智慧的学问，把哲学家称为哲人。说哲学是体现高度智慧的学问不能算错，但亦没有回答哲学到底有什么用。

事实上，今天再回答这样的问题，完全没有必要借用别的学科了，借用了人家也不会服气。需要用哲学本来的力量证明哲学的功效。这就是哲学的“无用之用，万用之基”。哲学看起来好像没有什么具体的功效，但哲学作为世界观的理论体系，不同的哲学认知、不同的哲学修养，会产生对世界不同的认知与理解。当人们对世界的看法改变了的时候，人们在世界上的作为也就会相应发生改变；当人们的作为改变了，世界也就可能被改变了。哲学作为理论化的世界观和方法论，具有影响、支配、指导人们言行，付诸实践，进而改造客观世界，并在改造客观世界的同时改造主观世界的强大功能。

在20世纪中期，科学界有人一度认为原子就是最基本的粒子，不再可分了。但毛泽东在1955年就讲，从哲学的观点来说，基本粒子也是可分的，随后的科学发现了比原子更小的“夸克”粒子。1977年，在美国夏威夷召开的世界第七届粒子物理学讨论会上，美国著名微粒子物理学家、诺贝尔物理奖获得者格拉肖（Glashow，1932— ）提议将这种微粒子以毛泽东的名字命名为“毛粒子”。这既是科学家对毛泽东的敬意，更是科学向哲学的致敬。

其实，关于哲学有用无用，亚里士多德（Aristotle，前384—前322年）为泰勒斯辩护的那句话讲得已经很到位了：“学哲学的人可能会掉进坑内，但不学哲学的人本来就在坑内，从来没有出来过，也从来不知道还要出来。”哲学大有用处。哲学的用处，即哲学的功能，表现为世界观功能、方法论功能、认识论功能、人生观功能、价值观功能、道德观功能，而这些功能恰恰通过指导人们改造客观世界和主观世界的社会实践而发生作用。

用马克思的话讲，哲学的功能就体现在人的实践中。哲学通过指导人的实践，回答了自己有用没用的问题。

哲学指导实践的功能在马克思主义哲学中表现得尤为突出。马克思指出：“任何真正的哲学都是自己时代的精神上的精华，因此，必然会出现这样的时代：那时哲学不仅在内部通过自己的内容，而且在外部通过自己的表现，同自己时代的现实世界接触并相互作用。那时，哲学不再是同其他各特定体系相对的特定体系，而变成面对世界的一般哲学，变成当代世界的哲学。各种外部表现证明，哲学正获得这样的意义，哲学正变成文化的活的灵魂，哲学正在世界化，而世界正在哲学化，——这样的外部表现在一切时代里曾经是相同的。”[1]这讲的就是哲学指导实践的作用，而哲学通过理论化的世界观参与实践、作用实践，认识世界、改造世界。

（三）哲学的性质

哲学作为世界观从内容来说似乎很宏大，包容天地，涵盖古今。其实正因为是世界观，从认识主体来说，哲学又很具体、很个性化。每一个人都有自己的世界观，就他个人来说，他认为他的世界观是天经地义的，是好的。一个人肯定不会去秉持一个自己认为不好的世界观。所谓“好”的世界观与“不好”的世界观，应当有客观的评价标准。

中国古代大哲学家庄子（约前 369—前 286 年）在《齐物论》中就讲过，人人见了西施都说美丽，人人皆欲得而亲之，但鱼看到却沉到了水下，鸟看见了高高飞走，鹿见了远远地跑开。用“沉鱼落雁”形容美人其实是人的一厢情愿，鸟兽鱼虫是不当回事的。

按照这样的讲法，哲学果真就没有好坏了吗？也不是。哲学是人的哲学，人是社会关系的总和。个体有个体真实不可否认的独立标准，可是人是社会之人。融入社会就不能没有共同的客观标准，就必须在共同的客观标准下接受好与坏的评判。社会共同的客观标准是什么？要以能否正确地认识外部世界规律、能否推进社会发展进步，能否促进人自由全面发展的不断拓展为基本要求。符合这些要求的哲学就是正确的、科学的哲学，不符合、有差距甚至背道而驰的哲学当然就是不正确、不科学的哲学了。**马克思主义的现代唯物主义就是正确的、科学的哲学**。

（四）哲学的生命

哲学的生命力源于现实。哲学总是程度不等、形式不同地反映和揭示时代的各种矛盾，关注和回答时代提出的各种现实问题，并随着时代的进步而不断变革自身的形态。哲学以一种批判的、革命的态度与时代的现实生活保持紧密联系，并在回答时代的重大现实问题中获得自己发展的动力。

现实课题是哲学的生长点，不断地创造性地回答时代课题是哲学发展的动力。推进哲学创新发展，必须着眼于时代的变化，把握改革创新的时代精神，并自觉地以哲学的方式回答时代的重大现实课题。

哲学所面对的“现实”并不是个别的、枝节性的事实，而是人类生活的“时代”或者说构成人类生活意义的“时代精神”。哲学是以总体的方式对自己时代的把握，实践性、总体性、批判性、反思性、超越性和抽象性是科学的哲学思维的特色。哲学正是通过对自己时代精神的把握来塑造和引领自己的时代。当代世界和中国的现实实践提出的重大问题，给哲学提供了难得的机遇，哲学必须跟上时代的发展，以真正哲学的方式来回答这些时代课题。

艾思奇在《如何研究哲学》中指出：“为什么要研究哲学呢？这问题现在解决了：因为从哲学的研究中，我们要找到正确的世界观，这世界观可以作为我们认识现实的根本方法。我们借此可以得到正确的认识，变革自己的意识，更进而建立起健全的、合理的生活实践。”正是基于这样的立场，艾思奇写出了被毛泽东称为“通俗而又有价值”“我读了得益很多”，并且作了长篇摘录的《大众哲学》。

艾思奇之所以能在哲学发展上取得这样大的成就，就在于他始终将哲学研究与时代的重大现实有机结合起来。艾思奇说：“第一不离开现实的问题，第二要有前进民众的立场，是辨别正确哲学的标准。”因此，哲学所要面对、回答的最根本的课题是该时代具有普遍性的重大现实。哲学必须善于捕捉住重大现实，善于观察分析重大现实，在回答重大现实的探索进程中推进哲学的创新发展。然而哲学又是从世界观、方法论、从普遍规律的高度回答现实，需要高度的哲学思维，需要运用概念、范畴进行抽象思维、综合概括，实事求是地看待现实，辩证地看待现实，客观全面地看待现实。

那么，目前，哲学要挖掘哪些重大课题加以回答并作出科学的抽象呢？当前，我国最大的现实就是中国特色社会主义的伟大实践，哲学的发展首先要面对这个现实，直接解答这一现实问题。只有直接从世界观和方法论的高度回答现实，从现实生活中提炼出带有共性的范畴，加以分析、综合、抽象、概括，进一步创新哲学的范畴体系，才能真正发展马克思主义哲学。譬如，社会主义市场经济是一个经济学课题，但同时又是一个哲学课题。哲学工作者应当掌握更多的市场经济知识和材料，运用马克思主义哲学的立场、观点和方法，来认识社会主义市场经济。再譬如，当代社会主义与当代资本主义的现状与发展趋势，是当今历史时代最迫切的问题，哲学工作者怎样站在历史时代的高度、运用辩证唯物主义和历史唯物主义世界观方法论，来分析当代社会主义和当代资本主义。又譬如，当代科学技术的发展已经提出了许多重大哲学问题，如21世纪人类面临的共同挑战是生存环境的恶化，人与环境的关系则成为世界哲学探索的中心议题。面对现代科学技术发展的现实和人类生存环境问题，应密切注意现代科学技术发展的新动向，应注意现代科技发展所引起的社会问题和环境问题，从中得出一定的哲学结论。还譬如，面对世界当代优秀文化成果，以及中华民族传统文化的优秀成果，应研究新思潮，研究新学科，挖掘发展哲学的素材。哲学与许多学科的结合，可以进一步扩充哲学的外延，丰富哲学的内涵。

总而言之，哲学一定要关注现实、研究现实、概括现实、改造现实，哲学无限的生命源于无尽的现实。

三　怎样学哲学用哲学

黑格尔曾经意味深长地讲过一句话：同一句格言，在一个饱经风霜、备受煎熬的老人嘴里说出来，和在一个天真可爱、未谙世事的孩子嘴里说出来，含义是根本不同的。要想走向哲学，拥抱哲学，不经过哲学方面的艰难跋涉是不行的。一般来说，下面几个阶段是必不可少的。

（一）掌握知识

虽然哲学不等于知识，哲学也特别强调与知识的界限，但离开知识也不会有哲学。黑格尔针对一些人对哲学的误解与对哲学知识的轻视，不厌其烦地说了一大段话："常有人将哲学这一门学问看得太轻易，他们虽从未致力于哲学，然而他们可以高谈哲学，好像非常内行的样子。他们对于哲学的常识还无充分准备，然而他们可以毫不迟疑地，特别当他们为宗教的情绪所鼓动时，走出来讨论哲学，批评哲学。他们承认要知道别的科学，必须先加以专门的研究，而且必须先对该科学有专门的知识，方有资格去下判断。人人承认要想制成一双鞋子，必须有鞋匠的技术，虽说每人都有他自己的脚做模型，而且也都有学习制鞋的天赋能力，然而他未经学习，就不敢妄事制作。唯有对于哲学，大家都觉得似乎没有研究、学习和费力从事的必要。"〔2〕

黑格尔的"怨气与火气"无非想表明，掌握基本的哲学知识是学习哲学的第一步。哲学知识体现在哲学史中，历代哲学家的著述是学习哲学的必经阶梯。同时哲学知识还体现在自然科学知识、社会科学知识、社会实践知识上，学习和掌握这些知识是学习哲学所必需的。从思想激荡传承的角度来看，甚至没有哪一个哲学家的著述是过时的，也没有哪一个哲学家的著述是完全没有价值的，甚至一些被认为是错误的著述在哲学发展中也有它的意义，能够给人以启迪。有时候要想真正了解某个哲学家的思想，只看他自己的著述还是不够的，还必须去看与他对立的、专门批评他的某个哲学家的著述。

学哲学绝对不能停留于知识层面。没有知识不行，拘泥于知识更成问题。仅仅掌握知识绝对成不了哲学家，恐怕不能说是懂哲学的人，有时候甚至连哲学的门都没有进入，最多只是哲学教书匠罢了。掌握知识这一阶段必须得有，但又必须跨越，跨过了这一阶段，才算走向哲学之门。但如果陷入其中便成了玻璃箱中的苍蝇，四处乱撞没有出路。

（二）追寻智慧

不管你是哲学专业的学生还是非哲学专业的学生，上大学哲学的第一课，听到的第一个断言肯定是：哲学就是“爱智慧”。这不仅仅是由于哲学“Philosophy”这个词来自古希腊文，由 philo（爱）和 sophia（智慧）两部分组成。更主要的是哲学从诞生起就是以爱好、追寻智慧为目标。古希腊早期的哲学家都是博学多才的学问家，但最让他们引以骄傲的不是他们的学问，而是他们对智慧的热爱追寻，对宇宙人生的探求。

智慧是什么？不是知识，不是结论，不是技能，而是对世界、对宇宙、对人生的一种自觉、反省、质疑、批判、拷问、追本溯源、刨根问底等状态。苏格拉底解释为什么自己被德尔斐神庙认为是最有智慧的人时说，“因为我知道自己无知”。满腹经纶无所不知不是智慧，知道自己无知的这一行为才算得上智慧。

从知识上升到智慧本来已经是一大跨越了，但哲学绝对不停留于智慧。哲学爱智慧，重点在“爱”上，不是在“智慧”上。所以哲学的爱智慧强调的是追寻智慧的这一过程，而不是智慧本身，或者说不仅仅是智慧本身。

毛泽东强调共产党人研究哲学、学习哲学，“不是为了满足好奇心，而是为了改造世界”[3]。这就一语道中马克思主义哲学改造世界的目的。从马克思主义认识论——实践出真知的基本观点来看，爱智慧的最根本的条件，应当是参与社会实践，脱离了社会实践，根本谈不上爱智慧，谈不上探索哲学真理。实践需要哲学，实践造就哲学。人们的哲学之问是实践提出来的，正是实践的需要引起并推动了哲学的发展，活生生的实践是哲学发展取之不竭的动力源。

（三）涵养境界

进入哲学之门后便开始了哲学境界的涵养，这是一个没有止境的修养过程。在这一哲学之旅中，有的人可能终生跋涉不已但了无所得，有的人则可能在历经千辛万苦之后一朝顿悟。那么什么才是哲学的觉悟与进步呢？

中国禅宗大师曾经讲过一段话，对境界的阐述可谓极致：在没有觉悟之前，看山是山、看水是水；在追求觉悟的过程中，发现山不是山、水不是水了；在觉悟之后，看山又是山、看水又是水了。普通人可能认为这是瞎说，哲学不这么看。

绕了个圈，又回到了原地，但再回到原地的时候已经全然不同了。有人说我装觉悟了行不行？我们说，你可以去装，但中国哲学有句真言叫“境由心生”，没有觉悟的“心”恐怕很难装出觉悟的“境”来。哲学从来没有一个评价境界的标杆，但境界的有无却如红炉白雪、高下立见，如人饮水、冷暖自知。

不过这样的境界观对于未入门者来说，确实有些过于难以把握。好在哲学家也体谅我们普通人的这种苦恼，也会说些大家能明白的话。

例如，哲学家冯友兰在他的《贞元六书·新原人》中把学哲学的人分为四种境界：最低的是“自然境界”，完全是基于本能的活动，尚难说有对哲学知识的掌握和哲学智慧的追寻；第二层是“功利境界”，意识到了要建功立业，并且有了改造世界的行动；第三层是“道德境界”，已经达到了“正其谊而不谋其利，明其道而不计其功”的自觉；最高一层则是超越世俗，物我两忘，和光同尘，与万物为一的“天地境界”。在冯友兰的这四种境界中，前两层是普通人已经具备和经过努力可以具备的境界；第三层则需要正心诚意、格物致知、事上磨炼、不断精进始有可能，“君子”“贤人”与这一境界比较接近；第四层则是圣人的境界，一般人是达不到的。

实际上，冯友兰所讲的学哲学的境界用在掌握马克思主义哲学的共产党人身上，第一种境界是以工人阶级及广大人民的立场和感情学习哲学。马克思主义哲学是工人阶级的世界观，立场、感情不对头，很难接受马克思主义哲学。当然，接受马克思主义哲学又可以增强立场、感情的自觉性、坚定性。第二种境界是以改造世界、实现解放全人类的伟大历史任务为目的学习哲学。马克思主义哲学主张，学习哲学是为了掌握谋取工人阶级和全人类的解放和根本利益的思想武器。动机不纯，目标不对，也不可能真正学会马克思主义哲学。第三种境界是以为人民服务的献身精神学习哲学。学习马克思主义哲学不是为了实现个人私利，只有把个人的幸福与工人阶级、广大劳动人民和国家的前途命运联系在一起，献身于工人阶级和全人类的解放事业，才能真正弄懂马克思主义哲学。第四种境界就是以工人阶级伟大领袖的宽广胸怀和远大志向为榜样学习哲学。要向马克思、恩格斯、列宁、毛泽东的精神境界学习。当然，一般人是很难达到这样的境界的，但我们必须向这个境界看齐，才能深刻把握马克思主义哲学。

（四）实践精进

哲学的涵养与觉悟仅仅是为涵养而涵养、为觉悟而觉悟吗？不是。哲学的涵养肯定要体现在哲人们的社会生活中，哲学的觉悟肯定要体现在哲人的行动上。

哲学家们从来没有把哲学的涵养当作一个自娱自乐，不与世界、不与他人发生关系的个人行为，“正心诚意”最后是要“治国平天下”的。

像西方的柏拉图，他的哲学最终构想的是一个理想国，在这一国度内，哲学家要成为国王，要去决定、掌管国家运行的一切大事。这就是大家熟知的“哲学王”的说法。

中国古代圣哲宣扬的“极高明而道中庸”，讲的也是哲学的追求探究可以至高至远到先天未化之时，但哲学的指向绝不会离开日用常行的现实生活；至于说“内圣外王”，同样是强调通过哲学的修养，对内让自己成为圣人，对外则要去主宰天下。

马克思主义哲学则是以实践的哲学实现哲学的革命与创新，目标明确指向要去改变世界，解放人类。马克思的名言：“哲学家们只是用不同的方式解释世界，问题在于改变世界。”[4]在把自己与旧哲学划清界限的同时，也为自己设立了使命。

哲学从来就是生活的、现实的、实践的，有什么样的哲学自然会有什么样的行动，真正的哲学从来不是说一套做一套。哲学的最高境界是走向实践，哲学家的最高抱负是实践哲学。当然，这一点并不是所有的哲学、所有的哲学家都能办到的，但马克思主义哲学就做到了，马克思、恩格斯就做到了。

只有哲学才让我们知道所应做和所当做，只有具备哲学涵养的人才知道有所不为与有所必为。对于马克思主义哲学来说，哲学来自实践，哲学又用于实践。让哲学走向实践，在实践中实现哲学，这既是哲学之幸，更是实践之幸。

结　语

要把哲学从书斋、讲堂中解放出来，从晦涩难懂、玄妙抽象中解放出来，从曲高和寡、阳春白雪中解放出来，让哲学走向坚实的大地，让哲学走向火热的实践，让哲学走向平凡的大众，让哲学成为大众改造世界、获得自由、实现全面发展的锐利武器。

第二节　马克思主义哲学

马克思主义哲学是近代社会和哲学发展的必然产物。它是适应无产阶级变革资本主义旧世界、解放全人类的革命斗争的需要而产生的，同时又是对以往科学和哲学发展的总结，是人类以往认识世界和改造世界的积极成果的理论结晶。

马克思主义哲学是马克思主义的基石。了解马克思主义，要从马克思主义哲学开始。

马克思主义哲学第一次在科学的基础上把唯物主义和辩证法统一起来，把唯物主义彻底地贯彻到社会历史领域，创立了辩证唯物主义和历史唯物主义，使哲学的内容、性质和使命都发生了不同以往一切哲学的革命性变革，第一次使哲学获得了真正科学的性质，成为全新的、科学的哲学世界观，标志着人类哲学思想进入一个崭新的阶段。科学性、阶级性、实践性和创新性是马克思主义哲学的本质特征，马克思主义哲学是科学性与革命性、理论与实践的高度统一，是工人阶级立场、观点、方法的高度统一。

一　马克思主义哲学的科学性

任何理论，只有蕴含了科学的因素、获得了科学的支持、具有了科学的本性，才会找到并守住自己的位置。**马克思主义哲学正是以其坚实的科学性屹立于人类哲学之林。**

马克思主义哲学是科学的，主要基于以下四个事实判断：

——**马克思主义哲学是建立在科学基础之上的。**恩格斯在马克思墓前的演讲中曾讲过，“在马克思看来，科学是一种在历史上起推动作用的、革命的力量。任何一门理论科学中的每一个新发现——它的实际应用也许还根本无法预见——都使马克思感到衷心喜悦”[5]。因为马克思认为，科学的进步不仅对历史发展有革命性影响，更对人类的思想、思维的进步有根本性影响。科学的进步拓展纵深了人类对自然与社会的认识，也让哲学的发展有了坚实的基础。19 世纪科学技术的新成果，特别是细胞学说、能量守恒和转化规律、进化论这三大发现，形成了近现代科学发展的总体格局，使得我们可以“以近乎系统的形式描绘出一幅自然界联系的清晰图画”[6]，为马克思主义哲学的产生奠定了坚实的科学基础。

——**马克思主义哲学是人类思想文化智慧的结晶**。马克思主义哲学超越了以前的一切哲学，是因为它汲取了人类哲学史上的全部精华，特别是人类哲学史上唯物主义和辩证法的优良传统与科学成果。具体来说，德国古典哲学中黑格尔的辩证法和费尔巴哈的唯物主义是马克思主义哲学的直接理论来源。马克思主义哲学对黑格尔的唯心主义辩证法和费尔巴哈的人本主义唯物主义进行了革命的改造，继承了唯物主义的“基本内核”，汲取了辩证法的“合理内核”，实现了两大有机统一：一是实现了唯物主义和辩证法的有机统一，让唯物主义贯穿着辩证法形成辩证唯物主义，让辩证法建立在唯物主义基础上形成唯物辩证法；二是实现了唯物主义自然观和唯物主义历史观在实践观基础上的有机统一，彻底地解决了思维与存在这一哲学基本问题，创立了历史唯物主义。马克思找到了社会物质生活资料生产这一历史的现实基础，发现了物质性的经济关系和决定经济关系的生产力这一历史的决定因素，发现了人类历史的发展规律，从而创立了唯物史观。

——**马克思主义哲学正确地揭示了自然、社会、思维发展的最一般的规律**。自然、社会、思维发展的规律是客观且不以人的意志为转移的。资产阶级思想家出于对既有社会制度的维护总是自觉不自觉地去曲解对规律的认识。而马克思主义哲学不仅对人类社会发展的一般规律的把握是真实、深刻、准确的，而且对这些规律的揭示和阐释同样展现了强大的逻辑力量与超凡的学术魅力。19 世纪末，曾有一批资产阶级学者围剿马克思的《资本论》，绞尽脑汁，百般挑剔，最后不得不慨叹道："从立场上批判马克思容易，从理论上否定马克思很难。"为什么很难？是理论的无懈可击，是逻辑的不可辩驳。马克思有一句名言："理论只要说服人［ad hominem］，就能掌握群众；而理论只要彻底，就能说服人［ad hominem］。所谓彻底，就是抓住事物的根本。"〔7〕这正是对马克思主义哲学逻辑力量最好的注解。

——**马克思主义哲学生长于工人阶级的伟大实践**。哲学的诞生与发展离不开具体的社会生活实践，先进的、科学的社会生活实践为哲学的诞生准备了肥沃的土壤。19 世纪中叶资本主义内部矛盾日益激化，欧洲先后爆发了英国工人的宪章运动、法国里昂工人起义和德国西里西亚纺织工人起义等三次大的工人运动。这标志着工人阶级作为一支独立的政治力量登上历史舞台的同时，也为马克思主义哲学奠定了坚实的实践和阶级基础。马克思主义哲学就是诞生在工人运动的凯歌突进中，马克思主义哲学从诞生起就与工人阶级争取自由解放的运动同成长、共进退；与人类社会发展进步的大趋势步调一致，相互呼应。

法国哲学家萨特（Sartre，1905—1980 年）后期曾经下大功夫于他的代表作《辩证理性批判》，旨在以"人学辩证法"代替"唯物辩证法"，但到晚年却向学生忠告：马克思是一座不可被超越的思想高峰。又一个法国哲学家德里达（Derrida，1930—2004 年）曾说："不能没有马克思，没有马克思，没有对马克思的记忆，没有马克思的遗产，也就没有将来。"1999 年，英国剑桥大学文理学院教授们发起评选"千年第一思想家"，结果是马克思位居第一；同年9月，英国广播公司（BBC）又以同一命题在全球互联网上公开征询投票一个月，仍然是马克思位居第一。2005年7月，英国广播公司又以古今最伟大的哲学家为题，调查了3万名听众，结果马克思以27.93%的得票率荣登榜首。马克思、恩格斯和马克思主义哲学以其无可置疑的科学性，赢得了世界的尊重。马克思主义哲学代表了工人阶级这一先进生产力，体现了历史发展的规律和趋势，代表了工人阶级和广大人民的根本利益。

二 马克思主义哲学的人民性

毛泽东指出："在阶级社会中，每一个人都在一定的阶级地位中生活，各种思想无不打上阶级的烙印。"[8] **马克思主义哲学旗帜鲜明地把自己当作工人阶级和劳动人民认识世界的科学方法论、改造世界的强大思想武器。马克思主义哲学具有鲜明的阶级性，即人民性立场**。马克思主义哲学的这一立场选择狭隘吗？历史发展告诉我们说，绝不。正如恩格斯所言："科学越是毫无顾忌和大公无私，它就越符合工人的利益和愿望。"[9]

从社会发展来看，工人阶级和劳动人民代表了先进生产力、代表了未来、代表了进步、代表了全社会。工人阶级没有一切剥削阶级和小资产阶级的思想体系所固有的阶级狭隘性和片面性，它体现了作为历史上最先进的生产方式代表的工人阶级的根本利益，与人类彻底解放的发展趋势相一致。马克思在《〈黑格尔法哲学批判〉导言》中热情洋溢地为工人阶级和劳动人民唱起赞歌："这个阶级与整个社会亲如兄弟，汇合起来，与整个社会混为一体并且被看做和被认为是社会的总代表；在这瞬间，这个阶级的要求和权利真正成了社会本身的权利和要求，它真正是社会的头脑和社会的心脏。"[10]

马克思主义哲学是马克思主义科学社会主义、马克思主义政治经济学的理论支撑。正是马克思主义哲学，让工人阶级有了自己的精神武器，可以在它的指导下去批判旧世界，创造新世界。

——**马克思主义哲学为打碎这个旧世界的合理性提供了理论支持**。通过对剩余价值的揭示，让世界明白，原来不是资本家在养活劳动者，而是劳动者通过自己的劳动创造着财富、积累着资本，反过来却又被资本奴役。这是多么的不合理，多么的荒谬，怎么不应该被消灭？

——**马克思主义哲学为打碎这个旧世界的必然性与可能性作出了理论说明**。“辩证法在对现存事物的肯定的理解中同时包含对现存事物的否定的理解，即对现存事物的必然灭亡的理解；辩证法对每一种既成的形式都是从不断的运动中，因而也是从它的暂时性方面去理解；辩证法不崇拜任何东西，按其本质来说，它是批判的和革命的。”〔11〕这一宣告“引起资产阶级及其空论主义的代言人的恼怒和恐怖”〔12〕，但它增强了工人阶级革命的信心与底气。

——**马克思主义哲学为构建新社会描绘了蓝图**。“代替那存在着阶级和阶级对立的资产阶级旧社会的，将是这样一个联合体，在那里，每个人的自由发展是一切人的自由发展的条件。”〔13〕遵循马克思这一蓝图，“无产者在这个革命中失去的只是锁链。他们获得的将是整个世界”〔14〕。

马克思主义哲学也把工人阶级当作自己的物质武器，通过工人阶级实现着自己的哲学抱负，在创造新世界的同时实现人的解放，推翻那些使人成为被侮辱、被奴役、被遗弃和被蔑视的东西的一切关系，让共产主义的历史必然性走向实践。这个解放的头脑是哲学，它的心脏是无产阶级。

接受了马克思主义哲学洗礼的无产者从不因为自己的阶级身份感到羞愧，相反而倍感骄傲。但以此为荣并不意味着永远去做无产阶级，无产者迟早要抛掉“无产阶级”这一称谓。只是无产者深深知道单独一个又一个的无产者靠个人的力量获得财富、改变地位是没有意义的。只有解放了全人类，最终才能解放无产阶级自己；只有消灭了整个与无产阶级相对应的社会关系，才能最终消灭掉无产阶级。

三　马克思主义哲学的实践性

马克思主义哲学站在了巨人肩上又超越了巨人，在前人走过的路旁边又走出了一条新路。这一超越、这条新路是以马克思主义哲学对实践观点的确立和对实践概念的完备规定开启的。实践性是马克思主义哲学的又一鲜明特色。

人类哲学的发展群星闪耀，但也步履蹒跚。在欧洲中世纪，哲学沦为神学的“婢女”，人“还没有获得自身或已经再度丧失自身”[15]；在德国资产阶级革命时期，人刚从上帝那里站起来又拜倒在绝对精神的裙下。哲学只能在狭隘的领域、封闭的范围内孤立地、无为地进行思辨的自娱自乐。

但是，纯然的、与人不发生关系的客观不具有哲学意义，而思维抽象出来的纯粹逻辑理性则是对现实的颠倒，只有人的感性活动、人的实践才能将它们有机统一起来，使得哲学有了意义，世界也有了意义。马克思主义哲学第一次把实践提升为哲学的根本原则，转化为哲学的思维方式，从而创立了以实践为基础和核心的崭新形态的现代唯物主义，完成了哲学的革命，实现了哲学的创新：

——世界观不是神秘的，也不是天赋的，而是人在实践中形成的，人是通过实践活动来把握人与世界的整体关系，实践是人及社会的存在的基本方式。

——认识不是冥想、不是逻辑运动，只有实践才是认识的来源、动力、基础，并且成为检验认识之真理性的唯一标准。

——社会不是一个前置、空旷、独立的舞台，实践是人类社会得以存在和发展的依据，人们的一切社会生活究其本质是实践的。

这样的革命、这样的创新已然前无古人，但马克思主义哲学并未就此止步。马克思主义哲学不满足于哲学形态的革命、不停留于哲学方法的创新，而是更进一步走向哲学使命的革命、哲学功能的创新。

马克思主义哲学不仅以实践范畴为核心构建起了崭新完整的理论体系，更重要的是开辟了从本体论认识现实的道路，找到了哲学与改变世界的直接结合点，把实践作为哲学的最高指向。

马克思说："对实践的唯物主义者即共产主义者来说，全部问题都在于使现存世界革命化，实际地反对并改变现存的事物。"〔16〕这是对马克思主义哲学实践指向的最好陈述。毛泽东更是提出："让哲学从哲学家的课堂上和书本里解放出来，变为群众手里的尖锐武器。"〔17〕毕竟，"批判的武器当然不能代替武器的批判，物质力量只能用物质力量来摧毁；但是理论一经掌握群众，也会变成物质力量"〔18〕。如果我们用一种常规的心态、学究的思维对待革命的哲学，就不仅是我们的可悲，也会是马克思主义哲学的遗憾。

四　马克思主义哲学的创新性

马克思说："任何真正的哲学都是自己时代的精神上的精华。"〔19〕毫无疑问，诞生于 19 世纪的马克思主义哲学当然是那个时代精神的精华。但当我们回眸百余年历程，马克思主义哲学又确乎从来没有远离过这个世界，更不用说中国社会了。所以，马克思主义哲学又当之无愧地成为我们这个时代精神的精华，是充满创新性的哲学。

世界发生了变化，时代也出现了阶段性变化，但人类社会发展的必然趋势没有变化，资本主义社会的固有弊端与内在矛盾并没有消除，工人阶级的任务没有改变，人的自由而全面的解放使命没有终结，今日的人类社会依然处于工人阶级不断实现其历史使命的大时代中。科学技术进步了，生产力发展了，世界发生了自马克思主义诞生以来最醒目的沧桑巨变，人认识世界理解世界的范式、内容发生变化了，但世界的本质永远不会改变，自然界与人类社会的规律仍然不以人的意志为转移永远不会改变。“变化中的没有变”“没有变中的变化”，决定了马克思主义哲学的基石没有被撼动，马克思对资本主义社会深刻透彻批判的这一基本事实没有变，我们依然处在马克思、恩格斯所判断的社会主义和资本主义博弈的时代，马克思主义没有过时，马克思主义哲学没有过时。

马克思主义哲学又是不断发展的。回答重大现实问题，是马克思主义哲学发展的重要经验。

19 世纪 40—50 年代，随着资本主义社会矛盾日益尖锐化，争取人类解放的无产阶级革命运动蓬勃兴起，资本主义社会的发展规律和趋势、资产阶级的历史作用及其命运、无产阶级的神圣使命与革命道路、无产阶级政党与无产阶级专政等重大理论和现实问题历史地呈现出来。作为世界无产阶级革命的导师，马克思、恩格斯敏锐地捕捉到并创造性地回答了这些问题，系统阐明了马克思主义哲学的基本原理，为无产阶级改造世界提供了强大的理论武器。

恩格斯曾经明确将科学的发现和进步与人类的思想认识的发展联系起来，他说：“随着自然科学领域中每一个划时代的发现，唯物主义也必然要改变自己的形式”[20]。马克思主义哲学从来不为既有的个别论断故步自封。马克思主义经典作家特别提醒：“结论要是没有使它得以成为结论的发展过程，就毫无价值，……结论若本身固定不变，若不再成为继续发展的前提，就比无用更糟糕。”[21]

马克思主义哲学的自我发展不仅体现在马克思之后，甚至发生在他们自己思想的不断完善上。马克思、恩格斯在《共产党宣言》发表24年后的1872年，在这篇经典著作的德文版序言中写道：“由于最近25年来大工业有了巨大发展而工人阶级的政党组织也跟着发展起来，由于首先有了二月革命的实际经验而后来尤其是有了无产阶级第一次掌握政权达两月之久的巴黎公社的实际经验，所以这个纲领现在有些地方已经过时了。”[22]作为工人阶级“圣经”的《共产党宣言》尚且如此，更何况一些具体的论断。

所以，马克思主义哲学是精神不是教条，这一点是马克思主义经典作家反复强调的。“我们的理论是发展着的理论，而不是必须背得烂熟并机械地加以重复的教条。”[23]为了避免一些人以马克思主义词句装点门面，到处去贴马克思主义的标签，马克思甚至多次强调“我只知道我自己不是马克思主义者”[24]。这样的话语背后是马克思对教条主义的辛辣讽刺与对马克思主义被异化的忧虑。

确实，马克思以后的哲学发展乃至社会演进中，马克思的忧虑不幸被他自己言中了。僵化马克思主义、教条马克思主义、空头马克思主义、修正马克思主义、冒牌马克思主义导致世界无产阶级革命运动受挫的同时，也在相当程度上损害了马克思主义在人们心中的形象。

进入新时代的马克思主义哲学，要继续放之四海而皆准，要继续保持理论之树常青，只有一个原则，这就是，“不丢老祖宗，又要说新话”。正如当年列宁面向他的革命者强调：“我们决不把马克思的理论看做某种一成不变的和神圣不可侵犯的东西；恰恰相反，我们深信：它只是给一种科学奠定了基础，社会党人如果不愿落后于实际生活，就应当在各方面把这门科学推向前进。”[25]今天推进马克思主义哲学不断创新发展，同样面对这样的要求，也要去完成这样的任务。

当然，在创新马克思主义哲学的过程中，要有解放思想的自信，但不能有自以为是的自负。面对社会大众对我们所主张理论产生的困惑与疑虑，面对现实中出现的理论与实践之间的冲突与矛盾，必须谨慎辨析。一种可能是理论确实跟不上实践，对此我们可以大大方方地创新理论；但也可能是人们囿于既得利益，不愿意向理论靠拢，反而倒打一耙去否定理论、去修正理论，使实践误入误区。

马克思主义哲学可创新，但不能被肢解；可发展，但不能被歪曲；可大众化，但不能被庸俗化。

结 语

马克思主义哲学是工人阶级的科学世界观，又是科学的方法论，为人们提供了观察和处理问题的唯一正确的立场、观点和方法，是人们认识世界、改造世界的锐利思想武器，是工人阶级政党确立正确的路线、纲领、方针、政策，建立科学的思想方法、工作方法和优良工作作风的世界观基础，用马克思主义哲学武装工人阶级政党，武装人民，加强党的建设，提高党的执政能力、领导素质和抵御各种风险的能力，是党带领人民夺取中国特色社会主义伟大胜利的理论指南和思想保证。

第三节　马克思主义哲学中国化

马克思主义哲学中国化，就是把马克思主义哲学基本原理，即辩证唯物主义和历史唯物主义的世界观和方法论同发展的中国的具体实际相结合，形成适应中国国情、具有中国风格、反映中国需要、运用中国话语体系、指导中国实践的、不断创新的哲学形态。

一　马克思主义哲学中国化是坚持和发展马克思主义哲学的内在要求

不断地推进并实现马克思主义哲学中国化，这才是真正坚持和发展马克思主义哲学，这才是为中国构建真正属于中国自己的时代哲学，这才是繁荣发展马克思主义，以及繁荣发展马克思主义哲学的正确途径。

马克思主义哲学中国化，实际上是两个方面的任务。首先是创造马克思主义哲学中国化的理论成果，推进马克思主义哲学中国化的不断创新；其次是让马克思主义哲学原理和马克思主义哲学中国化成果为广大群众所接受、所实践，成为中国大众化的马克思主义哲学。

20 世纪初，马克思主义哲学作为人类最先进的思想，随着中华民族优秀儿女寻找救国图强的真理和道路而传到中国。马克思主义哲学是放之四海而皆准的普遍真理，然而作为外来的先进思想，要真正转变成中国人民改造旧中国的巨大精神力量，发挥科学理论的指导作用，必须与中国国情、与中国先进的思想文化相结合，必须为中国人民所接受，成为中国化的马克思主义哲学。马克思主义哲学中国化的过程，一开始就是中国共产党人运用马克思主义哲学武装头脑、指导中国实践的过程，就是与中国国情、中国本土的先进思想文化相结合的过程，就是为中国人民所普遍接受的过程。马克思主义哲学中国化符合人类思想文化世界性交融的规律，马克思主义哲学中国化也正是遵循了这个逻辑。马克思主义哲学中国化，既继承了马克思主义哲学的一般真理，继承了人类社会最先进的思想，又具有中国鲜明的民族形式和特征，富有中国本土思想文化的精华材料和中国共产党人的创新内容。

马克思主义哲学的中国化，就是既要以说明中国的现实问题为中心，来开展马克思主义哲学的研究和创新；又通过马克思主义哲学的研究和创新，运用于回答中国的现实问题，实现马克思主义哲学与中国实际的结合。

实现马克思主义哲学中国化，内在地包括了马克思主义哲学的时代化、民族化、现实化和大众化。

——**马克思主义哲学中国化的进程，就是马克思主义哲学时代化的进程**。马克思和恩格斯曾指出："一切划时代的体系的真正的内容都是由于产生这些体系的那个时期的需要而形成起来的。"[26]每个时代总有属于它自己的问题，准确地把握和解决这些问题，就能够把理论和实践推向前进。马克思主义哲学就是在回答和解决时代所面临的历史性课题的进程中不断创新和发展的。只有把握时代问题，认清世情，才能确定党和人民所处的时代地位和历史方位，才能把握中国发展的时代命脉和历史趋势，才能回答中国向何处去、中国通过什么样的途径走在时代潮流前列的问题，才能在回答这些时代问题的同时推进哲学的升华。今天，在和平与发展成为时代主题的条件下，中国共产党人坚持用马克思主义哲学的宽广眼界观察世界，科学判断时代条件和世界发展趋势，认真吸取世界上一切民族和国家的先进文明，带领中国人民紧跟时代前进潮流，成功地走出了中国特色社会主义道路。同时，在中国特色社会主义实践和理论创新过程中，创造性地推进了马克思主义哲学的中国化。

——**马克思主义哲学中国化的进程，就是马克思主义哲学民族化的进程**。世界的就是民族的，民族的也是世界的。世界是由不同民族、不同国家组成的，世界是“一般”，民族国家是“特殊”，世界寓于民族国家之中。马克思主义哲学揭示了世界的普遍规律，其世界观、方法论适用于一切民族国家。然而，马克思主义世界观方法论要成为具体民族国家的指导思想，必须与特殊民族国家的国情相结合，实现马克思主义哲学的民族化，即本土化。马克思指出：“理论在一个国家实现的程度，总是取决于理论满足这个国家的需要的程度。”〔27〕马克思主义哲学及其在实践中的应用必须要结合实际情况，具体问题具体对待。所谓国情，就是特殊民族国家的国情。所谓中国特色，就包含了中华民族的民族特色、包含了中华民族国家的特殊性。马克思主义哲学中国化，也要实现马克思主义哲学的民族化，就是要与中国民族国家的特殊性相结合。推进马克思主义哲学中国化，就要注重中华民族的特殊性，要研究民族的现实需要，继承民族的优秀文化，创造民族的特殊形式，形成民族的特色风格。只有同中国具体民族特性相结合，吸收中华民族文化的优秀思想和优秀表达形式，以中华民族的话语体系表达出来，充分体现中国气派、中国风格和中国特色，具有中华民族的特殊表达形式和丰富的民族文化特性，才是真正中国化的马克思主义哲学。

——**马克思主义哲学中国化的进程，就是马克思主义哲学现实化的进程**。马克思主义哲学产生于活生生的现实，而马克思主义哲学要保持自身生命力，必须不断地与现实相结合。马克思主义哲学中国化要不断伴随着现实的发展、适应现实的需要而不断丰富发展，这就必须不断地依据现实，开拓新的研究领域，提出新的研究课题，解决新的问题。中国正处于社会主义改革开放和现代化建设的伟大时代，现实提出了大量时代课题需要马克思主义哲学来回答，中国化的马克思主义哲学必须在回答这些重大问题的过程中发展自己、充实自己、丰富自己。

——**马克思主义哲学中国化的进程，就是马克思主义哲学大众化的进程**。马克思主义哲学本质上就是大众哲学，而不是少数人的哲学。马克思主义哲学大众化的过程也就是马克思主义哲学中国化的过程。首先，马克思主义哲学的基本立场是站在工人阶级及其广大人民的立场上，是实现全人类解放的思想武器，没有大众化，就没有马克思主义哲学，马克思主义哲学是为大众的哲学；其次，人民群众的创造性实践是马克思主义哲学的源泉，没有大众化，也不可能推进马克思主义哲学中国化，马克思主义哲学是来自大众的哲学；最后，马克思主义哲学只有为群众所掌握，才能转变为巨大的物质力量，没有大众化，马克思主义哲学就会被束之高阁，转化不成巨大的实践力量，马克思主义哲学是为大众所用的哲学。

二　马克思主义哲学中国化的方法论原理

马克思主义哲学中国化既不是对马克思主义哲学原理的照抄照搬，也不是单起炉灶另开张。马克思主义哲学中国化的根基在“马克思主义哲学”，发展在于回答中国问题。马克思主义哲学中国化就是在把握马克思主义哲学精髓的基础上，坚持马克思主义哲学的基本立场、观点和方法，运用马克思主义哲学的世界观、方法论解决实际问题，发展马克思主义哲学。

（一）借助马克思主义哲学的“望远镜”和“显微镜”

毛泽东在延安时就把马克思主义比作“望远镜”。马克思主义哲学就是观察问题、分析问题的“望远镜”和“显微镜”。望远镜看得远，高瞻远瞩；显微镜观察入微，透现本质。马克思主义哲学“望远镜”和“显微镜”的功能，体现在马克思主义哲学世界观、方法论的功力上。

马克思主义哲学经典著作凝结着马克思主义经典作家的心血和智慧，包含着马克思主义哲学立场、观点、方法，可谓博大精深。学习马克思主义哲学，全面把握马克思主义哲学各个组成部分之间内在的、有机的联系，深刻理解马克思主义哲学的精神实质和思想精髓。学会运用马克思主义哲学立场、观点和方法，仅仅阅读二三手资料是不行的，唯一有效的办法，就是原原本本地精心研读马克思主义哲学经典作家的原著。

1884 年 8 月 13 日，恩格斯在给格奥尔格·亨利希·福尔马尔的信中指出：研究原著本身，“不会让一些简述读物和别的第二手资料引入迷途”[28]。1890 年 9 月，在致约瑟夫·布洛赫的信中，他再次写道：“我请您根据原著来研究这个理论，而不要根据第二手的材料来进行研究——这的确要容易得多。……可惜人们往往以为，只要掌握了主要原理——而且还并不总是掌握得正确，那就算已经充分地理解了新理论并且立刻就能够应用它了。在这方面，我不能不责备许多最新的‘马克思主义者’，他们也的确造成过惊人的混乱……”[29]1894 年 10 月 4 日，他在为《资本论》第三卷写的序言中指出：“一个人如果想研究科学问题，首先要学会按照作者写作的原样去阅读自己要加以利用的著作，并且首先不要读出原著中没有的东西。”[30]

1939 年，毛泽东在与马列学院的学员谈话时指出：“马列主义的书要经常读。《共产党宣言》，我看了不下 100 遍，遇到问题，我就翻阅马克思的《共产党宣言》，有时只阅读一两段，有时全篇都读，每读一次，我都有新的启发。……读马克思主义理论在于应用，要应用就要经常读，重点读。”[31]延安整风时他说，我们党内要有相当多的干部，每人读一二十本、三四十本马恩列斯的书，我们有这样丰富的经验，有这样长的斗争历史，如果还读了这些马恩列斯的著作，我们党就武装起来了，我们党的水平就大大提高了。1945 年，毛泽东在党的七大上又特别提出要读《共产党宣言》《社会主义从空想到科学的发展》《两个策略》《“左派”幼稚病》和《联共党史》5 本马列著作。1949 年，在革命即将取得全国胜利的时候，根据毛泽东的提议，党的七届二中全会决定“干部必读”12 本马列主义著作。1963 年，毛泽东又提出学习 30 本马列著作的意见。只有不断学习马克思主义哲学经典著作，真正学会使用马克思主义哲学这个“望远镜”和“显微镜”，才能更好地推进和实现马克思主义哲学中国化。

（二）牢牢把握实事求是的马克思主义哲学精髓

发展马克思主义首先要搞清楚什么是马克思主义。不同时期、不同国度的“马克思主义者”又对马克思主义有着结合新的时间、地点和条件的新认识，搞清楚什么是马克思主义确实不是一件容易的事情。我们中国共产党人曾经也有一段时间对马克思主义的认识出现过偏差，用邓小平的话讲，就是没有搞清楚什么是马克思主义。但是没有搞清楚就要犯错误，就要吃苦头。

恩格斯强调：“马克思的整个世界观不是教义，而是方法。它提供的不是现成的教条，而是进一步研究的出发点和供这种研究使用的方法。”[32] 马克思主义的具体结论、具体论断、具体原理可以随着时间、空间、地点诸条件的变化而发生变化，可是作为世界观方法论的哲学，因其揭示的是事物发展最一般的规律，而“放之四海而皆准”。学习掌握马克思主义，从根本上来说，首先是学好马克思主义哲学。把握住了马克思主义哲学，也就搞清楚了什么是马克思主义。

邓小平晚年很谦虚地说：“我读的书并不多，就是一条，相信毛主席讲的实事求是。过去我们打仗靠这个，现在搞建设、搞改革也靠这个。”[33]其实这既是大谦虚更是大自信，掌握了实事求是的哲学精髓，还有什么事情做不好？邓小平称自己是“实事求是派”，实在是意味深长。中国共产党人坚持“实事求是”的马克思主义哲学精髓，创造性地把马克思主义的一般原理应用于中国的“具体环境”和“特殊条件”，形成中国化的马克思主义和中国化的马克思主义哲学。

（三）坚持守正和创新相统一

“世易时移，变法宜矣”，顺应时代的变化不断创新，是中国社会一以贯之的传统。早在《易经》中就有“与时偕行”的要求，偕行就是要适应变化的需要而不断说新话，走新路，向前奔。中国共产党人同样是如此，邓小平讲过：“不以新的思想、观点去继承、发展马克思主义，不是真正的马克思主义者。”[34]其实就是走中国自己的路，不断地把马克思主义哲学中国化。

绝不能把马克思主义哲学看作某种一成不变的和神圣不可侵犯的东西，要防止不思进取的“我注六经”，反对到马克思主义哲学经典著作的字里行间去找什么九鼎之言，更反对用马克思主义哲学经典作家的个别结论教训他人。马克思主义哲学中国化不丢老祖宗，但必须说新话。我们讲超越，不是丢弃，更不是否定，而是站在“巨人的肩上”往前走。只有真正的坚持，才会有真正的超越。

马克思主义哲学中国化是“创造性的马克思主义”哲学，不是“教条式的马克思主义”[35]哲学，更不能是“被修正的马克思主义哲学”。

在20世纪初马克思主义进入中国之始，中国共产党人便开始了说新话的过程。马克思主义从来没有设想社会主义革命会在一个落后的农业社会走向成功，所以，“农村包围城市”就是新话，“枪杆子里出政权”更是新话，山沟里的马克思主义不说新话就不可能成为中国需要的、能在中国走向成功的马克思主义。而马克思主义哲学中国化的过程，既是中国共产党人运用马克思主义哲学武装头脑、指导中国实践的过程，更是与中国国情、中国优秀思想文化，包括与中国话语体系相结合，并为中国人民所接受的过程。说新话的过程也就是时代化、中国化、大众化的进程。

三 马克思主义哲学中国化必须深入中国实际

马克思主义哲学中国化要真正在中国大地上生根发芽、枝繁叶茂，一定要立足中国国情，彰显中国风格，使用中国话语，要能为开辟中国道路、解决中国问题、总结中国经验提供理论支撑与思想保障。离开中国的实际，离开中国的实践谈马克思主义哲学中国化没有任何意义。

（一）立足中国国情

马克思认为，一个社会发展的条件不是人们自己选定的，而是直接碰到的、既定的、从过去继承下来的。人们不可能避开这些因素和这些因素所带来的既定状态。国情就是这样一种因素。一个国家的历史文化、经济状况、发展程度都是不可选择的，都是既定的，甚至是特定的。任何主义、思想、理论如果不与具体的国情相适应，就会水土不服，甚至误国误民。顺应了国情，则不仅理论有大发展，实践更会有大收获。

20 世纪 30 年代，“左”倾教条主义者在中国盲目搞“城市暴动”就是因为在哲学世界观、方法论上脱离了中国国情。毛泽东“农村包围城市”的中国革命正确的战略策略则是由于把马克思主义哲学世界观方法论用于对中国国情的深刻洞察而得出的正确结论。山沟里的马克思主义哲学思维之所以能超过吃洋面包的“钦差大臣”的哲学思维，引导中国革命取得胜利，就是基于对中国国情的深刻哲学认知与自觉哲学顺应。

20 世纪 70 年代末，邓小平坚持四项基本原则，推动改革开放，坚持发展是硬道理，坚持以经济建设为中心，正是在运用马克思主义哲学世界观、方法论深刻把握社会主义初级阶段这一基本国情的基础上作出的重大战略选择。

中国今天远没有走出社会主义初级阶段，这一发展阶段至少要有百年甚至更长时间。但是毕竟经过四十多年的改革发展，当下的中国呈现出一系列与过去很不一样的“阶段性特征”，社会体制深刻变革，社会结构深刻变动，利益格局深刻调整，思想观念深刻变化，经济社会发展面临的主要问题也发生了重大转换。这就要求我们，必须运用马克思主义哲学世界观、方法论不断地与变化了的今日中国国情相结合，作出新判断、新回应与新举措。

（二）解决中国问题

把马克思主义哲学中国化不是为了装点门面，不能变成只是拿在手上的箭，连说“好箭”就是不发射。好箭是用来射特定目标的“的”的。马克思主义哲学中国化就要“有的放矢”，拿“马克思主义哲学”这个“矢”，射中国这个“的”，解决中国问题。

一是为实现国家富强、民族复兴的“中国梦”奠定哲学基础。我们要在马克思主义中国化理论成果的指导下，让一个曾经饱受异族列强欺侮、目前尚是发展中国家的中国，经济发展、政治昌明、文化繁荣、共同富裕、社会和谐、生态美好，到 21 世纪中叶成为富强民主文明和谐美丽的社会主义现代化国家巍然屹立在世界东方；让一个能彰显五千年灿烂文化、能传承五千年悠久文明、能把自己的价值观与世界共享、能用自己的软实力促进世界共荣共进的中华民族傲然屹立于世界民族之林。

二是为实现人民富裕、人民当家做主的“中国梦”提供哲学支持。人民对美好生活的向往，就是我们的奋斗目标。中国社会发展最根本的、也是最高的目标是让中国人民自己当家做主过上更加富裕、更加有尊严的生活，让亿万中国人民能实现每个人的自由全面的发展。我们要在马克思主义中国化理论成果的指导下，充分尊重人民群众的主体地位，充分发挥人民群众主人翁的积极性，让人民群众自己当家做主，实现自己的发展，建设自己的国家。始终注意让中国社会的一切发展都由人民群众主导，由人民群众决定；始终注意让中国社会发展的一切成果，包括物质成果和精神成果都能为人民群众共享。

三是为实现“中国梦”而选择的中国特色社会主义正确道路作出哲学指南。实现社会主义现代化强国的“中国梦”，必须有一条正确的实现途径，这就是中国人民在党领导下独立自主创造的中国特色社会主义道路。中国共产党人奋斗历史、中国社会主义建设历史、中国特色社会主义伟大实践，雄辩证明这条道路是唯一可行之路，只有通过这条道路才能完成社会主义现代化和中华民族复兴的伟大历史使命。中国特色社会主义理论体系是坚定不移地走这条道路的理论保证，中国化的马克思主义哲学则是最重要的哲学武器。

（三）进行中国创造

马克思主义哲学中国化过程中的中国创造是一个不断深化的过程，也是一个不断深化的行为。总的来说可以用“结合”这一说法来涵盖，马克思主义哲学与中国实际结合，绝不是马克思主义哲学与中国具体实际的简单机械的“相加”，这并不等于“马克思主义哲学中国化”。

从“相加”走向“启蒙教育”是“结合”的真正开始，但这也只是第一步。当然，马克思主义哲学与中国实际的结合，首先是马克思主义哲学要为中国人民所接受。这就需要用马克思主义哲学来“启蒙教育”中国人民，武装中国人民的头脑。这一阶段很重要，但这一阶段不是全部，也不能成为全部。20 世纪早期中国共产党在革命中的很多失误与挫折，皆是“启蒙教育”传播过程中马克思主义哲学被教条化而导致的。

马克思主义哲学中国化的“化”的工作，最终一定要体现在马克思主义哲学中国化新形态的创立中，一定要实现实质性飞跃，从两个相关对象创造性地整合成为“一个有机的整体”，一个在内容和形式上真正体现“中国特色、中国风格、中国气派的马克思主义哲学”新形态。要达到这个目标，就一定还要有一个马克思主义哲学自身被“化”、被中国“化”的过程。马克思主义哲学“化”中国与马克思主义哲学被中国“化”有机结合起来，才是真正的马克思主义哲学中国化。

我们要依据马克思主义哲学的真精神，以发展和创新为核心，把中国革命、中国建设、中国改革、中国发展的实践中形成的思想观念、思维方式、方法手段、价值取向、道德理念、气势境界，等等，从具体的实践形态总结、提炼为抽象的理论形态，“创造建设”出马克思主义哲学中国化的新形态。这不仅是中国哲学发展的需要，也是批判的革命的马克思主义哲学本身发展的内在要求，是马克思主义哲学强大生命力之所在。

（四）彰显中国风格

既然是马克思主义哲学中国化，就一定要有中国的形式、中国的风格、中国的特点、中国的气派、中国的语言，概言之，要有“中国味”。这中国味，就是几千年来积淀在中华民族生命和血液中的中国情感、中国意志、中国愿望、中国思维、中国话语，等等，概括来讲，就是中国文化的精、气、神。我们不可能离开自己国家与民族的优秀文化和传统去进行马克思主义哲学中国化的工作。

对于在马克思主义哲学中国化过程中彰显中国风格，毛泽东有段话讲得十分到位：“马克思主义必须和我国的具体特点相结合并通过一定的民族形式才能实现。……离开中国特点来谈马克思主义，只是抽象的空洞的马克思主义。因此，使马克思主义在中国具体化，使之在其每一表现中带着必须有的中国的特性，即是说，按照中国的特点去应用它，成为全党亟待了解并亟须解决的问题。洋八股必须废止，空洞抽象的调头必须少唱，教条主义必须休息，而代之以新鲜活泼的、为中国老百姓所喜闻乐见的中国作风和中国气派。”[36]有的人在理论创新中特别喜欢引进“洋概念”，捣鼓“洋名词”，显摆“洋教条”，不仅百无一用还令群众生厌，其实是离开了中国实践，丢掉了中国风格。

对于马克思主义哲学中国化来说，中国风格主要属于形式方面的范畴，但这一形式直接制约着马克思主义哲学内容在中国的充分实现与有效发扬。因而，中国风格之于马克思主义哲学中国化同时又具有了内容的属性，对这一点要有足够的认识。

四　马克思主义哲学中国化必须体现人民智慧

马克思主义哲学具有代表工人阶级和最广大人民根本利益的理论品质，这就决定了它必须同人民群众相结合，为人民群众所理解、掌握。马克思主义哲学中国化的进程就是马克思主义哲学大众化的进程，人民群众的实践活动是马克思主义哲学中国化的深厚源泉和基础，中国化的马克思主义哲学是中国共产党和中国人民集体智慧的结晶。

（一）启蒙大众，让群众真学

启蒙，究其本意来说就是告知人们新思想，改变人们旧观念。人的思想是最活跃的，但人的思想也是最保守的。人一旦接受了某一种思想、形成某一种观念，就会不自觉地把它当作理所当然的东西而坚守，并且在这些思想和观念的影响下行动，尽管这些思想和观念其实对他是很不利的，甚至是有害的，但他并不知觉。

恩格斯曾经讲过：“一切都必须在理性的法庭面前为自己的

存在作辩护或者放弃存在的权利。思维着的知性成了衡量一切的唯一尺度。……只是现在阳光才照射出来，理性的王国才开始出现。从今以后，迷信、非正义、特权和压迫，必将为永恒的真理、永恒的正义、基于自然的平等和不可剥夺的人权所取代。”[37]恩格斯这段话虽然是针对18世纪的启蒙运动，那是在特定历史条件下发生于欧洲的社会、思想、文化和哲学运动，但对于今日中国社会同样有振聋发聩的作用。马克思主义哲学中国化的一个首要任务就是告诉社会大众他们的力量与他们的权利，让社会大众在学习哲学的过程中发现自己的力量，觉醒自己的权利。

（二）属于大众，让群众真懂

马克思主义哲学本质上是属于大众的哲学，而不是少数人拥有的哲学。马克思主义哲学中国化一定要让群众真懂。

“体系”是理论完备性的一种标志，但体系也只能是在理论领域的表述。理论要想进入实践领域就必须要有实践的形态。属于大众的理论一定应该是简单、清晰、明了的，为群众所欣然接受，为群众所真心信服，为群众所真正理解。为群众所懂得的哲学恰恰是理论生命力最强盛的标志、最有作为的标志、最能发挥作用的标志。要加强对马克思主义哲学中国化理论成果的宣传，清楚明白地阐述马克思主义哲学中国化的基本立场、根本原则、共同理想与奋斗目标，清楚明白地解答群众来自实践、来自生活的困惑与疑虑，让广大群众切实认识到马克思主义哲学中国化理论成果是保障他们权利、实现他们利益、促进他们发展的锐利武器，而不是相反。

（三）为了大众，让群众真信

马克思主义哲学根本指向是为了大众的哲学，而不是为了少数人的哲学。马克思主义哲学中国化首先要让群众真信。相信才会去理解，理解才可能掌握，掌握才能去运用。要让马克思主义哲学中国化的理论成果更好地解决人民群众最关心、最直接、最现实的利益，更好地代表人民群众的根本利益和长远利益。

对中国共产党来说，中国社会的发展从来就是全体中国人民的发展，是中国疆域的全部，不能是一部分人，不能是一部分地区的发展。当一切发展依靠人民，一切发展为了人民，与人民群众共命运，等等。这些马克思主义中国化的基本理论要求成为在中国社会中每时每刻都在发生的真实事情，群众就会相信它是自己的武器，群众就愿意拿它来做自己的武器。

（四）走向大众，让群众真用

没有大众化，马克思主义哲学就会被束之高阁，不能转化为巨大的实践力量，马克思主义哲学是为大众所用的哲学。马克思主义中国化的理论成果要从书本里、文件中、会议上走出来，走进群众火热的生活、走向中国蓬勃的实践，以简明的内容、通俗的形式、大众的思维、普及的方式让群众能掌握，会运用。

马克思主义哲学理论一旦被群众掌握就会转变为巨大的物质力量。马克思主义哲学中国化的进程，就是马克思主义哲学大众化的进程。当然，就马克思主义哲学大众化来说，学、懂、信、用是一体的，不能截然分开，也是分不开的。当社会大众把学、懂、信、用有机统一于他们的生活与实践中的时候，马克思主义哲学也就实现了真正的大众化。

结　语

随着时代的转换、实践的深化，马克思主义哲学中国化必然要增添新的内涵，以新的理论观点、体系建构、表现方式满足时代的要求和实践的需要。只要我们科学地运用马克思主义的立场、观点和方法，以我国改革开放和现代化建设的实际问题、以我们正在做的事情为中心，善于总结实践经验，重视探索新的实践，我们就一定能够在坚持马克思主义基本原理前提下，不断实现马克思主义哲学中国化的创新，不断开辟马克思主义哲学中国化的新境界。

注　释

〔1〕《马克思恩格斯全集》第1卷，人民出版社1995年版，第220页。
〔2〕黑格尔：《小逻辑》，商务印书馆1980年版，第42页。
〔3〕《毛泽东哲学批注集》，中央文献出版社1988年版，第152页。
〔4〕《马克思恩格斯文集》第1卷，人民出版社2009年版，第502页。
〔5〕《马克思恩格斯文集》第3卷，人民出版社2009年版，第602页。
〔6〕《马克思恩格斯文集》第4卷，人民出版社2009年版，第300页。
〔7〕《马克思恩格斯文集》第1卷，人民出版社2009年版，第11页。
〔8〕《毛泽东选集》第1卷，人民出版社1991年版，第283页。
〔9〕《马克思恩格斯文集》第4卷，人民出版社2009年版，第313页。
〔10〕《马克思恩格斯文集》第1卷，人民出版社2009年版，第14页。
〔11〕《马克思恩格斯文集》第5卷，人民出版社2009年版，第22页。
〔12〕《马克思恩格斯文集》第5卷，人民出版社2009年版，第22页。
〔13〕《马克思恩格斯文集》第10卷，人民出版社2009年版，第666页。
〔14〕《马克思恩格斯文集》第2卷，人民出版社2009年版，第66页。
〔15〕《马克思恩格斯文集》第1卷，人民出版社2009年版，第3页。
〔16〕《马克思恩格斯文集》第1卷，人民出版社2009年版，第527页。
〔17〕《毛泽东文集》第8卷，人民出版社1999年版，第323页。
〔18〕《马克思恩格斯文集》第1卷，人民出版社2009年版，第11页。
〔19〕《马克思恩格斯全集》第1卷，人民出版社1995年版，第220页。
〔20〕《马克思恩格斯文集》第4卷，人民出版社2009年版，第281页。
〔21〕《马克思恩格斯全集》第3卷，人民出版社2002年版，第511页。
〔22〕《马克思恩格斯文集》第2卷，人民出版社2009年版，第5—6页。
〔23〕《马克思恩格斯文集》第10卷，人民出版社2009年版，第562页。
〔24〕《马克思恩格斯文集》第10卷，人民出版社2009年版，第590页。
〔25〕《列宁选集》第1卷，人民出版社2012年版，第274页。
〔26〕《马克思恩格斯全集》第3卷，人民出版社1960年版，第544页。
〔27〕《马克思恩格斯文集》第1卷，人民出版社2009年版，第12页。
〔28〕《马克思恩格斯全集》第36卷，人民出版社1975年版，第200页。

〔**29**〕《马克思恩格斯文集》第 10 卷，人民出版社 2009 年版，第 593—594 页。

〔**30**〕《马克思恩格斯文集》第 7 卷，人民出版社 2009 年版，第 26 页。

〔**31**〕《毛泽东读书笔记解析》上册，广东人民出版社 1996 年版，第 242—243 页。

〔**32**〕《马克思恩格斯文集》第 10 卷，人民出版社 2009 年版，第 691 页。

〔**33**〕《邓小平文选》第 3 卷，人民出版社 1993 年版，第 382 页。

〔**34**〕《邓小平文选》第 3 卷，人民出版社 1993 年版，第 292 页。

〔**35**〕《毛泽东文集》第 2 卷，人民出版社 1993 年版，第 373 页。

〔**36**〕《毛泽东选集》第 2 卷，人民出版社 1991 年版，第 534 页。

〔**37**〕《马克思恩格斯文集》第 3 卷，人民出版社 2009 年版，第 523—524 页。

第二章　唯物论：反对唯心主义

对世界的统一性、存在方式以及人和世界的关系的界定，是任何哲学世界观的基础。与唯心主义把世界的统一性归结为精神不同，唯物主义认为世界统一于物质。坚持唯物论，反对唯心论，是正确认识世界和改造世界的哲学基础。坚持唯物论，反对唯心论，在工作实践中就要坚决反对主观主义。

第一节　唯物论总论

人类的全部哲学，可以划分为唯物主义和唯心主义两大阵营。唯物主义主张物质是世界的本原，是第一性的；精神是物质的派生物，是第二性的。是物质决定精神，不是精神决定物质。坚持唯物论，反对唯心论，是马克思主义哲学的根本立场和基本原则。

一　哲学的基本问题

思维与存在何为世界的本原？思维与存在有无同一性？这是哲学史上的一个历久弥新的重大而基本的问题。古往今来的哲学家们苦心探索，众说纷纭，论辩莫衷一是。

为什么思维与存在是全部哲学的重大的基本问题呢？

自从“人猿相揖别”，人类学会了制造工具，运用工具进行劳动，人类及人类社会作为统一的物质世界的组成部分，就表现为物质与由物质派生的精神两大类现象，出现了精神与物质、思维与存在、主观世界与客观世界、人的认识活动与实践活动的分野。在社会生产和生活中，人们必然要直面物质和精神两大类现象，人对外部世界总要发生认识问题。

人们在日常生产和生活中，总是要思考人自身与外部世界的关系问题，要思考和处理精神与物质、思维与存在、主观与客观的关系问题。于是，思维与存在，便成为人类全部认识和实践活动与外部世界发生关系的哲学基本问题。

人类在认识世界和改造世界的过程中，逐步形成了对于世界的总体看法和根本观点，这就是哲学。哲学通过一系列概念、范畴、原理，形成从总体上说明人、说明世界、说明人与世界之关系、说明人的思维的理论体系。哲学研究的问题众多，但它所要回答的中心问题，则是人与周围世界的关系问题。因为人是有意识的，人的意识可以把人与周围世界区别开来，可以主动地认识世界，这就产生了人的意识对周围世界存在的关系问题。哲学要说明世界的本原问题、世界能否认识的问题、世界是怎么样的问题、世界对于人的意义问题，要为人们提供总体性的世界图景，要指导人类认识世界、改造世界，评价人与现实世界的关系，为人们提供认识、改造、评价世界的观点、方法与标准。对这些问题的哲学回答，始终存在并围绕着一个必须首先回答的基本问题，就是思维与存在的关系问题，这是古今中外一切哲学不能置之度外、不能避而不答、不能超越的问题，是回答其他一切哲学问题的出发点。其他一切哲学问题都依附于这个问题，在这个问题的基础上展开，如何回答这个问题，决定着哲学思维的路线、方向。恩格斯明确指出：“全部哲学，特别是近代哲学的重大的基本问题，是思维和存在的关系问题。”[1]

哲学基本问题是贯穿全部哲学问题之中并统率和制约其他一切哲学问题的最根本的问题，或者说最高问题。思维与存在的关系问题作为全部哲学特别是近代哲学的基本问题，有两个重要方面。

——**第一个方面是思维与存在哪个是本原的、第一性的，哪个是派生的、第二性的？**现实世界究竟是由精神创造的，还是从来就有的？世界的本原和基础是精神的，还是物质的？这是哲学基本问题的首要方面，它规定着哲学的基本性质，贯穿于全部哲学问题之中，并规定着解决全部哲学问题的基本方向。如果坚持物质是世界的本原、是第一性的东西，就会肯定规律具有不以人的意志为转移的客观性，人们既不能创造规律，也不能消灭规律，只能认识、遵循和利用规律；若坚持精神是世界的本原、是第一性的东西，就会否认规律的客观性，或根本否认规律的存在，或者把规律视为主观思想、意志或客观精神、上帝的产物，从而陷入唯心论、唯意志论或宿命论的泥潭。

——**另一个方面是关于思维与存在有没有“同一性”，即思维能不能反映存在、思维与存在能否相互转化的问题。**恩格斯说：“我们关于我们周围世界的思想对这个世界本身的关系是怎样的？我们的思维能不能认识现实世界？我们能不能在我们关于现实世界的表象和概念中正确地反映现实？用哲学的语言来说，这个问题叫做思维和存在的同一性问题。”〔2〕思维与存在有没有同一性的问题，也就是世界能不能被认识、人的思维能不能正确反映并反作用于现实世界的问题。我们说“思维与存在的同一性”，并非说思维等同于存在，思维与存在能够画等号。思维作为人脑的机能，能够在人的社会实践的基础上反映客观事物的性质，反映客观事物的运动发展规律；同时又能够对于人的需要、利益、愿望、要求进行自我认识，然后将客观规律和主观目的结合起来，产生科学的预见，形成实践的目标，并选择实践的方式方法、手段路径，经过现实的社会实践，将观念性的目标变成现实的事物。这是一个在实践基础上从存在到思维、又从思维到存在的过程。人们的思想只有与客观事物相符合，才是正确的；人们的实践只有符合客观实际和客观规律，才能达到预期的目的。脱离客观实际、违背客观规律盲目蛮干，必然招致实践的失败。

哲学基本问题的两个方面分别回答了世界的本原是什么以及人的思维能否反映存在的问题。

——**思维与存在何者是本原的、第一性的，通常被称作本体论问题。思维与存在何为第一性、何为本原，即谁决定谁、谁产生谁，是哲学史上唯物论与唯心论争论的焦点，是划分唯物主义和唯心主义的根本标准。**恩格斯指出："哲学家依照他们如何回答这个问题而分成了两大阵营。凡是断定精神对自然界说来是本原的，从而归根到底承认某种创世说的人（而创世说在哲学家那里，例如在黑格尔那里，往往比在基督教那里还要繁杂和荒唐得多），组成唯心主义阵营。凡是认为自然界是本原的，则属于唯物主义的各种学派。"[3]

——**思维与存在有无同一性、思维能否反映存在，是一个重要的认识论问题。对于这个问题的不同回答，将哲学划分为可知论与不可知论，将相关哲学家划分为可知论者和不可知论者。**可知论肯定现实世界是可以认识的。可知论有唯物主义学派，也有唯心主义学派。黑格尔从唯心主义角度认为世界是可以认识的，世界不过是绝对精神的产物，对世界的认识实质上是对绝对精神的认识。大多数哲学家都持可知论观点，也有一些哲学家否认认识世界的可能性，至少是否认彻底认识世界的可能性，如休谟（Hume，1711—1776 年）、康德（Kant，1724—1804 年）等哲学家，主张不可知论。

二　坚持唯物论，反对唯心论

恩格斯指出："自然科学家尽管可以采取他们所愿意采取的态度，他们还得受哲学的支配。问题只在于：他们是愿意受某种蹩脚的时髦哲学的支配，还是愿意受某种建立在通晓思维历史及其成就的基础上的理论思维形式的支配。"[4]人们要认识世界和改造世界，就要运用一定的思想方法和工作方法，因而也就必然受某种哲学的支配。辩证唯物主义为人们认识世界和改造世界提供了科学的立场、观点和方法。坚持唯物论，反对唯心论，在工作实践中坚决反对主观主义。

唯心主义是主观主义的哲学形态，主观主义是唯心主义在实际工作中的表现。主观主义有两种表现：一是**教条主义**。唯书唯上不唯实，离开实际情况，唯书本唯是，唯上级指示唯是，就是教条主义。教条主义所遵循固守的信条有洋教条和土教条。所谓**洋教条**，是以外国书本、外国人言论为信奉教条，凡是洋人写的、洋人讲的，不问是否适合本国实际，一概照抄照搬，言必称西方，总是觉得"月亮还是外国的圆"；所谓**土教条**，是以本国书本、以本国古人、领导言论为信奉教条，凡是前人、领导写的、讲的，不问是否适合今天或本地区、本单位的情况，一概照转照办，言必称古训，以领导的话唯是，"领导说是黑的，不能说是白的"。**二是经验主义**。经验主义不懂得理论的普遍指导意义，不注意学习和运用科学的理论，满足于一孔之见和一得之功，把一时一地一己的局部经验当作管全局、管根本、管长远的真理。

教条主义和经验主义是实际工作中的唯理论和经验论。只承认理性认识而否认感性认识的是唯理论，只承认感性认识而否认理性认识的是经验论。唯理论与经验论虽然各执一端，但它们的共同特征，都是把人的感性认识与理性认识两个互相联结的认识

阶段相分离。

教条主义和经验主义的哲学渊源是唯理论与经验论。人的认识分为感性认识和理性认识。人对客观事物的认识，是在实践的基础上，经过从感性认识到理性认识，又从理性认识到实践的辩证途径实现的。人的认识首先是从感性认识开始的。在实践过程中，人们同外界事物接触，通过自己的感觉器官——眼、耳、鼻、舌、身等，使客观事物的外部形态反映到自己的头脑中，这就是感性认识。譬如，糖是甜的、盐是咸的、碱是涩的……然而，为什么糖是甜的、盐是咸的、碱是涩的……感性认识是回答不了的。人们要深刻地认识事物的本质，就必须提升到理性认识。理性认识是认识的高级阶段，是对事物内部联系的认识，是对事物一般的共同本质的抽象。理性认识的基本形式是概念、判断和推理，是运用概念、判断、推理对感性认识材料的综合、分析、抽象和概括。诸如“糖为什么是甜的”一类问题，理性认识是可以回答的。

唯理论夸大人的理性认识，否认感性认识的作用，否认实际经验，只承认理性的实在性，不承认经验的实在性；经验论夸大感性认识的作用，而否认理性的作用，只承认经验的实在性，否认理性的实在性。无论是唯理论还是经验论，都是主观主义。教条主义不懂得要根据中国的实际来运用马克思主义，拒绝研究中国实际和中国革命经验，把马克思主义变成了僵死的、一成不变的、可以机械套用的教条，是思想方法和工作方法上的唯理论。经验主义则轻视理论，拒绝正确理论的指导，把局部经验当成普遍真理，是思想方法和工作方法上的经验论。恩格斯说过：“一个民族要想登上科学的高峰，究竟是不能离开理论思维的。”[5]毛泽东主张，“有书本知识的人向实际方面发展，然后才可以不停止在书本上，才可以不犯教条主义的错误。有工作经验的人，要向理论方面学习，要认真读书，然后才可以使经验带上条理性、综合性，上升成为理论，然后才可以不把局部经验误认为即是普遍真理，才可不犯经验主义的错误"[6]。在中国革命、建设和改革的实践中，犯唯理论错误者有之，犯经验论错误者亦有之。

三　反对主观主义

主观主义有各种各样的表现形式。

一曰唯书。机械照抄照搬书本上的本本条条，照本宣科，照章办事。**二曰唯上**。生搬硬套上级精神，以会议落实会议，以文件落实文件，满足于一般号召，没有勇气和胆量独立思考、自我担当。**三曰唯旧**。不问青红皂白，一概照旧行事，不思进取，因循守旧，故步自封，墨守成规，敷衍了事，得过且过，不用心汲取新知识，不深入思考新问题，不适应新形势新需要，不研究新问题、开创新思路、创造性地开展工作。**四曰唯我**。只相信自己的主观臆断和个别经验，以我为主，自以为是，作风漂浮，工作不实，不愿对周围环境做艰苦细致、系统周密的调查研究，对实际情况不求甚解，单凭个人主观感觉和局部经验去工作。**五曰空转**。脱离客观实际，违背客观规律，无视客观条件，空发言论，开空头支票，不办实事，讲话写文章空洞无物，把理想当现实，好大喜功，急功近利，提出不切实际的高指标，追求无法实现的幻景，搞违背科学的瞎指挥，身子扑不下，工作放空炮。**六曰弄虚**。做表面文章，玩虚的，弄花架子，搞形式主义，重形式轻内容，抽象地、空洞地、无目的地学习理论，热衷于语言游戏，沉湎于表面文章，夸夸其谈，哗众取宠，正如"墙上芦苇，头重脚轻根底浅；山间竹笋，嘴尖皮厚腹中空"，言行不一，知行分离，不接地气，不求落实。**七曰浮夸**。静不下心，沉不下气，下不到基层，脱离实际，离开群众，心态浮躁，追名逐利，一事当前，总是算计个人得失，热衷于搞"形象工程""政绩工程"，劳民伤财。**八曰作假**。欺上瞒下，报喜不报忧，讲假话，使假招，做假事，掩盖矛盾和问题，蒙蔽群众，欺骗上级。

主观主义必然带来官僚主义；主观主义严重，必然造成官僚主义严重。

在延安时期，毛泽东曾形象地把官僚主义者比喻为泥塑的神像：一声不响，二目无光，三餐不食，四肢无力，五官不正，六亲无靠，七窍不通，八面威风，久坐不动，十分无用。官僚主义者不了解群众所思所想，漠视群众利益和诉求，尸位素餐，无所作为。中华人民共和国成立以后，毛泽东又历数官僚主义的20种表现，批判脱离实际、脱离群众、强迫命令、颐指气使、弄虚作假、不负责任、颟顸无能、形式主义、自私自利、争名夺利等方面的官僚主义。官僚主义是主观主义的极端表现，官僚主义者必然搞主观主义。

主观主义的特征是主观与客观相分离，理论与实际相分离。

唯物主义肯定世界的物质性、客观性、规律性和可知性，必然坚持主观与客观相一致、理论与实际相结合。毛泽东说："一切大的政治错误没有不是离开辩证唯物论的。"[7]主观唯心主义的思想路线，是一切"左"的和右的错误的认识总根源。"左"的错误和右的错误虽然表现不同，但两者相通，二者都是主观主义，都是主观与客观相分裂，理论与实际相分裂。"左"的错误是主观超越了客观实际，右的错误是主观落后于客观实际。为了防止"左"的和右的错误，就要坚持唯物主义，反对唯心主义，从事实出发，按照国情、世情、党情、民情、地情考虑问题，制定政策。要做好工作，就要坚持唯物论，尊重客观实际，尊重客观规律；就要从实际出发，一切以时间、地点和条件为转移；就要按照客观世界的本来面目认识世界，根据客观规律和人民利益，确定既合规律又合目的的实践目标，制定切实可行的方针、政策、计划、方案，卓有成效地改造世界。

——反对主观主义，必须正确处理主体与客体的关系，使主观与客观相符合、相统一。什么是主体？主体是指有意识、有目的地进行认识和实践活动的人，主体具有认识和改造世界的能动性和创造性。作为主体的人具有能动的主观世界，即相对独立的感情、意识、思想、理论，也就是通常说的主观。严格地讲，只有处于社会实践及相应的认识活动中的人才是主体，主体应当是社会的人、实践的人、历史的人、有思维活动的人。作为主体，可以是个体，也可以是群体，可以是政党、阶级、民族或某个利益集团，直至整个社会。在不同的时代，主体是各不相同的。只有具体的、历史的主体，而没有超历史的、抽象的主体。

什么是客体？客体是相对主体而言的，是主体的认识和实践范围的对象，即主体所认识、实践的客观世界，也就是通常说的客观。有人曾引用马克思的“主体是人，客体是自然”这样一句话，认为主体应定义为人，客体应定义为自然。马克思的这个说法是一个特指。在《政治经济学批判导言》中，马克思在分析关于社会生产的一般规律时，曾指出主体是人，客体是自然，人与自然的对立统一构成了生产。这样讲，仅仅是就生产过程中人与自然这对关系而言的。实际上，凡是主体的认识对象和实践对象都应是客体，这里不仅包括主体所认识、所实践的自然对象，还应包括主体所认识、所实践的人自身及人类社会；不仅指作为实体而存在的客观事物，而且指客观事物之间的关系现象，指对客观事物的主观反映的精神现象。

有主体就有主观，有客体就有客观。主体与客体、主观与客观二者是相互作用、不可分割的。主体受客体的制约，主观受客观的限制。但主体又可以能动地认识、改造客体；能动地认识、改造客观；主体在改造客体的过程中不断改造自己；在改造客观的同时不断改造自己的主观。一方面，要充分发挥主体的主观能动性，积极认识客观规律，勇于进行实践。若没有主体的主观能动性，不思进取，无所作为，不求有功，但求无过，认为这也不可能，那也做不到，本来经过主观努力能够做到的事也不去做，本来可以争取的胜利也不去争取，就会坐失良机，空余悲叹。另一方面，又要尊重客观条件，按照客观规律办事。把良好愿望与客观条件、高昂热情和求实精神结合起来。如果夸大主观能动性的作用，脱离客观实际，无视客观规律，单凭主观想象、热情、意志、愿望办事，超越客观条件和可能性，勉强去做根本不可能做到的事，或把将来才能做到的事勉强拿到现在来做，就会犯唯意志论和急于求成的主观唯心主义的错误。

要做到主体与客体相统一，主观符合客观实际，就必须按照实际情况决定工作方针。在第一次国内革命战争和土地革命战争期间，中国共产党内的主观主义者特别是教条主义者，不是从具体的现实出发，而是从空虚的理论命题出发；不注意具体事物的特点，而把主观想象的东西当作特点；不是运用马克思主义的观点研究和解决实际问题，而是脱离中国实际和中国革命实践，机械地照抄照搬马克思主义的词句，来指导中国革命实际。把马克思主义教条化，把苏联经验神圣化，把共产国际的指示绝对化，机械套用马克思主义的词句，照抄照搬别国革命的经验，盲目执行共产国际的指示，在中国革命的一系列问题上犯了根本性的错误。在革命性质问题上，混淆民主革命和社会主义革命，企图“毕其功于一役”，在民主革命时期完成社会主义革命的任务；在革命道路问题上，照搬俄国十月革命的经验，主张城市中心论；在军事战略问题上，不顾敌强我弱的实际，照搬外国军事条令，搞进攻中的冒险主义、防御中的保守主义和退却中的逃跑主义。在组织问题上，进行所谓“反右倾”的宗派主义斗争，搞残酷斗争、无情打击。结果，使党和革命事业遭受了严重挫折，蓬勃兴起的土地革命运动最终归于失败。可见，主体与客体相脱离，主观与客观相分裂，关系事业成败。

——**反对主观主义，必须正确处理理论与实际的关系，使理论与实际相结合、相统一**。理论是认识的高级形式，是系统化的理性认识。哲学理论是对自然、社会、人类思维一般规律的科学概括。马克思主义哲学则是正确的理论化的世界观和方法论。实际就是客观存在的一切事物、现象，包括人的实践活动。

理论与实际的关系是什么？实际决定理论，理论指导实际。理论与实际之间存在决定与被决定、反映与被反映、指导与被指导的关系。实际决定理论，理论来自实际。理论作为社会意识形态，是由社会存在决定的，理论不过是实际在人们头脑中的反映。没有实际，也就没有理论，理论概括的内容是客观实际。

实际决定理论，理论是实践的产物。人们的社会实践是理论的源泉、基础、前提、动力和正确与否的检验标准。任何理论都必须以实际为条件、源泉、基础、内容、素材，马克思主义诞生于资本主义生产方式高度发展的19世纪的欧洲并不是偶然的，科学社会主义理论绝不可能在封建生产方式占统治地位的中世纪问世。脱离实际的理论不是科学理论，只能是凭空想象。理论是由实践推动而形成的，科学社会主义理论是马克思亲身参与工人运动的实践而形成的，并且由发展的实践来检验、来修正。实际对理论的制约是决定性的方面。

理论具有相对独立性、超前性和预见性，因而对于实际有着巨大的指导作用。理论可以而且应该走在实践的前面，指导实践的进程。在自然科学中，先有相对论的出现，而后才有人类进军宇宙，飞出大气层，进入太空遨游；先有核物理学，而后才有对核能的利用。在社会历史领域，更不能低估理论对实践的指导作用。列宁说，“没有革命的理论，就不会有革命的运动”〔8〕。科学社会主义理论先于科学社会主义运动。中国革命、建设和改革的历史经验证明，没有马克思列宁主义、毛泽东思想、中国特色社会主义理论体系的指导，就不会有中国革命、建设和改革的成功。

理论指导实践，是因为人的实践活动总是受一定意识支配的。恩格斯说："决不能避免这种情况：推动人去从事活动的一切，都要通过人的头脑……外部世界对人的影响表现在人的头脑中，反映在人的头脑中，成为感觉、思想、动机、意志，总之，成为'理想的意图'，并且以这种形态变成'理想的力量'。"[9]理论的指导作用，是由意识的能动性所决定的。

理论有正确的，也有错误的。正确的理论之所以能够成功地指导实践，在于它正确地反映了事物发展的客观规律，科学总结了人们在社会实践中所积累的经验。科学理论来自对实际的正确认识，来自对实践经验的正确总结。实际是不断变化的，实践是不断发展的，科学的理论必须不断随着实际的变化、实践的发展而创新发展。错误的理论是对实际的错误认识，是对实践经验的错误总结，用错误的理论指导实践，就会定错方向，走错路，办错事。

理论对实际具有相对独立性，也就很容易脱离实际。理论一旦脱离实际，就要在指导实践中出问题。理论无论是落后于实际，还是超越实际，其结果都是理论违背实际、脱离实践，导致指错方向、引错路。在革命运动中，错误的理论往往会引错路，给革命带来挫折或失败。苏联的剧变，从思想路线上来说，是苏联共产党领导放弃了马克思主义指导而造成的。脱离实际的理论无论显得多么"先进""正确"，也会引导办错事。

正确处理理论与实际的关系，就要真正做到理论联系实际。对于马克思主义政党来说，理论联系实际，就是运用马克思主义的立场、观点、方法来说明和解决实际问题，这就是把马克思主义基本原理同本国实际相结合。

理论联系实际，运用马克思主义理论解决实际问题，必须针对两个实际，一个是工作实际，一个是思想实际。人类在改造客观世界的同时改造自己的主观世界。要联系和解决好客观世界和主观世界这两个实际。客观世界的实际，就是工作实际，包括国内外大局的实际、本地区本单位的实际、个人具体工作的实际。主观世界的实际，包括人们的思想实际，如个人的世界观、人生观、价值观，道德作风操行，政治思想状况等；党内和社会上带有普遍性的思想实际，如社会风气，干部群众的思想状况等。联系客观世界的实际也好，联系主观世界的实际也好，都是运用马克思主义的立场、观点和方法来认识、分析和解决工作实际和思想实际两个方面的问题，在改造客观世界的同时改造主观世界。解决两个实际的问题：一个是解决能力问题，即提高运用马克思主义立场、观点和方法分析和解决工作实际的能力；一个是解决品德问题，即提高思想政治素质、道德作风素质。

怎样做到理论联系实际？**一是针对实际，精通理论**。不断针对新的实际、根据实践的需要，系统地、有的放矢地学习马克思主义的基本理论，掌握分析和解决问题的基本立场、观点和方法。**二是调查研究，把握实际**。调查研究是了解实际情况、进行科学决策、实现理论与实际相结合的关键环节。毛泽东说："一切实际工作者必须向下作调查。对于只懂得理论不懂得实际情况的人，这种调查工作尤有必要，否则他们就不能将理论和实际相联系。"[10] **三是运用理论，指导实践**。学习掌握理论全在于应用。一定要用科学理论武装头脑，学会自觉地运用理论指导实践。**四是创新理论，推进实践**。实践不断发展，认识不会永远停止在一个水平上。要根据新的实践，不断地在发展了的实践基础上创新理论，用以指导、推进新的实践。只有善于应用马克思主义哲学的立场、观点和方法研究实际，作出合乎实践需要的理论创造，以推进实际工作，才叫作理论与实际相联系。在理论与实际的关系问题上，既要反对死记硬背、保守僵化、照抄照搬的教条主义，反对迷信盲从、不敢独立思考的奴性思想；又要反对夸大感性经验、拒斥正确理论指导的狭隘经验主义。

——**反对主观主义，对于马克思主义政党来说，必须解决好学风问题**。学风问题是第一重要的问题。这里所说的学风问题是指对待马克思主义的根本态度。究竟是从本本出发，还是从实际出发，这是对待马克思主义根本态度的分歧点，是采取什么学风的分水岭。反对主观主义，一切从实际出发，就要用马克思主义立场、观点和方法研究和解决现实问题，这是对待马克思主义理论的正确态度，是必须坚持和弘扬的正确学风。

学风问题不是小问题，而是一个总的大问题，它与世界观紧密地联系在一起，说到底是世界观问题。对待马克思主义，从实际出发，就是以实践的、发展的、创新的观点来对待理论；从本本出发，就是以教条的、静止的、僵化的观点来对待理论。二者的分歧，关键是坚持什么样的世界观指南。从哲学世界观上来讲，从实际出发，就是坚持从实践到认识、实践是检验真理的唯一标准的唯物主义基本立场。实事求是，是对马克思主义辩证唯物主义和历史唯物主义世界观方法论的高度概括。坚持实事求是、一切从实际出发的辩证唯物主义和历史唯物主义世界观，就要以科学的态度对待马克思主义。坚持实事求是的思想路线，理论联系实际，这就是我们必须坚持的正确学风。

结　语

坚持存在决定思维，思维与存在具有同一性，是马克思主义哲学的辩证唯物主义基石。坚持唯物主义，反对唯心主义，是辩证唯物主义的基本立场，是马克思主义政党的哲学世界观方法论基础。坚持唯物主义，反对唯心主义，在思想方法、工作方法上，就要坚决反对主观主义。主观主义表现为教条主义和经验主义，是马克思主义政党的大敌。反对主观主义，就要坚持一切从客观实际出发，坚持实事求是的思想路线，弘扬正确的学风，使主观符合客观、理论联系实际，在改造客观世界的同时改造主观世界，通过改造主观世界推进改造客观世界。

第二节　世界统一于物质

世界的本原是物质，世界的真正统一性在于它的物质性。承认世界的物质性，认为世界是统一的物质世界，这是辩证唯物主义哲学的基石。

一　世界是物质的

世界的本原和统一性究竟是什么呢？

自古以来，无非是两种解答：唯物主义认为，世界的本原是物质，世界上形形色色的现象都是物质的不同运动；唯心主义认为，世界的本原是精神，世界上万事万物都是精神派生的。唯物主义是从肯定物质世界客观实在性的立场出发，用列宁的话讲就是在“承认外部世界的客观实在性和外部自然界的规律……它同物存在于我们的意识之外并且不以我们的意识为转移这种知识同出一源”[11]这一前提之下，对世界本原以及世界统一性的问题的回答。世界是物质的，物质既不能被创造，也不能被消灭。

从哲学史的演化来看，对于世界本原和统一性问题的不同回答，反映了唯物主义与唯心主义两种根本对立的立场。早在古印度文化中，就已经有人把物质世界的一切都归之于“梵天”的梦境了，人世间的一切不过是“梵天”所做的一个又一个梦而已。古今中外的有神论主张的神创论，主观唯心主义和客观唯心主义主张的主观精神或客观精神本体论，都是唯心主义对世界本原和统一性问题的回答。

唯物主义对于世界本原和统一性的认识，是随着社会实践和科学的发展而不断演变、发展、深化的。辩证唯物主义的物质观正确地回答了世界本原和统一性问题。

——**古代朴素唯物主义把世界本原猜测为几种具体的物质形态**。譬如，古希腊哲学家泰勒斯（Thales，约前624—前546年）认为“水是万物的本原”；赫拉克利特（Heraclitus，约前544—约前480年）则说世界“过去、现在和未来是一团永恒的活火”；中国古代的“五行说”，认为万物是由水、木、金、火、土五种元素构成的，等等。应该说，把大千世界归结为一种或几种具体的物质形态，在坚持唯物主义立场上是真诚的，但在哲学思维上确实是素朴的，很难在逻辑上自圆其说。古希腊后期，德谟克利特（Demokritos，约前460—前370年或前356年）提出了“原子说”。虽然德谟克利特的“原子”从名称上已经超越了具体的物质形态，但他的“原子说”也不过是一种猜测。他仍然认为原子是“不可分割的”，“原子的种类是无限的，不同只在于形状和大小”，在他看来，原子究其实质不过是以“原子”为名的一大堆面目不清的具体物罢了，这与后来科学的“原子论”是有本质的不同的。

——**近代形而上学唯物主义把世界统一性归结为某种可以感知的具体物质形态**。到了近代，特别是19世纪中后期，原子成为当时科学认识所能达到的关于物质结构的最深层次，被认为是“不可分割”的最小粒子。近代形而上学唯物主义者把这一科学最新成果拿来解释世界的本原，主张原子是组成万物的最小物质单位，原子是不可分的，原子的属性是不可变的。

——**辩证唯物主义物质观跳出对具体物质形态的拘泥与据守，是对具体物质形态的科学抽象。马克思主义物质观是根据人类长期发展的实践，站在19世纪科学发展的最前沿，在借鉴和批判形而上学唯物主义物质观的基础上，概括了当时自然科学的新成果而形成的，发展了唯物主义，是全新的辩证唯物主义物质观**。

古代朴素唯物主义和近代形而上学唯物主义的物质观坚持了唯物主义的基本立场，方向是正确的。但他们把世界本原归结为某种可以感知的具体物质形态，或者归结为物质结构的某个层次则是不科学的。因为建立在物质具体结构层次上的“物质”，其基础同样是不牢靠的，早晚会面临科技进步带来的挑战。

仅仅过了几十年，这一挑战就来临了。

19 世纪末 20 世纪初，随着 X 射线、放射性和电子、夸克粒子的发现，大量的实验事实否定了原子不可分、元素不可变等传统思想。比如，过去认为一种元素是不可能转变为另一种元素的，但放射性物质发生衰变的事实证明，一种元素是可以转变为其他元素的。面对这种情形，一些自然科学家由于不懂辩证法，认为“原子非物质化了，物质消失了”。其中比较有名的是奥地利著名的物理学家、生物学家、心理学家、哲学家马赫（Mach，1838—1916 年）。他据此宣称“物质消失了”，就是“物质本身不存在了”，只存在感性知觉，物质是“荒谬的虚构”和“假设”，甚至还要用马赫主义“修正”马克思主义唯物论。因为马赫的这种论调在当时产生了比较大的影响，列宁专门写下了著名的《唯物主义和经验批判主义》一书，批判马赫主义，捍卫辩证唯物主义物质观。

辩证唯物主义的物质概念同自然科学关于物质的具体形态、结构和属性的理论是有所不同的。现代自然科学认为，物质具有各种具体的形态、结构和属性，物质有材料（质料）、能量和信息，人们对物质的具体形体、结构和属性，对物质的材料（质料）、能量和信息的认识，是随着科学的发展而发展的。譬如，就物质的具体形态来说，除了实物的形态外，还有场（电磁场、引力场、核力场等）的形态。就物质的结构来说，除了分子结构外，还有原子（内部有原子核、电子）结构、原子核（内部有质子、中子等微观粒子）结构、粒子（内部有层子即夸克）

结构。就物质的属性来说，有与电子、质子等已知粒子的某种物理属性正好相反的“反粒子”。这都说明物质的具体形态、结构和属性是无限多样的，物质的材料（质料）、能量和信息同样也是丰富多样的，因而人们对物质的认识也是永无止境的。但无论怎样，物质的客观实在性并不会因此改变，马克思主义哲学的物质概念不会过时。

大科学家爱因斯坦（Einstein，1879—1955 年）也看到了这一点。他在《物理学的进化》中说：“我们有两种实在：实物和场。毫无疑问，我们现在不能像 19 世纪初期的物理学家那样，设想把整个物理学建筑在实物的概念之上。根据相对论，我们知道物质蕴藏着大量的能，而能又代表物质。我们不能用这个方式定性地来区别实物与场，因为实物与场之间的区别不是定性上的区别。最大部分的能集中在实物之中，但是围绕微粒的场也代表能，不过数量特别微小而已。因此我们可以说：实物便是能量密度特别大的地方，场便是能量密度小的地方。但如果是这样的话，那么实物和场之间的区别，与其说是定性的问题，倒不如说是定量的问题。把实物和场看作是彼此完全不同性质的两种东西是毫无意义的，我们不能想象有一个明确的界面把场和实物截然分开。”〔12〕爱因斯坦关于“实物”与“场”的看法表明：真正探究世界奥妙并能有所作为的科学家，在最后总会不自觉地从形而上学的唯物主义物质观走向辩证唯物主义物质观。

恩格斯在《自然辩证法》中指出：物质这个词“无非是个简称”，“我们就用这种简称把感官可感知的许多不同的事物依照其共同的属性概括起来”〔13〕。但哲学中的物质并不是感性存在物，它是从各种特定实物总和中抽象出来，用以把握各种实物共同属性的抽象。人们只有“通过认识个别物”才能相应地认识“物质本身”。正是在这个意义上，恩格斯认为：“物质本身是纯粹的思想创造物和纯粹的抽象。当我们用物质概念来概括各种有形地存在着的事物的时候，我们是把它们的质的差异撇开了。因此，物质本身和各种特定的、实存的物质的东西不同，它不是感性地存在着的东西。”[14]

马克思主义哲学的物质概念是关于物质世界形态各异的、具体的、特殊的、个别的、活生生的现存物质形态的一般的、科学的、正确的抽象。人们见到的都是具体的、个别的、特殊的物质形态，如大到太阳、地球、月亮，小到细胞、细菌、病毒，无论是有机物还是无机物，所有这些具体物质所共同具有的内在本质，都是一般的、普遍的、共同的、内在的哲学抽象。辩证唯物主义物质观就是科学概括的物质观。比如，用对撞机所发现的基本粒子，虽然肉眼看不到，但它仍然是人所能认识到的客观实在的物质。

辩证唯物主义物质观认为，物质是独立于人的意识，而又为人的意识所能感觉到的、所能认知的客观实在。**客观实在性是物质的根本属性**。

列宁对物质所作的定义是辩证唯物主义对形形色色具体物质形态的抽象。列宁提出：“物质是标志客观实在的哲学范畴，这种客观实在是人通过感觉感知的，它不依赖于我们的感觉而存在，为我们的感觉所复写、摄影、反映。”“在认识论上指的只是不依赖于人的意识而存在并且为人的意识所反映的客观实在，而不是任何别的东西。”[15]列宁的这一定义从恩格斯基本思路出发，同时又吸取了20世纪初自然科学成果，明确界定了物质的“从实物总和抽象出来的共同属性”——客观实在性。

从客观实在性出发，列宁肯定了“原子的可变性和不可穷尽性”，认为“电子和原子一样，也是不可穷尽的”[16]。针对马赫的质疑，列宁指出：“‘物质在消失’这句话的意思是说：至今我们认识物质所达到的那个界限正在消失，我们的知识正在深化；那些从前看来是绝对的、不变的、原本的物质特性（不可入性、惯性、质量等等）正在消失，现在它们显现出是相对的、仅为物质的某些状态所固有的。”[17]正如列宁所说：“因为物质的唯一‘特性’就是：它是客观实在，它存在于我们的意识之外。”[18]

列宁的这番话，标志着马克思主义哲学对“物质”的认识达到辩证唯物主义的全新境界，不论是早先的原子，后来的中子、夸克，还是最近才刚刚认识到的弦，这些在现代科学进步中被逐渐发现出来的“基本粒子”，其结构与形态虽然发生了很大乃至天翻地覆的变化，但是作为物质所具有的客观实在性依然没有变。

从物质的客观实在性出发，列宁进一步阐明了恩格斯提出的“世界的统一性在于它的物质性”的观点，强调世界的本原是物质的，世界统一于其物质性。

辩证唯物主义物质观在强调物质独立于人的意识的同时，又强调物质的可感知性。列宁的物质定义首先强调了物质在人的意识之外，划清了唯物主义与唯心主义的界限，同时又明确指出物质“是人通过感觉感知的”，“为我们的感觉所复写、摄影、反映”，物质具有可知性，可反映性。这就坚持了辩证唯物主义的反映论和可知论，同怀疑感觉经验之外的客观实在、否认客观事物可知性的不可知论划清了界限。

当然，也许有人会问道，列宁讲的物质特性是人的感觉能够感知到的客观实在性，而现代科学发现的许多物质并不是人能直接感觉到的，那么列宁关于物质的定义是否过时了呢？其实不然，望远镜是眼睛的延长，雷达是耳朵的延长，电脑是人脑的延长……人们借助现代科学技术，延长了人的感觉器官，观察到人本身固有的感官所观察不到的物质形态，同样也是人所感知认知的。

马克思主义哲学物质观告诉我们，世界是物质的，而物质的具体形态又是多种多样的。人类社会则是更为复杂的物质形态，是与周围自然界相统一的，都统一于物质。一切社会现象，归根结底，都是物质世界长期发展的产物，只能用物质原因来说明。在一定条件下，世界的物质形态是可以相互转化的，但无论如何转化，物质的总量既不会增加，也不会减少；物质既不能凭空产生，也不会湮灭。能量守恒和转化定律雄辩地证明了这一点。

马克思主义哲学物质观为我们认识物质世界奠定了坚实的唯物主义基础。但人类对物质的认识并没有停止，也不可能停止，人类对物质的认识还处在继续深化，也必须深化的过程中。

恩格斯指出，“随着自然科学领域中每一个划时代的发现，唯物主义也必然要改变自己的形式”[19]。随着现代科学的发展，物质正以越来越丰富、越来越复杂、越来越匪夷所思的形态呈现于人们面前。如“暗物质、反物质、黑洞”等科学假说。

尽管暗物质、反物质、黑洞……至今还都是科学假说，这些假说所指出的这些新发现的物质形态固然不会动摇马克思主义哲学关于“物质”的科学定义，也否定不了这一定义的科学性，但也确实拓宽了人们对物质理解的视界。

马克思主义哲学必须站在现代科学的最前沿对这些新的物质现象作出回应，这也是坚持和发展马克思主义哲学的使命所在。对暗物质、反物质、黑洞等物质形态的科学证实，一方面说明了马克思主义物质观的正确性；另一方面从具体科学角度来说，对它们的具体特性还需要进一步观察、探索和研究。

二　物质是运动的

世界上的物质都处于运动中，即使是那些表面上不动的东西其实也都在一刻不停地运动。世界是物质的，物质是运动的，整个世界是永恒运动着的物质世界。坚持物质论与运动论相统一，是马克思主义哲学对世界最基本的看法，既反对世界本原是精神的唯心主义，又反对物质世界永恒不变的形而上学观点。

承认物质是世界的本原，只是唯物主义的一个前提，随之而来的是还要回答物质是如何存在的。唯物主义认为：物质在运动中存在。世界上从最大的东西到最小的东西，从自然界到人类社会，构成世界的物质不是寂然不动的、一成不变的，而是时时刻刻处于运动变化之中，没有什么事物是不运动的。

运动是物质的根本属性和存在方式。辩证唯物主义从物质和运动相统一的高度理解世界，坚持物质和运动不可分的观点。

一方面，物质是运动着的物质，脱离运动的物质是不存在的。若认为存在不运动的物质，就会导致形而上学。另一方面，物质是一切运动变化和发展过程的实在基础和承担者，世界上没有离开物质的运动。任何形式的运动，都有它的物质主体。若认为存在无物质的运动，就会导致唯心主义。

需要注意的是，辩证唯物主义讲的“运动”与人们日常生活中感受到的运动不完全是一回事，而是把运动理解为宇宙中发生的一切变化和过程，理解为物质存在的根本方式。“运动”是标志一切事物和现象的变化及其过程的哲学范畴。恩格斯说：“运动，就它被理解为物质的存在方式，物质的固有属性这一最一般的意义来说，涵盖宇宙中发生的一切变化和过程，从单纯的位置变动直到思维。”[20]

物质运动是绝对的，静止是相对的，静止也不过是运动的一种形式。

物质运动的绝对性体现了物质运动的变动性、无条件性。有人可能会说，世界上也有静止不动的东西，像停在路边的汽车，放在家里的桌子，都是静止的；至于说巍峨的大山不也一动不动吗？马克思主义哲学物质观和运动观的回答是，世界上客观存在静止的现象，但这种现象只是运动的一种特殊状态，是一种有条件的、在特定关系内处于相对稳定的运动状态。路边的汽车相对于路来说是静止的，桌子相对于屋子来说也是静止的，但它们本身又处于时刻在运动中的地球上，相对于地球之外的其他物体而言，它运动的速度也并不慢。而且它们的内部时时刻刻都在发生物理的、化学的等各种变化，只不过这个变化即运动不易为人所注意罢了。

仅以地球为参照系，人们看起来不动的东西其实仍处于一刻不停的变动过程中，只不过这一变动微小缓慢，对于某一具体的个人来说不可能感受到罢了。像喜马拉雅山在第四纪时期的 300 万年间从 5000 多米长到 8000 多米，之所以没有哪一个人看到它长高，是因为我们实在不够长寿罢了。还有些事物，它们的变化虽然不一定缓慢，但由于距离人们太遥远，或者它们太小，人们也不容易感觉到它们的运动。譬如，我们所说的天体中的“恒星”，顾名思义，是因为认为它们是永恒不动的。其实不然，牛郎星以每秒 14 千米的速度向地球方向疾驰，只不过它离地球有 26 光年（1 光年约 94605 亿千米），距离我们太远，我们看不到它在运动。有许多基本粒子，从出生到“衰变”或“湮灭”，只有几百亿甚至几万亿分之一秒，运动速度相当快，可谓“瞬息万变”，但由于它们太小，人们也不可能感觉到它的运动。

辩证唯物主义认为，物质的运动是绝对的，却并不否认物质在运动过程中有某种暂时的静止。但静止是相对的。静止是物质运动在一定条件下的稳定状态，包括空间位置和根本性质暂时未变这样两种运动的特殊状态。静止是相对的、有条件的，而运动则是绝对的、无条件的。运动和静止相互依赖、相互渗透、相互包含，动中有静，静中有动。相对静止是物质运动的一种特殊形式。

物质的运动形式是指物质运动的表现形态，它是由事物内部特殊的矛盾决定的。物质的种类是无限多样的，物质的运动形式也是无限多样的。

恩格斯在《自然辩证法》一书中，根据当时科学发展的成就和水平，按照由低级到高级、由简单到复杂的顺序，把无限多样的运动形式划分为五种基本形式：机械运动、物理运动、化学运动、生命运动和社会运动。每一种基本的运动形式又包含许多具体的运动形式。如机械的运动形式，包括直线运动、曲线运动、平动、转动、匀速运动和变速运动等。

恩格斯还研究了各种运动形式的相互转化，分析了高级运动形式和低级运动形式的关系，指出物质运动的各种形式之间是辩证统一的关系。

各种运动形式具有不同的物质基础和特定的运动规律。例如，机械运动是物体的机械位移，它是最低级、最简单的运动形式；生命运动的物质基础是核酸和蛋白质，它是自然界中最高级、最复杂的运动形式。各种不同的运动形式之间存在着本质的区别，不能把它们混淆起来。因此，既不能把低级运动形式拔高为高级运动形式，也不能把高级运动形式归结为低级运动形式。机械唯物主义的一个根本错误，就是把一切运动形式都归结为机械运动；用单纯的生物运动来说明社会运动，则是社会达尔文主义的错误观点。

复杂多样的物质运动形式既相互区别，又相互联系、相互渗透、相互转化。低级运动形式是高级运动形式的基础，高级运动形式包含低级运动形式。各种运动形式在一定条件下相互转化。不仅低级运动形式可以转化为高级运动形式，高级运动形式也可以转化为低级运动形式。例如，物体通过摩擦和碰撞可以产生热、电、光，这是机械运动转化为物理运动；热通过热力机，电通过电动机，光通过光压的作用，都可以转化为机械运动。尽管各种运动形式可以相互转化，但运动是永恒的。任何运动都不会从无到有，也不会从有到无，而只能从一种形式转化为另一种形式。能量守恒和转化定律充分证明了这个原理的正确性。能量是物质运动的量度。能量守恒和转化定律反映了自然界各种运动形式的相互依存、相互转化，说明物质运动不能任意创造和消灭，只能由一种形式转化为另一种形式。

马克思主义哲学关于物质基本运动形式的划分，对人们探索自然界的奥秘和进行科学分类，具有重要的指导意义，同时对建立和发展辩证唯物主义的物质运动观起到了极其巨大的作用。当然，随着自然科学的进一步发展，人们对物质运动形式的认识逐渐深化，关于物质运动形式的学说也必然会有新的发展。

三 时空是物质运动的基本形式

时空观是人们对时间和空间的总的看法。**辩证唯物主义认为，时间、空间是运动着的物质的存在形式。时空和物质不可分，没有物质，就不会有它存在的空间，也就没有它存在的时间，时间和空间都不能脱离物质而独立存在。**

在人们的素朴直觉观念中，时间好像一条独立的长河，在万事万物旁边不紧不慢地往前走，一去而不复返。孔子（前551—前479年）站在一条河流旁边，看到河水日夜不停地流淌，感叹地说："逝者如斯夫，不舍昼夜"，也表达了类似的意思。空间好像一个巨大无垠的大盒子，把万事万物都装在里面。牛顿（Newton，1643—1727年）认为："绝对的空间，它自己的本性与任何外在的东西无关，总保持相似且不动"，是容纳物体的容器。又说："绝对的、真实的和数学的时间，它自己以及它自己的本性与任何外在的东西无关，它均一地流动。"[21]

这种观念虽然与人们的常识相吻合，却是错误的，因为这种观念将导致空间、时间脱离运动着的物质而客观存在的结论。事实上，时间、空间离不开物质运动，离开物质运动的时间和空间是不存在的，不会有什么绝对空间和绝对时间。

也许有人会说，"真空"不就是什么都没有吗？其实不然。

现代物理学研究表明，“真空”并不空，反而有更复杂的物质结构。“真空”内存在着各种处于基态的量子场。从微观看来，“真空”内物质还处于一种剧烈的运动之中，处于量子场的运动，形象地说“真空”像一个波涛汹涌的虚粒子海洋。当它从外界吸收一定能量时，可以转化为可观测到的实物粒子。

还有人会问，现代科学研究表明在宇宙诞生之前的大爆炸“奇点”，不就是一种既没有时间空间又没有物质的状态吗？也不然。在“奇点”领域虽然不存在人们现在理解的物质，但仍有未知物质存在，并且会以另外一种物理时空观形式出现。正如德国理论物理学家、量子力学奠基人之一玻恩（Born，1882—1970 年）所说：“我们所知道的宇宙的起源可能是物质另外发展形式的终结——即使我们实际上永远不可能对这种发展形式有所了解。因为全部痕迹都在崩溃与再造的混乱中被毁掉了。”爱因斯坦同样深刻地指出：“空间—时间未必能看作可以脱离物理世界的真实客体而独立存在的东西，并不是物体存在于空间中，而是这些物体具有空间广延性。这样看来，关于‘一无所有的空间’的概念就失去了意义。”[22]

马克思主义哲学认为，时间就是物质运动的持续性、顺序性，它表明一事物和另一事物、一运动过程和另一运动过程依次出现的先后顺序；空间就是运动着的物质的伸张性、广延性，是指物体的位置、规模和体积。一方面，作为运动着的物质的存在形式，时间、空间同物质运动是不可分离的；另一方面，物质运动离不开时间和空间，离开时间和空间的物质运动是无法存在的。

值得一提的是，在中国传统文化中，早就把物质与时空紧密联系在一起，而把它们联系在一起的就是“宇宙”这个词。在汉语中“宇宙”本意是时间和空间的代名词。正所谓“四方上下曰宇，古往今来曰宙”，四方上下就是空间的概念，古往今来则是时间的概念。把时间与空间合起来称为“宇宙”，指代世界万物，反映的正是物质与时空有机统一的认识。

时间和空间是运动着的物质的存在形式，物质是不依赖于人的意识的客观实在，作为物质存在形式的时间和空间是客观实在的。

唯物主义肯定时间和空间的客观性，而唯心主义一般不否认时间和空间观念，只是不承认时间和空间的客观性。例如，英国主观唯心主义哲学家贝克莱（Berkeley，1685—1753 年）认为，空间只是视觉、感觉和动觉的主观结果，时间只不过是人的精神的思想连续性。康德唯心主义时空观认为，时间和空间不是客观事物所固有的，而是存在于人的头脑的主观形式。当代一些唯心主义者也极力否定时间和空间的客观性质。唯心主义把时空说成是人的主观形式，不是客观实在，这种观点是极其荒谬的。物质是客观实在，时间和空间作为它的存在形式，当然也是客观实在。把时间、空间与物质分裂开来，必然导致唯心主义的时空观。

时间、空间是随着物质运动而变化的，时空是可以变化的。

绝对的平等是没有的，平等是相对的、有条件的。如果说世界上有一样东西对所有人都是绝对平等的，这就是时间。这个说法好像是确凿无疑的。但现代物理学的发展却颠覆了这个观点。

根据爱因斯坦的相对论理论，时空与物质是相互依存的，时空的特性像时间间隔长短、空间弯曲程度等既与物质运动状态有关，还与物质本身分布有关。物质密度越大的区域，时空弯曲的曲率越大，具体表现就是空间越弯曲，时间流逝越慢。如果宇宙中的某个区域物质密度足够大，甚至会出现空间褶皱乃至空间坍塌；如果在宇宙间的某物体运动速度足够快，达到了光的速度，时间就会停止，超过了光的速度，时间还会倒流。

对于普通人来说，抽象地谈时间频率变慢可能不太好理解。

时间的测量一定要有参照系的，没有参照系，频率概念就没有意义。所谓在宇宙间存在不同时间频率是指做同一件事情呈现出来的时间跨度不同。在地球上，人的心跳是每分钟五十多次到六十次，差不多一秒钟一次。设想让一个人乘坐接近光速的宇宙飞船到了宇宙间一个物质密度异常大的地方，如果这个人还能活着的话，按照相对论的解释，他的心跳可能会变成一年一次，只是这一年一跳是从地球时间来看的，对于那个人来说，他不会感觉到他的心跳频率与在地球上有任何差别。

量子力学有一个宇宙模式的思想实验，在某一个宇宙进化阶段的某一个宇宙空间中，一种生物（我们姑且称之为“人”），它的生存尺度是量子级别的，眨一下眼睛所耗时间（用现在的地球时间来做尺度），是 10100 年。也就是说它眨一下眼的工夫，我们的地球已经演化了上万个来回了。在这样的时间频率跨度上，一个“人”真可以历经沧海桑田，目睹宇宙行星乃至星系的孕育演化灭亡的全过程。

现代量子物理学中还有一个热门问题“虫洞”，就是空间发生褶皱的形象描述。现代物理学猜测，借助“虫洞”人类可能实现全宇宙乃至跨宇宙旅行，几十亿、上百亿光年的距离，在“虫洞”作用下就像通过一个墙壁的窟窿、从这面跨到那面一样简单。

当然，这种理论有一个前提是运动速度可以超越光速。但事实上爱因斯坦相对论正是建立在光速不变的前提之上。爱因斯坦认为，无论在何种惯性参照系中观察，光在真空中的传播速度都是一个常数，都为 299792.458 千米/秒。光速是宇宙中物质运动的极限，按照质能公式 $E = MC^2$，当物质运动速度达到光速时，物质质量将无限大，这在现有宇宙中是不可想象的，时空穿越是不可能的。

也有人不服气爱因斯坦的判断，认为速度不能超越光速只是爱因斯坦个人的独断。然而，在无限宇宙中一切都是有可能的。其实对于目前的人类社会来说，穿越时空也不全是技术的局限，还有伦理的制约。

像著名的“祖母悖论”，讲的就是穿越时空后发生的伦理悖谬。假如一个人穿越时空回到了过去，一不留神杀死了尚处于少女时期的他的祖母（这在逻辑上是可能的）。但问题是当他杀死尚是少女的祖母后，他父亲就不可能出生，自然他也就不可能出生，那么他又是从哪里来的呢？如果他不存在，那么在现在这个世界上已经生活了这么多年的他又是谁呢？看来，时空旅行也确实是一件不能当真的事情。伦理悖论是客观矛盾的反映，“祖母悖论”是时空无限性和有限性的矛盾反映，对这类时空悖论只有用关于时空的无限性与有限性辩证统一的思维方式来解答。

时空是变化的，时空的变化是物质的变化，不能因为时空是可变的就否定时空的客观性。只有用辩证的观点理解时空与物质的不可分割性，才能在时空问题上坚持彻底的唯物主义。物理学时空观总会随着物质及其运动的深入研究而改变，但这种改变否定不了哲学上的时空观。针对“相对的时空观”，列宁指出：“正如关于物质的构造和运动形式的科学知识的可变性并没有推翻外部世界的客观实在性一样，人类的时空观念的可变性也没有推翻空间和时间的客观实在性。”〔23〕

物质运动是绝对与相对的统一，决定了物质的存在形式——时间与空间也是无限与有限的统一。

物质世界在时间上是无始无终的，在空间上又是无边无际的，这就是时间和空间的无限性。每一具体事物的发展过程是有始有终的，其占有的空间总是有限的，这就是时间和空间的有限性。

时空的无限性和有限性是辩证的统一。一方面，无限包含有限，无限是由有限所构成的。无限的时空必然把具体的、现实的、有限的时空包含于自身之中，无数的具体有限的时空构成了物质世界无限的时间和空间。宇宙的时空是无限的，但宇宙中的每一个具体的物体，如恒星，其时空又是有限的。另一方面，有限包含着无限，体现着无限。任何有限的具体事物都包含着无限的层次，每个有限的事物都由于自身的矛盾运动，而打破自身存在的界限进入无限之中。所以，无限包含于有限之中，整个物质世界的无限的时间、空间就存在于无数具体有限的时间和空间之中。从物质世界的整体来说，时间和空间是无限的；从物质存在的具体形态来说，它的时间和空间又是有限的。

四　运动是有规律的

世界万事万物的运动看似变幻莫测、杂乱无章，其实背后都是有规律的，马克思主义哲学认为，规律是物质运动过程本身所固有的联系，是物质运动过程中的本质联系和必然联系。规律是客观存在的，规律的存在和发生作用不以人的意志为转移，不管承认不承认，规律总是以其必然性起着作用；规律既不能被创造，也不能被消灭。无论自然界还是人类社会，不仅都按照本身固有的规律向前发展，而且规律贯穿着事物发展过程的始终，开始如此、过程如此、将来也必然如此。

唯心主义或者否认规律的存在，或者以这样那样的方式把规律说成是“绝对精神”、个人的主观意志等意识现象的产物，甚至认为规律是人强加给自然界的。比如，太阳每天从东方升起，这是为地球自转的宇宙自然规律所决定的，是确定无疑的事情。但唯心主义者却不认可。英国哲学家休谟说，太阳在过去几千年里都是照常升起，但明天还能不能升起却不能肯定。确实，规律现象也表现为前后关系，但前后关系并不必然反映规律作用。人们认为蚂蚁回巢预示天要下雨，可是下雨并不是蚂蚁回巢引起的。

唯心主义连自然界的规律都不承认，就更不用说人类社会的规律了。否认人类社会的发展有客观规律性，是唯心史观的根本特征之一。马克思、恩格斯创立了唯物史观，并发现了人类社会发展的一般规律，才第一次使人们真正认识到，人类社会和自然界一样，也是按照自己固有的客观规律运动和发展的。

人们要想在活动中获得预期的目的，即取得成功，就要从实际出发，坚持实事求是，尊重客观规律，按照客观规律办事，否则就会受到客观规律的惩罚。孟子（约前372—前289年）以“揠苗助长”的故事说明道德修养要循序渐进，不能急于求成；人们想问题办事情要遵循规律，不可盲目蛮干。

规律是客观的，人在客观规律面前并不是消极被动的。规律是可以认识、可以利用的。

人们能够在实践中认识规律，并运用规律性认识指导实践，以改造世界，实现目的，获得自由。我国古代成语“庖丁解牛”，说的就是经过反复实践，掌握了事物的客观规律，做事得心应手，运用自如，游刃有余的故事。

能认识规律并利用规律，也是人类与动物的最大区别之一。动物也会无意识地遵循客观的规律，甚至在遵循规律的前提下做出的物件比人工的更精致，但这对动物来说只是本能，而人则是理性认知。这也就是恩格斯为什么说蜜蜂再完美的蜂窝与蹩脚工匠再糟糕的作品也是不可比拟的。

但是在肯定人能认识规律的时候，一定不要颠倒人与规律的关系。现代宇宙学中有一个“人择原理”，其基本观点就是宇宙间的一切存在都是为了人而存在，因为人而存在。这一理论之所以有影响，是因为现代宇宙学研究表明，宇宙能产生生命的概率实在是微乎其微，一些基本的宇宙常数哪怕有丁点的偏差，甚至是10^{-100}这么小的偏差，生命都不可能存在。以至于有位天文学家把宇宙产生生命与“一场龙卷风袭击废旧汽车场时凑巧完整装配成一架波音 747 飞机的可能性”相比。宇宙如果不是为人而存在，这一切又怎么可能发生。

从这一基本立场出发，“人择原理”又有两个版本。“强人择原理”主张宇宙一定具有在某一时刻产生生命的本性。这一主张的潜台词是存在一个至高无上的宇宙意志来安排一切，这就从根本上否定了规律的客观性，与唯物主义的立场相去甚远，比较容易辨别。“弱人择原理”则认为人们对宇宙所做的观察都限于人们作为观察者自身的条件。一个最有名的例子就是，土豆长在鞋子里就成为鞋子的形状，长在帽子里则会是帽子的形状。“弱人择原理”不否定规律的客观性，但割裂了规律本身与认识到的规律之间的关系，有点像康德关于“物自体”的论述，这与辩证唯物主义认识论之间的差别需要谨慎辨析。

一般来说，对自然规律的认识和利用不直接受阶级、集团和社会力量的根本利益的影响，而对社会规律的认识和利用则直接受阶级、集团和社会力量根本利益的影响。因此，认识和利用社会规律，往往要克服来自反动的阶级、集团和社会力量的抵制和反抗，克服人们的保守思想。

人们对于规律的认识是不断深化的。

人们对规律的认识是一个渐进的过程，是一个从初步认识到深化认识的过程、从小范围认识到更大范围认识的过程、从认识相对准确到认识更加准确的过程。这一过程中的每一个阶段都反映了当时所达到的认识水平，在当时的认识范围内是正确的，但当进入更广大的范围时，规律又会表现为新的形态。

人类关于几何学的认识说明了这个道理。公元前 3 世纪，有了欧几里得几何。到了 19 世纪，又出现了罗巴切夫斯基几何和黎曼几何。这三种不同几何形态其实是人们在不同宇宙尺度下对规律的认知。在人们的日常生活中，欧式几何是适用的；在宇宙空间中或原子核世界中，罗氏几何更符合客观实际；在地球表面研究航海、航空等实际问题中，黎曼几何更准确一些。至于说还会不会出现第四种几何，从哲学的视角来看，一切都有可能。毕竟人类对规律的认识依然而且必然处在继续深化的过程中。

结　语

世界是物质的，世界的统一性在于物质性；物质是运动的，运动是绝对的，静止是相对的，运动是物质的存在形式，物质与运动不可分割；时间和空间是物质运动的基本形式，时间和空间随着物质运动而变化，时间和空间的无限性与有限性是辩证统一的；物质运动是有规律的，规律既不可创造，也不可消灭，规律是可以认识、可以利用的，人的认识要符合客观规律，要随着规律的发展而不断深化。这些都是马克思主义物质观的基本观点。坚持辩证唯物主义物质观，在实际工作中，就要坚持物质第一性的原则，从物质经济原因出发分析问题、认识问题、解决问题，把社会生产力作为根本标准，把人民的物质利益放在第一位，让主观符合客观，从客观实际出发，按照客观规律办事。

第三节　意识是存在的反映

意识是与物质既相对立又相统一的精神现象。辩证唯物主义科学地阐明了物质与意识的辩证关系，认为物质决定意识，意识是物质世界发展到一定阶段的产物，是人脑的机能；意识的内容是对物质世界的反映，意识对物质又具有能动的作用，彻底批驳了唯心主义意识观的荒谬，完全克服了旧唯物主义意识观的缺陷。

一　意识是物质世界长期发展的产物

恩格斯曾经说过，人的意识是“地球上最美丽的花朵”。意识究竟是什么？意识是从来就有的吗？或者说，意识是从哪儿来的？这些关于意识的本质和起源的问题，曾经是科学和哲学上最大的难题之一，困扰着一代又一代聪明的哲人。

在哲学史上，对于这些困难的问题，唯物主义与唯心主义都未曾回避，争相给出了各具特色的答案。当然，给出的都是截然不同、针锋相对的答案。

在人类早期，人们曾把意识看作一种独特的、寓于人的肉体之中，并可以脱离肉体而独立存在的灵魂的活动。例如，柏拉图认为，灵魂在进入肉体之前，曾居于“理念世界”，具有理念的知识；中世纪经院哲学认为，灵魂是一种单纯的精神实体，灵魂是不死的，可以脱离人的肉体而独立存在；还有些主观唯心主义者则把意识的来源归结为心灵的自由创造。虽然唯心主义的说法多种多样，但共同特点是完全颠倒了物质与意识的关系，认为意识是第一性的，物质是第二性的，不是物质产生意识，倒是意识产生了物质。

在马克思主义以前，旧唯物主义各派别都认为，物质是第一性的，意识是第二性的。例如，古代有些唯物主义者认为，意识是一种最精微的物质的作用，这种最精微的物质或者是原子，或者是“精气”，它们是从来就存在的。我国东汉时期的著名唯物主义哲学家王充（27—97 年）把肉体与精神的关系比作薪与火的关系，认为世界上根本没有“无体独知之精”。南北朝时期的著名唯物主义哲学家、杰出的无神论者范缜把肉体与精神的关系比作“刃之于利”，即是说，精神是“心”的作用，好比“利”是刀刃的作用。

18—19 世纪欧洲的唯物主义者，根据自然科学的材料，对于物质与意识的关系作了若干具有科学意义的论证。例如，爱尔维修（Helvétius，1715—1771 年）嘲笑了那种宣扬灵魂不死的宗教信条，认为人脑中产生的表象和概念是由物质的现实派生出来的，人的肉体结构决定他们的精神生活。19 世纪德国唯物主义哲学家费尔巴哈指出，自然界是不依赖于人的思维而客观存在的，人本身是自然界的产物，人的感觉是客观世界的映像。

然而，由于受自然科学水平和社会发展条件的限制，特别是受哲学世界观和哲学思维方法的限制，马克思主义以前的旧唯物主义者都没有能够科学地解决意识的起源问题。他们都没有历史发展的观点，没有辩证思维的方法，不了解意识是历史的和社会的产物，从而离开历史的、现实的人的社会性，离开人的社会实践来考察意识，因而不能科学地解决意识的起源问题，从而也就不可能回答意识是什么，不可能彻底驳倒各种唯心主义观点。

意识是自然界长期发展的产物。意识是由低级物质所具有的跟感觉相类似的反应特性发展来的，它的产生是一个长期的复杂的历史过程。

自然科学的发展证明了唯心主义关于意识起源的荒谬性。辩证唯物主义总结自然科学的最新成果，科学地解决了意识的起源问题。辩证唯物主义认为，意识并不像物质那样是这个世界上从来就有的，而是物质世界发展到一定阶段才出现的。地球上曾经有那么几十亿年，没有任何生物，更不存在具有高级神经系统的人类。在那些时候，并不存在所谓的意识现象。

大致说来，意识产生的过程经历了以下几个发展阶段：

——**无生命物质的反应特性是人类意识产生的物质基础**。一切物质都具有反应（映）能力。无机界没有感觉或意识，只具有物理的和化学的反应。水滴石穿、岩石风化、空谷回音，以及“风吹水面层层浪，雨打沙滩点点坑”，都是无生命物质的反应。这是一种跟感觉相类似的反应特性。但是，它并不是感觉或意识，而只是物体由于外界物体的作用而发生的物理状态或化学状态的改变。

——**低等生物的刺激感应性是人类意识产生的生物学前提**。无机界长期发展产生了有机物。随着无机物在一定条件下向有机物的转化，随着生命的出现，发生了质的飞跃，产生了低等生物的反映形式，即刺激感应性。低等动物和整个植物界没有神经系统，只能对直接作用于它们的环境具有刺激感应的能力。刺激感应性已经不是单纯的物理反应、化学反应，而是这样一种反应能力：它使机体能够适应变化了的外界条件，使生物机体能保持新陈代谢的正常进行以维持其生存。例如，葵花随着太阳的运行而转动，含羞草碰到外物时收拢自己的叶子，变形虫能逃避不利于它的化学药品。这种刺激感应性虽然还不是感觉，但已经包含了感觉的萌芽。

——**意识是在动物的感觉和心理基础上逐步发展起来的**。低等动物发展为高等动物，适应愈来愈复杂的生存条件，有机体的各种组织也愈来愈专门化，产生了专门的反应机构，即神经系统。神经系统逐步发展，出现了中枢神经（包括脑和脊髓）和周围的神经系统。中枢神经系统的调节中心就是大脑。有机体通过神经系统和环境发生联系，这种联系的基本形式有两种，即无条件反射和条件反射。无条件反射是某种刺激物直接引起的反射，如食物直接刺激口腔引起唾液分泌，眼睛在强光照射下瞳孔缩小。条件反射则是由某种刺激物的“信号”引起的反射，如喂养的鸡、狗、猫、猪等家禽家畜经过多次重复后，一旦听到主人的信号，就会立即跑来觅食，等等。按照巴甫洛夫（Pavlov，1849—1936 年）的学说，无条件反射和条件反射具有初步反映外界或自己内部发生着的那些物质过程的能力，这种能力就是动物的心理或低级的“意识”。

由于高等动物具有条件反射的机能，因而能够从事比较复杂的活动，并可能产生一定的感觉和心理活动。高等动物的心理不仅包括感觉、情感，甚至还可能有简单的分析和判断能力。例如，猴子可以借助木棒获得放在高处的食物，鹦鹉可以简单地模仿人的一些语言，狗在高兴时会摇头摆尾，不高兴时则狂吠不已。有些动物经过人类的特别训练，甚至可以完成某些有一定难度的动作。例如在实验中，黑猩猩经过人们的反复训练，能够像人一样打开水龙头，用水桶拎水去灭火。

不过，这些高等动物的感觉和心理活动仍然不是意识活动。人们曾经做过这样的试验：把“会灭火”的那只黑猩猩放在湖中的船上，同样点上火，给它一个水桶，让它去灭火。但是，黑猩猩却茫然四顾，不得要领。因为它找不到水龙头，一副束手无策的样子。黑猩猩并不知道湖水和自来水都可以灭火。黑猩猩只是简单地机械地模仿人而已，其智力活动仍属于高等动物的感觉和心理，仍然称不上意识。或者说，这与人类的意识仍然存在着本质的差别。

——只是在产生了具有高级神经系统、具有人脑的人类以

后，才产生了意识现象。意识是高级的反应形式。人类的意识这种精神现象，并不是从来就有的，而只是在约一百万年以前才出现的。

既然黑猩猩和人都属于高等动物，那么，为什么只有人才具有高级的反应形式——意识？

这是因为，随着动物界向人类的发展，产生了最复杂、最完善的大脑，这是较之神经系统的出现具有更大意义的质的飞跃。人类的思维活动，不仅借助于人和动物所共有的第一信号系统，即由外界物质刺激直接引起种种条件反射，而且还必须借助于第二信号系统，即由言语引起另一种条件反射。言语作为引起条件反射的信号，正是许多同类物质刺激的概括和标志。它使人的条件反射的广度和深度达到了为一般动物不可企及的高级阶段。人脑在第一信号系统和第二信号系统的基础上进行的思维活动，就是意识。

意识是在动物的感觉和心理基础上发展起来的。不过，在这里，我们需要注意的是，动物的大脑和单纯的动物感觉、心理是不会自发地产生意识的。

那么，是什么神奇的力量使得动物的脑过渡到人脑，动物心理过渡到人的意识呢？

意识是人的社会劳动的产物。

历史唯物主义有一个重大的发现是社会劳动。“劳动创造了人本身”，劳动不仅是使猿变成人的决定因素，也是人的意识产生的决定因素。意识是同人和人类社会一起产生的。意识是社会劳动、语言和人脑的必然产物。在这个意义上，我们又说，意识是社会的产物。

人与一般动物不同，人不是简单地适应自然环境，而是要通过社会劳动有意识地变革自然环境，使之适合自己的需要。人的社会劳动同动物活动的根本区别在于制造和使用工具。而在制造和使用工具改造外部世界的劳动中，不仅要求人们认识事物的表面现象，还要有抽象思维这种人类意识的反映形式，以深入地认识事物的本质和规律。

在社会劳动中，一定的思想交流是必要的。如果没有思想交流，就不可能有人们在改造自然斗争中所必需的协调的共同活动。在劳动过程中，由于交流的需要而产生了语言。“这些正在生成中的人，已经达到彼此间不得不说些什么的地步了。需要也就造成了自己的器官：猿类的不发达的喉头，由于音调的抑扬顿挫的不断加多，缓慢地然而肯定无疑地得到改造，而口部的器官也逐渐学会发出一个接一个的清晰的音节”[24]，从而就产生了语言。语言是思维的工具。没有语言，人就不可能进行思维。语言的产生使大脑能用词来概括各种感觉材料，表达抽象思维，从而推动了人类意识的发展。可见，劳动和在劳动基础上产生的语言是人脑产生和人类意识形成的主要推动力。

社会劳动不仅是动物心理发展为人的意识的决定力量，而且也是意识发展的决定力量。这是因为，一方面，在劳动和语言的推动下，猿脑变成了人脑，并随着社会劳动的进步而日趋完善，这为意识的产生和发展提供了物质基础。另一方面，社会劳动不断改变着社会物质生活条件，推动着社会向前发展，从而使人的意识的内容日新月异，日益丰富和复杂。

意识现象并不是人的头脑中主观自生的，更不是从来就有的。人类意识不仅是自然界长期发展的产物，而且是社会发展的产物。它随着人类社会的产生而产生，随着人类社会的发展而发展。

如果离开了社会，脱离社会实践，不参加任何社会活动，就没有也不可能有人的意识。这正如马克思、恩格斯指出的：“意识一开始就是社会的产物，而且只要人们存在着，它就仍然是这种产物。”[25]意识的萌芽、产生和发展的历史，有力地证明了意识在先、物质在后的唯心主义观点是荒谬的，也证明了辩证唯物主义关于物质第一性、意识第二性，物质在先、意识在后、物质产生意识的论断是完全正确的。

二　意识是人脑的机能

弄清了意识的起源问题，我们还要搞清楚意识的物质基础是什么？在科学的帮助下，人们逐渐证明了人脑是思维的器官，是意识的物质承担者。**人的意识是高度发达、高度完善的特殊的物质——人脑的机能或属性**。

当然，意识并不是人的头脑主观自生的，更不是从来就有的。自然界先于意识而存在，意识是自然界长期发展的产物，它的产生是一个极其复杂和漫长的历史过程。人的意识的形成是一次巨大的飞跃。意识之所以能够在人脑中产生，与人脑高度发达的组织状况、复杂的结构及其生理过程有密切联系。随着从猿到人的转变，产生了日益复杂、完善的人脑。人脑的重量大，脑与身体的比重也大。人脑的绝对量大大超过其他高等动物的脑量。人脑的脑细胞高度分化，脑组织严密。人脑皮层的沟回深、皱褶多、面积大、神经细胞多。通过内在的生理机制，人脑可以进行以抽象思维为标志的复杂的意识活动。如果人脑受到损害，就会阻碍脑生理过程的正常进行，人的意识活动也将受到影响，甚至失去意识机能。

那么，意识活动在人脑中是怎样进行的呢？

巴甫洛夫学说认为，意识活动是通过人的大脑对客观外界刺激的一系列反射活动实现的。人类的意识活动，一方面借助于由刺激物的信号引起的条件反射，即人和动物所共有的第一信号系统，同时还借助于由语言作为信号引起的条件反射，即第二信号系统。作为引起条件反射的信号的语言，是人类特有的，是许多同类刺激物的概括和标志。在第一信号系统基础上产生的反映，是具体的、形象的感性反映；而在第二信号系统基础上产生的反映，则是抽象的、概括的理性反映。人脑在第一信号系统和第二信号系统的基础上进行的精神活动，就是意识。

人的意识与人脑这一特殊物质是不能分开的，人脑及其生理活动是人的意识活动的物质基础。有些唯物主义者虽然肯定意识是物质的一种属性，但是，他们不知道意识只是高度组织起来的物质——人脑的机能，以为自然界所有物体都有意识。这种错误观点在哲学上叫作“物活论”，给某些宗教和唯心主义留下了地盘。而19世纪中叶的庸俗唯物主义者，则把思维过程简单地归结为人脑的生理过程，认为大脑分泌思想，就如同肝脏分泌胆汁、胃分泌胃液、肾脏分泌尿液一样。实际上，**意识是人脑这种特殊物质的属性，但并不是物质本身**。庸俗唯物主义观点却把意识与物质等同起来了，抹杀了物质与意识之间的区别和对立，歪曲了意识与人脑的真正关系。

在科学技术突飞猛进的信息时代，理解意识是人脑的机能，有一个问题需要澄清，即电脑、人工智能与人的思维的关系。

20世纪中叶以来，由于控制论、信息论和电脑等现代科学技术的发展，人们已经能够利用机械、电子的装置模拟人脑的部分思维功能，为人类服务。这就提出了意识是否只是人脑的机能、机器能否思维、机器是否可以代替人类的思维、电脑是否可能统治人类等一系列问题，这些都要求我们给予合理的解释和说明。

控制论是研究各种控制系统的共同特点和规律的科学。它将动物界、人类与机器的某些控制机制加以类比，对一切通信和控制系统的共同特点进行概括，形成了系统的关于控制的理论。人们根据控制论的基本原理，运用功能模拟的方法，制造出电脑来模拟人脑的部分功能，这就是人工智能。具体来说，就是用输入装置模拟人的感受器官，接受外来信息，用存储器模拟人脑记忆功能，记存外来信息，以供提取；用运算器和控制器模拟人脑的分析、综合、判断、选择、计算等思维功能；用输出设备来模拟人对外界环境的反应，输出计算结果，与外部设备连接并指挥别的机器动作。目前，人类制造出来的智能机，已能用于控制各种复杂的生产流程和从事繁重、危险的作业，还用于计算、解微分方程、证明几何定理、翻译语言、确定物质的化学结构、诊断人的疾病、收集整理资料等方面。

意识是人脑对客观世界的反映过程，是对外界输入的信息不断加工制作的过程。人一旦意识到意识自身，并对意识进行模拟，就会产生“人工智能”。

“人工智能”是人类劳动和智慧发展的重大成果，标志着人类的意识发展到了高级的阶段。同时，也能代替人类完成许多烦琐、重复、单调的脑力劳动，让人类集中精力从事更有意义、更富创造性的活动。不过，有人根据机器可以模拟人的部分思维功能的事实，把人工智能同人的思维相提并论，有人甚至声称，“机器思维将代替人的思维”，“电脑将统治人”，却是没有根据的，是没有经过科学论证的。

人工智能与人的思维之间存在着本质的区别。

人类思维是建立在高度发达的神经系统的基础上的人脑一系列复杂的生理—心理过程，而人工智能只是建立在机械和电子元件结构基础上的一种机械—物理过程。人类思维与人工智能是两种性质完全不同的物质运动形式。即使结构再复杂的智能机器，也不能成为独立思维的主体，不能同人一样进行自主的思维活动。

人类思维活动是一种社会现象，具有社会的属性。人造的智能机器根本不能同具有社会属性的人脑相提并论。人的思维活动是由人的丰富的社会实践决定的，实践是人的认识的基础、前提、内容和动力，电脑永远不会具有人类所具有的丰富多彩的实践源泉。

可见，电脑作为人类的创造物，不可能全面超越人类的智慧。人类有能力设计和制造它，也就有能力、有办法操纵和控制它。所谓机器思维将代替人类思维，甚至机器将统治人类的说法，是完全站不住脚的，可以说是杞人忧天。

三 意识是客观存在在人脑中的反映

人脑是意识的器官。但是，有了人脑，并不等于就有了意识。人脑并不是意识的源泉，只有人脑，并不能产生意识。意识的内容并非来自人脑。人脑如同意识的“加工厂”，只有“加工厂”而没有“原材料”，是不可能“生产”出任何产品的。那么，产生意识的“原材料”来自哪里呢?

意识的原材料只能来自客观世界。意识的内容，就其实质来说，是物质的反映，是包括社会实践在内的客观世界在人脑中的主观映像。

人生活在一定的社会环境中，客观存在通过人的实践活动作用于人脑时，人脑才会形成对客观存在的反映，这才有了意识。这正如马克思、恩格斯所说：“观念的东西不外是移入人的头脑并在人的头脑中改造过的物质的东西而已。”[26]离开一定的社会生活环境，客观存在就无法通过社会实践作用于人脑，因而就不会产生意识。离开了客观存在，意识就成了无源之水，无本之木。

在意识产生、发展的过程中，社会实践起着决定性的作用。社会实践，首先是生产实践，不仅创造了人，而且改变和建立了人们的物质生活条件，推动了社会的变迁和发展，从而使人类意识的内容日益丰富起来。如果脱离社会实践，不参加任何社会活动，就不可能形成人的意识。

意识是一个有结构的系统，包括感性的和理性的认识，以及感情、意志等一系列复杂的心理活动形式。从不同的角度，根据不同的标准，我们可以对意识的结构进行不同的分析。例如，从意识的主体看，可以区分为个人意识、群体意识和社会意识；从意识的对象看，可以区分为客体（对象）意识和主体（自我）意识；从意识的自觉程度看，可以区分为潜意识和显意识；而从意识的具体内容看，可以区分为“知”“情”“意”三种形式。其中，“知”指人类对世界的知识性与理性的追求，它与认识的内涵是统一的；“情”指情感，是指人类对客观事物的感受和评价；“意”指意志，是指人类追求某种目的和理想时表现出来的自我克制、毅力、信心和顽强不屈等精神状态。“情”“意”，甚至“知”，都与人和人自身的特点高度关联，具有不同程度的主观性。

意识的形式是主观的，但内容是客观的，即意识是客观世界的主观映像。

人只有同外部世界打交道，使人的大脑同外部世界发生联系，对一定对象进行加工制作，才会形成关于它们的意识。人脑是意识的客观物质基础，物质世界是意识的源泉。任何意识都包含着客观内容，这些内容又必须通过一定的主观形式表现出来。不能将意识的内容和形式割裂开来，它们之间是统一的，即客观内容和主观形式的统一。

当然，人的意识活动是一种复杂的高级心理活动，不是像平面镜子一样简单、刻板、表面地反映客观事物，而是具有丰富的想象力，具有抽象思维能力，具有神奇的创造力。它不仅能够认识事物的现象，还能够认识事物的本质和规律；不仅能够直接反映客观事物，还能够根据自己的需要浮想联翩，甚至运用大胆的想象进行新颖神奇的创造，如上天入地的孙悟空、千手千眼的观世音菩萨……意识这个“地球上最美丽的花朵”不管怎么美丽，都要扎根在物质世界的土壤之中，都要从中汲取营养。

人的意识分为感觉和思维两种形式。

——**感觉是意识的初级形式，是客观世界的直接反映。**对感觉的承认，也有两种不同的出发点。唯心主义承认感觉，把感觉当作第一性的东西，认为感觉等同于客观世界。唯物主义承认感觉，认为感觉是第二性的东西，是客观世界的反映。就拿苹果来说，人们关于苹果的感觉是对苹果各种特性，如圆、红、甜等苹果形状、色泽、味道的感觉，是苹果在人脑中的直观反映。但苹果本身并不是感觉的“组合”，它是不依赖于人的感觉而独立存在的客观实在物。

——**思维则是意识的高级形式，是客观世界的间接反映。**思维与感觉不同，感觉给予人的是具体事物的个别特性，思维给予人的是同类事物的一般特性；感觉给予人的是具体的、直观的形象，即事物的现象方面，思维给予人的是事物的整体和本质方面；感觉给予人的是一个一个具体苹果的形状、颜色和味道，告诉人们的是某个具体苹果的形状、颜色和味道，思维给予人的是各种苹果共同的、一般的形状、颜色和味道，告诉人们的是一切苹果所共同的本质特征。当然，思维离不开客观事物，是人们对客观事物一般特征的概括与抽象。

可见，不论是正确的思想，还是错误的思想；不论是人的具体感觉，还是人的抽象思维；不论是人们对现状的感受与描绘，还是人们对过去的思考与总结，以至人们对未来的预测和畅想；无论这一切多么主观、神秘、出人意料，充满了诗人的幻想和创造家的灵感，都不过是人脑对客观事物的一定形式的反映。这正如恩格斯所说：“一切观念都来自经验，都是现实的反映——正确的或歪曲的反映。”[27]

只有既坚持意识是物质长期发展的产物，是人脑的机能，又坚持意识是人脑对客观物质世界的反映，是客观世界的主观映像，才能真正把握意识的本质，与各种唯心主义思想划清界限。

四　人的意识是社会意识

人的意识是社会的产物，具有鲜明的社会性，既不可能脱离人类社会生活而孤立地产生，也不可能在与社会隔绝的环境中发展。

人的本质是"一切社会关系的总和"，人的意识必然打上人的社会关系的印记；意识是在人类社会生活实践中产生的，这种实践活动本身就是一种社会历史活动，一种依据社会需要产生、发展的活动……因而，任何意识，无论是关于自然的意识，还是关于社会的意识，在本质上都是社会的人的意识，都不能脱离一定的社会环境和条件，都是在一定的社会中产生、发展的，都具有鲜明的社会性。

意识是人的本质特性之一，这是因为意识具有鲜明的社会性。人们在社会生活中，进行各种交往，首先是物质的、经济的、生产的交往，在此基础上形成了精神交往，形成一定的经济和政治组织，开展各种各样、丰富多彩的社会实践活动，逐渐形成社会意识。正因为人的意识具有社会性，所以人的意识是社会意识。

所谓社会意识，是指社会生活的精神方面，是人们的社会精神生活过程，是社会物质生活过程在人们意识中的反映，是与一定社会的经济和政治直接相联系的各种精神生活现象的总称。它是在社会实践中形成的有关社会生活、社会关系等观点、理论的总和，以及表现在人们的社会感情、情绪和风俗习惯等方面的社会心理。

社会意识并不是个人意识的简单的总和，而是某一社会、阶级、集团的意识，并且制约着该社会、阶级、集团成员的意识。某一社会、阶级、集团的社会意识，总是通过各个成员的意识不同程度地表现出来，但是，它不是个别人的特殊生活条件的反

映，而是该社会、阶级、集团的物质生产生活条件和社会地位、利益的反映。

人们对社会意识的本质的认识经历了一个过程，只有马克思主义哲学才在人类历史上第一次作了科学的解释。唯心主义者颠倒了意识与存在的关系，也就不能正确理解社会意识的本质和它在社会生活中的作用。旧唯物主义者在自然观上坚持意识是存在的反映，而在社会观上，由于停留在对社会生活的表面现象的观察，只看到人们的行动是受思想支配的，错误地把思想当作社会的存在和发展的基础，结果也颠倒了社会存在和社会意识的关系。透过纷繁复杂的社会历史现象，马克思、恩格斯深刻地指出：

不是人们的社会意识决定人们的社会存在，而是人们的社会存在决定人们的社会意识。社会意识的内容来源于社会存在，是对社会存在的能动反映。

社会意识的内容是由社会存在、社会历史条件决定的。各种各样的社会意识，无论是正确的社会意识，或是歪曲的、虚假的、错误的社会意识，甚至是纯粹出自幻想的社会意识，无论其主观色彩多么浓厚，无论它披上何种神秘的外衣，都是社会存在的反映，都是现实生活的某种反映，都可以从社会物质生活过程中找到它的根源或“原型”。这正如马克思、恩格斯所说：“不是人们的意识决定人们的存在，相反，是人们的社会存在决定人们的意识。”[28]“意识（das Bewußtsein）在任何时候都只能是被意识到了的存在（das bewußte Sein），而人们的存在就是他们的现实生活过程。”[29]

有什么样的社会存在，就有什么样的社会意识。归根到底，社会意识是人们社会物质生活过程及其条件在观念上的反映，是人们对于自己周围环境、社会关系、社会过程的认识，主要是对物质资料生产方式的反映。

社会意识对社会存在也具有相对独立性。

——**社会意识与社会存在的发展变化存在不完全同步性**。社会意识既可能落后于社会存在，也可能会超越社会存在。某一种社会思想和理论，当它赖以存在的物质条件根本改变之后，还可能存在一个相当长的时期，并对社会的发展起着一定的阻碍作用。与此相反，先进的社会意识却能够在一定程度上深刻反映社会存在的现实矛盾，科学地预见社会发展的未来趋向，对于人们的社会实践起着指导和动员的作用。马克思主义全面地揭示了社会发展的客观规律，对社会发展的前景作了科学的预见。

——**社会意识的发展与社会存在的发展之间存在不平衡性**。经济上先进的国家，其社会意识不一定是先进的；经济上落后的国家，社会意识也不一定必然落后。例如，18 世纪法国在经济上落后于英国，但当时法国的唯物主义哲学却超过了英国；到了 19 世纪，经济上落后、政治上分裂的德国，又以辩证法哲学超越了法国的机械论哲学，孕育了马克思主义哲学；19 世纪末，经济落后的俄国是列宁主义的故乡。之所以出现这种情况，是由于当时产生这些思想的国家内的阶级矛盾特别尖锐，导致它们成为革命的中心：18 世纪末法国是欧洲革命的中心，19 世纪中叶革命中心转移到了德国，19 世纪末革命中心又转移到了俄国。

——**社会意识的独立性是在由社会存在决定的前提下的相对独立性，是有条件的，归根到底是由社会的物质基础和条件决定的**。先进的社会意识不可能凭空产生，只有在社会发展达到一定程度时，才可能产生；它对未来社会的发展只能描绘出大概的轨迹，而不可能详尽预见具体的细节。例如，德国、俄国等经济相对落后的国家，在特定条件下之所以能够出现先进的思想意识，仍然是以经济发展达到一定的水平为前提的。如果当时资本主义经济的发展没有达到一定的水平，没有在一定程度上成长了的无产阶级，那么马克思主义和列宁主义的产生也是不可能的。另一方面，落后的社会意识不可能在它的物质基础消灭之后长久地存在。如果社会环境和条件发生了实质性变化，社会意识或迟或早也会发生相应的变化。

在阶级社会中，人们的社会意识在不同程度上带有阶级性。经济上占统治地位的阶级，在社会意识中也必然占统治地位。

当社会分裂为阶级时，人们的社会存在，就是他们的阶级存在。在阶级社会中，不同的阶级由于所处的社会经济地位、所处的社会关系不同，由于阶级地位和阶级利益的不同，决定了他们的社会意识不同，甚至根本相反。不同的阶级意识，实际上是不同的阶级对自身的经济利益和社会经济关系的反映。

即使在同一阶级、同一人群共同体当中，人们的意识也经常存在着一定的差异。这是因为，人们的意识在反映一定的客观对象时，与他所处的地位有关，同时又要受到他所处的环境的影响，所以，对同一个客观对象，人们的意识是不同的。

社会意识在人类社会的发展中具有历史性。

社会存在的变化发展决定社会意识的变化发展。由于社会总是处于不断的变化和发展中，因此与之密切相联系的社会意识，也必然要相应地变化和发展。每一个社会都有与其相应的社会意识。随着社会物质生活条件、人们的社会关系的变化，人们的社会意识也会发生或早或迟、或快或慢、或大或小的变化，从而表现出时代性、历史性特征。

社会生产在不断发展，与此相适应，社会意识的内容和形式也在不断更新。在原始社会，生产力水平极其低下，生产资料和产品都归原始公社全体成员所有，人们共同生产，平均分配劳动产品，不可能产生私有观念。在原始社会的一定时期，杀死没有劳动能力的老人和战争俘虏，是合乎道德的。因为当时劳动产品极其有限，如果不杀死他们，就会危及其他人甚至整个部落的生存。然而，如果今天依然这样做，那就是惨无人道的行为，要受到舆论的谴责和法律的制裁。

随着原始公社的解体，原始的公有制被私有制所代替，社会分裂为阶级，朴素的、原始的集体观念也就被私有观念所代替，出现了剥削阶级和被剥削阶级的意识的对立。同是私有制社会，在奴隶社会、封建社会和资本主义社会里，社会意识也很不相同。

伴随着生产力的发展，特别是大工业的出现，无产阶级作为独立的政治力量登上历史舞台，于是，产生了无产阶级的意识形态——共产主义。它是无产阶级的阶级意识，是无产阶级的阶级地位、历史要求和生存状况的反映。它科学地反映了客观世界和历史发展的规律，是有史以来最先进的社会意识。随着社会主义革命的彻底胜利，私有制和剥削制度的彻底消灭，在公有制经济高度发展的基础上，经过长期的宣传和教育，它将逐渐发展成为全人类共同的社会意识。

社会意识是在一定历史条件下产生的，同时又受到一定历史条件的制约。社会意识是历史的、具体的现象，从来不存在什么抽象的、超历史的、永恒不变的社会意识。社会意识变化的原因，归根到底要到物质生产方式的变化中去寻找。时代的变迁，社会形态的更替，决定着观念的转变和新的社会意识的形成。

五　意识具有能动作用

人的思维、意识在认识世界和改造世界中具有巨大的能动作用。具体而言，人的意识奇妙而丰富多彩，具有多方面的功能和作用。

——**人的意识能够反映外部世界，得到真理性的认识**。意识不仅能够反映事物的外部现象，而且能够通过抽象思维对外部世界传来的信息进行加工，了解事物之间的联系和关系，把握事物的本质及其规律性。

——**在反映的基础上，意识具有预见的作用**。意识不仅能够

“复制”当前的对象，而且能够追溯过去，预测未来。科学理论揭示了现实生活中各个领域的客观规律性，人们就能够把握事物的发展趋势，预见未来的进程。人们通过认识、预见，就能够判定事物及其发展进程“是什么和不是什么”。

——**在反映、预见的基础上，意识起着确定目的、目标和任务的作用**。人们认识世界是为了改变世界。而要改变世界，就要事先制定“蓝图”，确定“要做什么和不要做什么”。确定目的、目标和任务，是任何一种有意识的行为所需具备的条件。它适用于个人的有意识的行为，也适用于社会集团、组织或整个社会的活动。在社会生活发展过程中，根据现实的条件和需要，人们必须确定不同发展阶段的目的、目标。

——**在反映、预见和确定目的的基础上，意识还起着指导人们制定行动路线、计划，选择较优方案、方法等作用**。这是实现一定目标的必要保证。没有这种保证，目标再好，也不过是一种良好愿望或“空中楼阁”而已。在这里，意识起着规定“应该怎样做”“不应该怎样做”的作用。人们在实践中认识了外部世界及其规律性，确定了目的和行动方案之后，就进入了改变世界的行动过程。在这类价值活动中，意识的作用更是丰富多样，至关重要。

——**在实现目的、目标的过程中，意识通过意志、信念和情感等形式，对人们的行动起着指导、调节与控制的作用**。意志、情感等是人们决定达到某种目的而产生的心理状态，是人的内部意识向外部动作转化的过程。意志对行动的控制和调节作用，或表现为推动、激励人们采取必需的行动来实现预定的目的，或表现为制止、阻碍那些不符合预定目的的行动发生。

——**在实践过程中，意识还具有规范和调整社会成员的关系和行动的作用**。人是社会的动物，意识把社会、阶级、集团的利益、要求等规定为行动规范，制约人们的行动。没有这种规范的作用，行动不统一，就无法达到预定的目的。马克思主义的一个基本原则，就是要使群众认识自己的利益，并且为实现自己的利益而团结战斗。毛泽东说："群众知道了真理，有了共同的目的，就会齐心来做。……群众齐心了，一切事情就好办了。"[30]

人的意识活动是一个能动的创造性过程。意识的能动性不仅在于能动地反映现实，把握物质世界的本质和规律，更重要的在于运用这些认识，能动地指导实践，有计划、有目的地改造客观世界，创造美好的价值世界。自有人类以来，人们运用自己的思维和意识能力，在自己活动所及的范围内，到处给自然界打上人类意志的"印记"，使周围的自然界成了"人化"的自然界，有意识地创造出一个"为人的"和"人为的""理想世界"。

意识的能动作用，一般来说具有两种不同性质：一种是促进事物的发展，一种是阻碍事物的发展。

只有符合客观实际的意识，才能正确地指导人们的行动，促进事物的发展。不符合客观实际的意识，终归会把人们的行动引向错误的道路，从而阻碍事物的发展。毛泽东指出："一切根据和符合于客观事实的思想是正确的思想，一切根据于正确思想的做或行动是正确的行动。我们必须发扬这样的思想和行动，必须发扬这种自觉的能动性。"[31]

坚持辩证唯物主义的意识论，就要将物质对意识的决定作用与意识在认识世界和改造世界中的能动的反作用统一起来，反对在意识的能动作用问题上的两种片面的观点：

一是形而上学机械论。这种观点承认物质决定意识，但是，把意识看作只是外部世界的消极反映，不承认意识的能动作用。这是一种否定自觉能动性的消极无为的懦夫、懒汉世界观。如果任其在群众中蔓延，必将泯灭广大群众的革命意志和斗志，成为社会主义革命和建设的消解力量。

一是唯心主义的“精神万能论”“唯意志论”。这种观点抽象地发展了意识的能动方面，把它说成是脱离物质、决定物质，甚至能够创造一切的东西，表现为“精神万能论”“唯意志论”等。这种片面夸大意识能动作用的观点，曾经让我们吃过很多的苦头，付出过惨痛的代价。无论意识的能动作用有多大，都不能脱离物质条件和环境的制约。离开了对物质世界的正确反映，缺乏必要的物质条件，脱离群众的社会实践，意识不仅不可能发挥积极的能动作用，而且会导致失败，让人们付出不必要的代价。

结 语

意识是物质世界发展到一定阶段的产物，是人所特有的精神活动。意识是高度发达的物质——人脑的机能，是客观世界在人脑中的主观映像。意识具有社会性，归根结底是一种社会意识，同时它又具有自身的相对独立性和能动的反作用。当今世界意识形态的斗争十分尖锐，要不断提高对各种新情况、新问题、新变化的应对能力，进一步确立社会主义意识形态的主导地位，建设社会主义先进文化，更好地发挥其引导、凝聚和调控等导向功能，增强社会主义主流意识形态的吸引力、影响力和感召力，团结和凝聚广大人民群众的意志，为中国特色社会主义服务。

第四节　人与自然的关系

马克思主义自然观是马克思主义关于自然以及人与自然关系的总的看法。作为马克思主义哲学的重要组成部分，它坚持从唯物主义物质观的基本立场出发，以自然科学发展的最新成果为基础，强调从世界统一于物质的基本原则出发，从人的具体的、历史的实践活动出发，去把握自然以及人与自然关系的本质，从而超越了以往历史上任何形式的自然观，实现了对自然界本来面目的唯物的、辩证的、科学的理解。当今，面对人口膨胀、资源紧张、生态危机、环境污染和气候变暖等“全球困境”，坚持和发展马克思主义自然观，有助于正确认识自然以及人与自然的关系，有助于化解人与自然的深刻矛盾，努力追求和实现人与自然的和谐发展。

一　自然观问题的重新提出

第二次世界大战结束以后，人类社会的发展进入了一个相对稳定的时期。一方面，开足马力发展经济，成为世界各国的共同选择；另一方面，科学技术的突飞猛进，也让人们在和自然打交道时具备了无比强大的信心和能力。然而，在这场人类历史上盛况空前的“发展竞赛”中，由于发达资本主义社会所主导的经济增长模式和财富分配模式的全球扩张，不仅进一步拉大了发达国家和发展中国家的发展差距，也使得增长第一、科技万能和征服自然的意识形态甚嚣尘上，从而把整个世界推入了一场新的“世界大战”——人与自然的尖锐矛盾之中。

当今世界所面临的人与自然的尖锐矛盾概括为这样三个方

面：人类自身生产的过度、物质资料生产的过度以及这两种生产的严重失调。

——**人类自身生产的过度**。从历史的角度来看，在马克思所生活的那个年代，显然不存在今天人们所担忧的“人口爆炸”问题。当时，全世界的总人口不过 12.41 亿，大体上只相当于今天我国人口的总数，而且，当时地球上的土地也才不过开垦了 1/3。然而，截止到 2011 年年底，全球人口总数已经突破 70 亿。而据联合国人口基金会的分析，如果人口按照目前这个趋势增长，世界人口大约于 21 世纪中期超过 90 亿，并且将在 21 世纪末超过 100 亿。如何既满足上百亿人口的需要，又同时维护生命赖以生存的自然环境的平衡，成为 21 世纪人类面临的巨大挑战。

——**物质资料生产的过度**。人的生产总是与物的生产相联系的，但遗憾的是，工业革命以来的一百多年，以自然资源的开发和利用为基础的物质资料生产的过度更是甚于人的生产。从 18 世纪后期到 19 世纪末期，在世界人口翻一番的同时，全球矿物资源的消耗量增长了 9 倍。进入 20 世纪后，截止到 70 年代，世界人口又翻了一番多，而全世界矿产资源在同期的年消耗量却增长了 11.5 倍。过度的物质生产，毫无节制地掠夺开发自然资源，必然导致地球有限的资源储量急剧下降。据统计，世界主要矿种目前已探明的储量，比较丰富的是铁，约 1000 亿吨，其余几种分别是：钴为 48 亿吨、铝为 11.7 亿吨、锰为 8 亿吨、铬为 7.75 亿吨、铜为 3.08 亿吨、锌为 1.23 亿吨、铅为 0.91 亿吨。如果按照目前的开采量不变计算，可采年限最长的为铬，能够维持 420 年，最短的为锌，只能维持 23 年；如果按照目前消耗量的年平均增长率计算，铬只能维持 95 年，锌只能维持 18 年。

——**上述两种生产的失调**。所谓物质生产与人口生产的失调，其实际后果和表现，就是当今世界所面临的严峻的自然环境问题，而这又可以区分为两大类问题：生态危机和环境污染。目前，生态危机主要表现在六个方面，即森林覆盖面积急剧减少、草原退化、水土流失、沙漠扩大、水源枯竭、生物物种减少；环境污染则主要表现在三个方面：大气污染、土壤污染和水域污染。从某种意义上说，环境污染本身也是某种生态问题，但是，作为人类活动对环境产生不良作用的最集中体现，环境污染独特的危害性和严重性则在于，它无孔不入、不断扩散，从而更加扩大了生态危机的规模。尤其是近年来引起世界各国高度关注的气候变暖问题，就是由于矿物的过度燃烧导致二氧化碳的过量排放，从而导致的一种全球层面上的综合性生态环境问题。

自从人类诞生以来，人类对自然界的建设作用无疑是巨大而深刻的。但是，面对如此的历史境遇和时代危机，人们也必须清醒地看到，人类对于自然界的破坏作用也是同样巨大的，而且这种人为的破坏作用在危及整个自然界的同时，也最终反过来危及人类自身。正是立足于这样一种认识，越来越多的国家、科学家乃至普通人认识到：人们必须对人类在自然界中的活动和人与自然的关系进行重新审视；人们必须从自然观的高度对造成人与自然关系恶化的原因做出深刻反思。

2009 年，在联合国关于全球气候变化问题的哥本哈根会议召开前夕，近 1700 名英国科学家也发表联合声明指出：长期的科学观察证据显示，全球气候确确实实正在变暖，而且主要是由人类活动引发的；这些科学证据非常全面和有说服力，是全世界范围内数千名科学家通过数十年秉持专业道德、进行艰苦和严谨的研究得来的。

在人与自然关系恶化的表象背后，隐藏着的是更为严峻的人与人、人与社会关系恶化的现实。换句话说，人与自然关系恶化的本质和根源，实际上是人与人之间关系的恶化。只要这种人与人的关系的恶化状态不能够得到扭转，只要支配和维持这种关系的资本主义制度以及在其之下发展出来的一整套资源配置法则和国际游戏规则不能够得到改变，人与自然关系的演变就难以迎来春天的曙光。一位知名的西方经济学家也曾经不无愤慨地指出：不是什么别的东西，而是资本主义的生活方式，正在毁灭我们的星球；气候变化哪里是什么“气候”的变化，而是有史以来人类所面临的一次“最大的市场失灵”。[32]

但是马克思主义自然观关于自然以及人与自然关系的论述，不仅为人们深刻地阐明了自然以及人与自然关系的本质，也为人们指明了改变目前人与自然关系恶化状态的历史方向和路径。

因此，只要人类还要继续生存发展，只要人与自然的和谐还是值得人类珍视的永恒的核心价值，那么，通过不断地回到自然观层面去反思人与自然关系的历史形态与当代面貌，尤其是通过对马克思主义自然观的科学内涵及其当代价值的系统阐发，当今世界必将获得协调人与自然关系、实现人与自然和谐发展的正确方向与合理路径。而这样的一种对自然观的重新回归，尤其是对马克思主义自然观的深入领略，将既不是小说家无奈的述说，也不是科学家们抽象的阐述，而是一种改变世界的力量。

二　马克思主义自然观

进入 19 世纪以来，不论是自然科学的迅猛发展，还是随着工业文明的突飞猛进而出现的人与自然关系日益恶化的现实，都要求人们能够突破以往旧自然观的束缚。

马克思和恩格斯在顺应时代要求的基础上，通过对旧自然观的批判和自然科学最新成果的利用，创立了一种与以往的旧自然观有着根本区别的新自然观——马克思主义自然观，实现了人类自然观发展史上的革命性变革。

辩证唯物主义物质观是马克思主义自然观的基础和前提，它在承认世界的物质性的同时，承认物质结构展现的无限性和物质形态的多样性。建立在辩证唯物主义物质观基础上的马克思主义自然观，在肯定自然界具有物质客观性、具有相对于人类社会的先在性和前提性的基础上，通过人的实践活动的中介，去把握人与自然关系的实践性和社会历史性，不仅使马克思主义自然观超越了一切旧自然观的历史局限，也展现了马克思主义自然观的丰富内涵。

马克思主义自然观的基本内容：

——**自然是人类生存和发展的前提**。马克思主义自然观首先是一种唯物主义的自然观。在马克思主义自然观看来，人起源于自然界，孕育于自然界，是大自然分化的产物；作为自然界的一员，人属于自然界、存在于自然界，对自然界具有根本的依赖性；相对于人的活动而言，自然界的存在具有客观性。

自然界的客观物质性。自然界的一切事物都是物质的，是不依赖于人的意识、感觉和精神的独立存在物，既不是什么神的意志的产物，也不是人的意识的产物。正是随着具体科学的不断发展，随着唯物主义关于世界本原的观点不断得到证实，马克思主义自然观在对自然的认识上必然要得出这样的结论：自然界是客观的，不仅宇宙间各个天体的形成与变化是客观的，而且生物的产生和进化也是自然界长期发展的结果，同时人类的产生也是自然界长期发展的结果。只有首先承认自然界的客观物质属性，人类才能在认识和处理人与自然的关系上获得最基本的起点。

自然界的先在性。在人类产生以前自然界就已经存在了，人类不过是自然界的产物，自然界对人来说具有永恒的先在性。科学研究证明，地球所处的银河系大约产生于150 亿年前，地球自身大约产生于45 亿年前。而在地球产生以后很长的一段时间内，地球上只存在无生命的物质，没有生命，更没有人类。只是在距今30 亿年前，地球上才首次出现了生命，其后经过不断的进化发展，才产生了人。无独有偶，考古发现也表明，人是在300 万年前才诞生的。当然，在历史的发展过程中，由于宗教的影响以及人对自然界和人类形成史缺乏科学的认识，上帝创世说、上帝造人说一度相当流行，使得人们在人与自然关系的问题上产生了许多错误的认识。然而，从科学的角度看，迄今为止，达尔文（Darwin，1809—1882 年）的人类自然进化学说，仍然是诸多关于人类的来源与形成的理论中最为完善的一种，在这一学说看来，正是外部自然环境较长时间内发生的、剧烈程度不一的变化，才使得一种与其他动物稍有区别的动物演进为人。

自然界的规律性。自然界的一切具体形态和具体现象是形形色色、无穷无尽的。自然界处于永恒不断的运动、变化和发展过程之中，静止是相对的。时空是自然界存在、运动的形式。自然界的运动、变化、发展不是杂乱无章的，而是存在着普遍的客观规律，人们借助科学是可以对这种自然规律加以认识的。马克思主义哲学所揭示的唯物辩证法的规律也是最普遍的自然规律。

自然界的前提性。人必须依赖自然界才能生活，自然界是人的生活生产要素的来源和人类存在的基础。人既要依赖自然界生活，同时也要依赖社会生活，但归根结底依赖自然界才能生活。在马克思主义自然观看来，一方面，自然界是人类生存与发展的物质前提，它不仅为人类提供着生产资料，也为人类提供着生活资料。另一方面，自然界也为人类的精神活动提供着最基础的对象和源泉。植物、动物、石头、空气、阳光、水等，无论是作为自然科学的对象，还是作为艺术和审美的对象，都是自然所赋予的，是人的精神活动得以产生、延续和深化的最为基础性的前提。

——人与自然是一个不可分离的统一的整体。马克思主义自然观是有机论的自然观。它认为人的社会实践使人与其所生活的周围自然发生改变，成为“人化自然”，这种“人化自然”就是人与自然构成的统一的有机整体，即人通过自己的实践活动与周围自然耦合成的有机整体。在“人化自然”的整体中，人与自然是不可分离地联系在一起的，人不能离开自然界而生存，人与自然应该和谐相处、和谐发展。

然而，虽然人与自然是一个不可分离的整体，但要实现人与自然之间的这种不可分离的关系，走向辩证统一，则是一个漫长的历史过程。人作为社会存在物，作为有意识的类的存在物的基本特征，是他所从事的自由自觉的活动，即劳动。人的才能正表现在他可以通过劳动来改造整个自然界，并从自然中超拔出来。在劳动中，人致力于从自然界攫取生活资料，致力于塑造一个和谐的“人化的自然”，但在一定的社会形态中，由于异化劳动的存在，作为人的劳动对象的自然却开始与劳动者相分离、相对立了。同时，由于劳动的自发性，人实际上成了自然的破坏者，随着历史的发展，人与自然的原始和谐让位于人与自然的尖锐对立。比如，最初的农耕活动对于自然的影响是有益的，但随着这种活动的规模不断扩大，特别是某些地区，如古代的希腊、美索不达米亚等对森林的乱砍滥伐，导致了土地的荒芜。自然界的生态平衡一经破坏，就倒过来对人类实施报复。而在当代社会，生态危机已经是不争的事实。

按照马克思的预见，资本主义社会归根到底不能解决好人与自然的关系，只有在以公有制为基础的未来共产主义社会中，联合起来的生产者才可能合理地调节人与自然之间的物质交换，从而真正达到人与自然的统一。人的劳动在全社会的范围内由自发走向自觉的过程，实际上就是人与自然达到辩证统一的过程。

——**人与自然的关系本质上是人与人的关系的体现**。人与自然的关系是随着人类历史的发展而不断发展的，每一时代人与自然的关系都是这个时代人与人的关系的反映。由于人类历史上不同时代的生产水平不同、生产方式不同，人与人之间的关系也不相同。而这些人与人之间的不同的关系最终又通过人与自然的关系体现出来。因此，正是从这一意义上来看，人与自然的关系本质上是人与人的关系的体现。

在原始的社会形态中，自然是作为一种完全异己的、有无限威力的力量与人们相对抗的，人们同它的关系就像动物同它的关系一样，人对自然界的意识也是一种动物般的意识及自然宗教。显然，人与自然之间的这种狭隘关系是与极度不发达的、以直接的血缘关系为纽带的人与人之间的关系互为因果的。随着生产力的发展，人们改造自然的能力的增强，人与自然之间和人与人之间的关系发生了重大变化。在以工业革命为先导的西方资本主义社会中，一方面，人越是成功地改造自然，人与人之间在劳动中的分工和协作关系就越扩大，但随着财富的积累和私有制的产生，人与人之间的对立和冲突也变得越来越尖锐。另一方面，在资本主义的雇佣劳动制度下，当人作为自由劳动者出现的时候，当人与人之间的分工协作关系获得了巨大发展的时候，人对自然的改造和利用也达到了前所未有的程度。当自然从被崇拜、被神化的对象降低为“有用物”之后，人与自然的关系也被倒转过来了，人也开始肆意地破坏自然界，从而给自己的生存带来严重的危机。

按照马克思的看法，要使人与自然和人与人之间的关系获得辩证的解决，就必须扬弃私有劳动，扬弃私有制，从根本上解决好人与人之间的关系。

从人与自然的历史关系看，自然最初表现为人的统治者，接着又下降为有用物，最后与人达到和解与统一；与此相应的是，人与人之间的关系也经历了三个阶段的发展，即从最初的人与人之间的自然的、狭隘的依赖关系，到建立在普遍交换基础上的全面的然而异化的关系，最后达到个人全面发展并和他人和谐相处的关系。只有深入剖析人与人之间关系的历史发展，才能科学地说明人与自然之间的辩证关系。

——只有通过人的实践才能实现人与自然关系的协调发展。在人与自然关系的变化发展过程中，一方面存在着人遵循自然规律的关系，另一方面又存在着自然适应人的需要的关系。如果人类不遵循自然规律，一味地按照自己的主观愿望去改造自然界，势必造成对自然界的破坏；如果自然界不能适应人的需要，那么，这种自然界对于人类而言也是没有意义的。因此，只有推动人类改造自然的实践，处理好人类遵循自然规律与自然界适应人类需要这两方面的关系，才能实现人与自然的和谐发展。由于人类改造自然的目的是使人类更好地生存和发展，而人类要更好地生存和发展，又需要一个有利于人类生存和发展的环境。正是从这种需要出发，人类在改造自然时应该协调好人与自然之间的关系。

——人与自然的协调发展关系是与社会生产力水平紧密相关的。在生产力水平不很发达的前工业社会，人与自然之间的关系是较为协调的；而在生产力水平高度发达的工业社会，由于人们把自然看作征服、统治和掠夺的对象，看作可供人类利用的附属物，人与自然之间的关系变得越来越不协调了；然而，一旦进入生产力极为发达的共产主义社会，人与自然的矛盾将得到合理的解决，人与自然之间的关系又将变得协调起来。在这一否定之否定的历史过程中，一方面以人的实践活动为基础的生产力的发展引起了人与自然关系的变化和发展，而另一方面人与自然之间的关系从协调到不协调再到协调的不断发展，又会反过来促进生产力的发展。

三　人与自然和谐发展

马克思主义自然观从人的具体的、历史的实践活动出发把握人与自然的关系，通过对隐藏在人与自然关系背后的人与人的关系的把握和调整，去现实地寻求人与自然关系的和解，不仅有助于人们正确认识人与自然关系的本质，也有助于人们运用合理的实践方案去面对日趋严峻的生态环境危机，从而努力推动人与自然走向和谐发展的新境界。

当代全球性的生态环境危机的根源是多重的。有的经济学家认为，生态问题产生于经济制度的不完善，通过市场经济制度的不断完善，生态问题完全可以通过市场来克服；有的技术哲学家认为，生态问题产生于工业，尤其是现代大工业的发展与技术的运用或滥用，因而主张限制大规模生产与大量消费；有的生态伦理学家则认为，生态问题产生于人们错误的世界观，主张用“生态中心主义”取代“人类中心主义”；还有人提出要回归自然，回归荒野，拒斥现代工业文明。

然而，在马克思主义自然观看来，生态危机的发生虽然有着人类认识上的根源，但这不是最根本的，因为当代所有给环境带来重大影响的人类行为并不都是出于认识上的原因。显然，我们不能说日本渔民大肆捕杀濒临灭绝的鲸、美国政府拒绝签署《京都议定书》，是由于某种认识上的原因。同样，现代科学技术的发展与运用极大地改变了人类的生存条件，使人类具备了大规模干预自然，甚至毁灭自然的能力，客观上为生态危机的发生提供了基础，但是决定技术社会运用的并不是科学技术本身。

当代全球性的生态危机问题，从表面上看是人与自然的矛盾激化，但在本质上是人与人的矛盾使然。资本主义生产规模的全球化提高了人类改造自然的能力，正是这种改造自然的能力的提高与资本主义社会生产关系之间的矛盾，导致了严重的全球生态危机。只要生产资料私有制还存在，就存在个别利益与公共利益的分裂，就存在无止境地追逐个别利益的冲动，就存在以公共利益为代价换取个别利益、以自然为代价换取个人利益的动机，从而相应地存在着把这种动机付诸行动的社会机制。因此，正如马克思所指出的那样："这些矛盾和对抗不是从机器本身产生的，而是从机器的资本主义应用产生的!"[33]

马克思主义自然观在批判了资本主义对于自然的破坏的同时，也提出了解决生态环境危机的重要思想。按照美国著名生态学马克思主义者奥康纳（O' Connor，1930 年—　）的看法："虽然马克思和恩格斯本人不是'生态经济学家'，但他们都清楚地意识到了资本主义对资源、生态及人类本性的破坏作用。他们由以出发的一个理论前提是：自然（或'生产的外部条件'）仅仅是资本的出发点，而不是其归宿。"[34]

直面全球性的生态危机，一定要深刻理解马克思主义自然观对于解决生态环境危机的重要启示。

——**克服自然资源的短缺问题需要充分发挥人的主体性**。通过发挥人的主体性，尤其是通过发挥人的聪明才智推动科学技术发展，人类不仅能够更加充分地利用各种原料，而且会极大地增加各种有用物质的不同用途，最终通过发展循环经济，使自然资源和原材料得到越来越充分的利用。

——**解决环境问题需要充分发挥科学技术的作用**。在马克思看来，"化学工业提供了废物利用的最显著的例子。它不仅找到新的方法来利用本工业的废料，而且还利用其他各种各样工业的废料"[35]。因此，为了减轻环境污染，同时也为了节约资源，"就要探索整个自然界，以便发现物的新的有用属性；……采用新的方式（人工的）加工自然物，以便赋予它们以新的使用价值。(……)要从一切方面去探索地球，以便发现新的有用物体和原有物体的新的使用属性，如原有物体作为原料等等的新的属性；因此，要把自然科学发展到它的最高点"[36]。

——**解决生态环境问题最终需要变革社会制度**。在马克思主义自然观看来，处理好人与自然的关系是解决生态环境问题的关键，而由于人与自然的不合理关系本质上又是不合理的人与人的关系使然，因此，要彻底解决当代全球性的生态环境问题，唯一的出路就在于变革资本主义的生产关系。正如英国哲学家柯亨（Cohen，1941—2009年）所概括的那样：在马克思看来，“资本主义使人与自然之间、人与人之间的冲突发展到了终点。它完成了对自然的征服，工业的历史改变了自然的形态，以致人们可以把自然看作是属于自己的。自然曾一度把人压迫到自然的水平，然而人现在却把自然提高到人的水平。如此多的技术和无生命的力量发挥作用，以致无需艰巨的劳动，由某些人对其他人的生活所进行的控制也失去了效力。人与自然的新的结合在一种新的共产主义中成为可能，并将由资本主义社会中的被压迫阶级，即工业无产阶级来实现”[37]。

——**坚持走中国特色的生态文明发展道路**。坚持以马克思主义自然观为指导，坚持“绿水青山就是金山银山”理念，正确地看待和处理人与自然关系的尖锐矛盾，努力解决发展中的人口资源环境问题，努力实现人与自然的和谐发展，是摆在我们面前的一项十分紧迫而意义重大的任务。

坚持走中国特色的生态文明发展道路，实现人与自然的和谐发展，就是要坚持生产发展、生活富裕、生态良好的文明发展道路，建设资源节约型、环境友好型社会，实现速度和结构质量效益相统一、经济发展与人口资源环境相协调，使人民在良好生态环境中生产生活，实现经济社会永续发展。

坚持走中国特色的生态文明发展道路，实现人与自然的和谐发展，必须坚持以科学发展观为指导，以实现国民经济又好又快发展为根本着眼点，坚持走中国特色新型工业化道路，加快转变经济发展方式，把优化产业结构、转变增长方式、提高科技创新能力、提高综合效益、降低能源资源消耗、控制废弃物和污染物排放结合起来。

坚持走中国特色的生态文明发展道路，实现人与自然的和谐发展，必须以建设资源节约型、环境友好型社会为指向，以建立绿色国民经济核算体系为引导，以发展循环经济为路径，以推进制度和政策创新为动力，以建立多元化投资体制机制为保障，以加强国际交流与合作为支持，以保障国家资源和环境安全为底线，形成可持续发展的整体推进和系统保障体系。

坚持走中国特色的生态文明发展道路，实现人与自然的和谐发展，必须树立以人为本的观念；必须树立节约资源、保护环境和人与自然和谐的观念；必须强化经济效益、社会效益、环境效益和生态效益相统一的效益意识；必须强化节约资源、循环利用的可持续生产和消费意识；必须强化经济指标、人文指标、资源指标和环境指标全面发展的政绩意识。

结　语

坚持走中国特色的生态文明发展道路、实现人与自然和谐发展，既坚持了马克思主义自然观，也顺应了当今世界可持续发展的“全球共识”。坚持马克思主义自然观，一切从人民的利益出发寻求中国发展的理论前导，从经济发展方式的转变中寻求中国发展的模式支撑，从生态文明的建构中寻求中国发展的生长空间，从主动加大节能减排指标的自觉实践中寻求中国发展的国际竞争优势，努力实现人与自然和谐发展，开辟建设中国特色生态文明更为广阔的前景。

第五节　信息化的世界和世界的信息化

信息是什么？它有什么功能与特征？它与物质、与意识是什么关系？如何认识虚拟实践和网络社会？我们力图从辩证唯物主义的角度，对于这些问题进行研究并给予回答，在此基础上阐述信息在人类实践和社会发展中的重要地位和作用。

一　信息的功能与特点

今天，随着以电子化、数字化、网络化为核心和标志的现代信息技术的飞速发展，信息和信息处理已经深入经济、政治、文化、社会等人类生活的所有领域。尤其是数字化技术的出现和发展，使得人们已经可以轻而易举地用二进制编码来表示、存储和读取几乎是无限量的信息。人们日常所用的笔记本电脑、数码相机、U 盘以及其他数码设备等，就是这方面的典型例子。与此同时，人们还能够以极低的成本把这些信息及时地传播到世界各地。

信息化的世界和世界的信息化，正在成为当今世界最突出的面貌和特征。

然而，“信息”一词作为科学概念的产生才短短半个多世纪，人们对于“信息是什么”的问题尚未得出一个统一而明确的答案。这一方面显示了对“信息是什么”这一问题进行回答的复杂性和难度；另一方面也告诉我们，或许在这一问题上应该从一些较为简单的问题入手。为此，我们先来了解**信息具有怎样的作用**。

信息能够减少或消除人们在认识事物上的盲目性和不确定

性。早在 1948 年，美国数学家、信息论的创立者申农（Shannon，1916—2001 年）就在题为《通讯的数学理论》一文中指出："信息是用来消除随机不定性的东西。"这也是人类第一次从现代科学的层面上去阐明信息的功能与用途。其后，被称为"传播学之父"的美国人施拉姆（Schramm，1907—1987 年）则进一步指出：信息是两次不确定性之差，是能够减少或消除不确定性的任何东西。换言之，**信息能够增强人们认识及实践活动的确定性**。

信息的本质及其特征是什么呢？美国数学家、控制论的创始人维纳（Wiener，1894—1964 年）试图从信息与物质、信息与能量的关系角度来阐明和解决信息的本质问题，认为"信息既不是物质，也不是能量"，但他未能从正面对"什么是信息"给出明确的答案。在维纳之后，虽然不同学科的学者们分别从特定角度对信息的本质进行了广泛而深入的研究和解释，但也远远没有达成共识。有人认为信息是与物质、能量并列的世界三大要素之一；有人认为信息是一种以"场"的形态存在的物质；有人认为信息是非物质的、纯粹的精神活动；还有人认为信息是事实和数据的组合，如此等等，不一而足。显然，信息概念本身的确具有难以简单把握的多义性和复杂性。

对于信息的本质问题，即什么是信息，人们可以从一般信息论、具体的通信理论、语言学、生物遗传学等不同的学科视野进行阐释，而要在哲学层面解答，就要超越具体学科的层次，从最普遍、最一般的意义上去揭示信息的本质。可以从这样几个方面来把握信息的本质及其特性。

——**信息的存在和出现必须以客观事物的存在为前提，没有可以离开客观事物而独立存在的纯粹的信息**。信息作为客观事物及其运动的相关特性在人们头脑中引起的某种特定反映，离不开客观事物本身。没有客观事物，就不可能有表征它的信息形式。

——**信息是表征人类与客观事物之间某种特定关系的范畴，不能离开人的实践和认识活动去把握信息**。虽然即使没有人的存在，客观事物也会相互作用并伴随“信息”的传递，但“有意义的信息”即社会信息总是与人相关的。来自客观事物的“信息流”只有对于人具有意义和价值，才能成为人所需要的信息。正如马克思所说，“对于没有音乐感的耳朵来说，最美的音乐也毫无意义”[38]。

现代科学关于通信过程的研究，告诉人们这样一个基本的事实：信息只能出现在通信系统之中。在现实世界中，哪里存在一个完整的通信系统，并且在其中发生了完整的通信过程，哪里就有信息；是不是信息、是什么样的信息、有多大的信息量，不仅取决于信源（信息的发出者）发出了什么，而且取决于信宿（信息的接收者）收到了什么。这就表明：只有在和信宿（实际上，真正能够作为信宿的接收者就是人）的联系中，才能现实地把握到信息的性质和信息量的多少。

——**信息可以分为自然信息和人工信息两大类**。所谓自然信息，不是指客观存在着与人无关的信息，而是指客观事物的结构、属性和关系的信息，它是在没有人干预的情况下，由客观事物释放出来的；所谓**人工信息，即社会信息**，则是指人们依据一定的物质和技术手段，有意识地表征一定事物、现象和过程的结构、属性、关系和意义的信息。最高级的信息形式当是以人脑为物质“加工厂”、以语言文字为物质外壳、以客观事物的结构、属性、关系为物质内容的意识形式。人们所说的语言、所写的文字、所绘的图画、所列的公式、所表述的思想观念，包括计算机软件中的数据、指令和程序等，都属于人工（社会）信息的范畴。

——**不论是自然信息还是人工（社会）信息，其与物质本身的显著区别在于其不守恒性**。接收信息的一方收到信息的同时，发出信息的一方并未失去信息。信息的这种不守恒性主要表现为：一方面，原则上说任何信息都可以有无限多的接收者并由其分享；另一方面，信息一旦消失，就永远湮灭了。我们还必须看到，相对于自然信息，比如说来自遥远太空的恒星所发出的光来说，人工信息无疑是我们人类最常接触的信息，这一类信息由于源于人的活动以及由此形成的社会存在和社会关系，因此，它还具有自身独特的特点。

人工（社会）又具有怎样信息的特点呢？

——**人工（社会）信息具有主观性**。鲁迅先生曾说，一部《红楼梦》，“因读者的眼光而有种种：经学家看见《易》，道学家看见淫，才子看见缠绵，革命家看见排满，流言家看见宫闱秘事”。[39]相同的人工（社会）信息，在不同的接收者那里，也会产生不同的反映和理解。这既取决于接收者的认识水平，也在一定程度上受制于其社会文化背景和情感倾向。这就好比苹果掉在人的头上，有人觉得运气不佳白挨了一顿砸，有人觉得很幸运白捡了一个大苹果，也有人因此受到启发而发现了万有引力现象。然而，正是由于不同的人对同样的信息有不同的理解和反映，才使得人工（社会）信息的内容和变化更为多样、更为丰富。

——**人工（社会）信息具有社会性**。**首先，人工（社会）信息的产生具有社会性**。试想，一个像英国启蒙时期现实主义小说的奠基人、被誉为“英国和欧洲小说之父”的笛福笔下的“鲁宾逊”那样，在茫茫大海包围着的孤岛上离群索居、与世隔绝的人，他能够产生并发出什么可以为人们所接受的信息吗？**其次，信息的传递具有社会性**。比如求婚，作为一种表达和传递特定信息的行为，求婚者无疑可借助不同的方式和物件来表达自己的想法，但无论这些方式或物件如何花样翻新品类繁多，归根结底，都不过是人的一种社会性活动及其产物而已。**最后，信息的接收具有社会性**。从表面上看，接收信息好像只是人们个人自己的事情，接收到什么信息、接收到多少信息，和旁人以及社会有什么关系呢？但实际上，恰恰是人们所具有的社会属性、所在的社会地位、所处的文化环境，才最终决定了人们在信息接收上的差别。

——**人工（社会）信息具有创造性**。自然信息的产生和发送，只是一种自然事物机械的、随机的呈现和演化结果。人工信息的产生、传递和接收则不同，它与人的动机与行为密切相关，表现为人的一种创造性活动，是人的主观能动性发挥作用的结果。正是通过人们的创造性活动在不同事物之间建立起了特定的联系，人们才能以这种特定的联系为中介和桥梁，相互沟通、相互理解。人类社会的观点、思想、规则、理论等，无不是人们创造性活动的结果，也无不体现着人工信息的创造性。

二 信息源于物质但不等于物质

信息的记录和保存，必须依赖于一定的物质材料。无论是古代还是现在，物质材料对于信息的保存来说都是不可或缺的。人们先后发明了竹简、纸张、芯片、磁盘和光盘等，用于记录和存储信息。不管材料有何不同，它们作为记录信息的载体始终都是一种客观实在的物质。物质不仅是信息存储和传播的载体，更是信息产生和存在的本原。

信息起源于物质及其运动变化，不存在离开物质而独立存在的信息。

马克思主义哲学认为，物质是世界的本原，世界统一于物质。既然如此，信息的产生、存储、处理、传递和接收等，当然也就离不开物质，必然要以物质为根基。然而，如果偏离马克思主义哲学的轨道，不能从物质第一性的原理出发来认识信息的本质的话，那么，哪怕是最顶尖的自然科学家，也会在信息与物质的关系问题上犯迷糊、闹笑话。

比如，维纳就曾经讲道：“信息就是信息，不是物质也不是能量。不承认这一点的唯物论，在今天就不能存在下去。”〔40〕维纳的这句“名言”有没有道理呢？从自然科学的角度看，信息的确既不同于物质也不同于能量，它有着自身独特的性质与特征。为此，还有人曾经打趣地说：没有物质，世界成为虚无；没有能量，世界归于静寂；没有信息，世界就没有意义。但是，就对信息本身的认识和理解来说，这样的理解就如同维纳的“名言”一样，充其量只能说其在对信息本质的把握上做到了“知其不是”，但最终无法从科学的唯物论出发去洞悉信息的本质。

又比如，奥地利哲学家、批判理性主义的创始人波普尔（Popper，1902—1994 年）曾经提出过一个“世界 3”理论，认为整个世界并不像唯物主义者所认为的那样是由客观世界和主观世界构成的，而是由相互并存的三个世界即世界 1（类似于客观世界）、世界 2（类似于人的主观世界）和世界 3（包括信息和人的精神活动的产品等）构成的。在实证研究的层面上，波普尔的“三个世界”理论有助于我们在认识上对纷繁复杂的大千世界获得大体上的分类性把握。但是，如果据此就认为信息是某种能够不以物质为本原和基础、能够独立于物质和人的意识活动之外而单独存在的东西，而硬要把整个统一的物质世界划分成所谓的“三个世界”，就会滑到唯心论的泥潭里了。

事实上，通过对包括人类在内的整个宇宙的演化历程的考察，我们将能够清楚地看到：

所谓信息，其实就是客观物质世界在其演化过程中所产生出来的一种表征其自身结构、属性和过程的特殊联系形式，并将随着这一演化过程的高级化，随着人类社会实践的进化而越来越趋于复杂化和多样化。

——自然界的无机物虽然只有物理或化学的反应，但在这种反应中已经开始最简单的信息运动。比如，月光是对太阳光的反射，潮汐是海水对月球、太阳和地球之间引力变化的反应，矿石表面呈现出来的不同色彩是对氧化作用的反应。这种无机物在外界刺激下所发生的反应变化，实际上就是一种最简单的信息运动。

——**到了有机物的阶段，出现了生物的反应形式。由于这种生物反应形式给有机的生命体带来了自我控制的新的功能，从而开始产生出较为复杂的信息运动**。比如，在植物和低等动物身上，这种信息运动最初表现为刺激反应性，也就是说，它们对于直接作用于自身的环境有一种感应能力，能够对来自外界的刺激做出某种趋利避害的反应。比如，乌龟遇到外部攻击能够迅速缩进壳里保护自己，合欢树碰到外来物干扰时可以收拢自己的花叶，等等。植物和低等动物的这种反应，就是根据外界刺激而产生信息的过程，它使得有机体能够产生自我控制，从而适应变化了的外界条件。

随着有机体与环境之间关系的复杂化和环境刺激频率与强度的增加，某些生物体在进化过程中逐渐形成特殊的感觉细胞，产生了感觉能力。感觉能力的进一步发展和各种感觉器官的专门化，形成了神经系统，用以建立各种感觉器官之间的联系。神经系统的进一步发展，出现了中枢神经系统（包括脑和脊髓）与周围神经系统。高级动物通过神经系统和周围环境相联系，调节运动器官做出反应的反射过程，是一种更加复杂的信息运动。

——**由于高等动物具有条件反射的机能，因而能够进行更加复杂的信息活动**。比如，经过专门训练的猴子，能够听懂几十个单词，人们只要发出命令，它们就会爬上树枝，去采摘主人需要的树叶和花朵。显然，像猿猴这样的高等动物，经过训练能够戴上眼镜穿针引线、缝补手帕，并向人们挥手致意，表明其已具有接收和处理较为复杂的信息的能力。

高等动物发展到人类，产生了意识。人和动物一样，具有第一信号系统及条件反射，但人还具有动物所没有的第二信号系统，即由语言引起的另一类条件反射。人类在第一信号系统和第二信号系统的基础上进行的思维活动，既是一种意识活动，也是一种信息运动。随着意识的产生，出现了语言、文字等新的信息形式，从而使得物质的信息运动开始进入包含意识观念成分的社会信息运动阶段。

——思维这种最高级的反映形式，是人的社会活动的产物，也是信息运动到目前为止最高级、最复杂的形式。人类和动物不同，不是简单地适应自然环境，而是有意识地把握各种各样的自然信息和人工信息，进而通过劳动改变自然环境，使之适合自己的需要。在劳动过程中，人正是通过对信息的处理和理解，才可能把自己同自然界区别开来，有计划、有目的地改造客观世界，达到对客观世界本质和规律的认识。人类社会实践活动使信息成为社会信息，而不是单纯的自然信息。

从信息随着物质的演化而不断产生和复杂化中可以看到，信息不仅是物质的产物，也是物质世界的普遍联系法则作用的结果，并且随着自然界的演化尤其是人类的出现和社会的发展而日趋复杂化和多样化。

从哲学意义上来说，信息是在物质基础之上演化而来的，它只能存在于物质之中，而不可能完全独立于物质之外。正是在这一点上，马克思主义哲学对于信息的本质的理解，不仅同各种非马克思主义的哲学有着原则性的区别，而且同自然科学关于信息的技术性理解也保持了显著的认识层次上的差异。

三 信息与意识的关系

在马克思主义哲学看来，意识作为物质世界长期发展的产物，是人脑这种高度组织起来的特殊物质的机能，是以人的生理为基础的一种特殊反映形式。由于人具有反映客观世界的意识活动能力，就能够通过自己的意识或思维活动，去发现、认识和把握客观事物的结构、属性、过程及其规律。由此可见，在信息和意识之间必然具有某种内在的、有机的联系。此外，现代信息科学的研究也证明：所有的意识或反映活动，都是借助一定形式的信息传递和交换来实现的。因此，人类的意识活动是与信息及其运动密切关联的。那么，信息与意识的联系表现在哪些方面呢？

意识不仅仅是人类的自然生理现象，也是社会实践特别是生产劳动的产物，是一种社会现象，并将随着社会实践的发展、社会信息的丰富而不断发展和丰富。正如马克思、恩格斯所说："意识一开始就是社会的产物，而且只要人们存在着，它就仍然是这种产物。"〔41〕

由此出发，可以把信息与意识的联系概括为这样几个方面：

——**信息是意识活动的对象**。人的意识或精神活动包括感觉、记忆、思维。正是通过这些机能及其活动，人们不仅能够认识世界，而且能够改造世界。根据现代信息科学的研究成果，感觉的功能就是获得信息，记忆的功能就是储存信息，思维的功能就是处理信息，而人的完整的意识活动就是通过对作为对象的信息的接收、存储和处理，从而在确证自己作为一种对象化存在的同时，实现对客观世界的认识和把握。

——**信息是意识活动借以展开的中介**。根据现代通信理论，信息不是由信源单向发出的某种"信号"或"密码"，而是在一个包含信源、信道和信宿的完整的通信系统中构成的信号的流动及其解码，是在信源、信道和信宿三者之间建立起来的一种特定的联系形式。正是由于信息具有这样一种特征，人的感觉、记忆、思维等意识活动才能够正常地展开而不至于出现中断或紊乱。智障人之所以不能正常地感知、记忆和思维，关键在于他的意识活动不能建立正常的信息机制。其结果，要么是只能获得信息，要么是只能储存信息，要么是只能处理信息，却无法在获得、储存和处理信息这三者之间建立起完整的连接链条和意义秩序。

——**信息是意识活动的产物**。虽然信息来源于物质并依赖于物质，但光有物质世界及其运动变化，也产生不了信息。无机物之间也有反应，有机物尤其是动物由于具有反射能力，也能够在一定程度上和他物建立联系，但这种联系充其量只是一种简单的无条件反射，体现的是物种的本能。比如，北雁定时南飞，大马哈鱼定期洄游到自己的出生地去产卵，并不是有什么神秘的动物"意识"在起作用，而只不过是受一种本能的驱使。而人则不同。人由于具有意识，从而能够在他所接触到的各种各样的事物及其运动之间建立起某种稳定的、有序的联系。人的这样一种能够通过意识活动把客观世界自在存在的属性、结构和功能转化为人们能够反映和认识的对象的过程，实际上就是真正的信息的产生过程。

四　信息与人的实践活动

伴随着现代信息技术的飞速发展和互联网的普及，很多现实世界中的场景和行为都能够被搬到由计算机仿真和互联网所构筑的虚拟空间中去，并由此产生出了一种全新的实践类型——虚拟实践。虽然虚拟实践是在信息时代才出现的一种新的人类活动形式，是之前的人类历史上从未有过的，但究其本质而言，它也不过是人们运用虚拟现实技术在电脑网络空间中有目的地进行的、能动地改造和探索虚拟客体，同时间接地影响和改造现实客体的一种物质的能动的客观活动。

这种活动虽然具有或渗透着更多的技术因素或认识因素，尤其是虚拟实验本身就是一种探索性的认知活动，然而，这却丝毫不影响虚拟实践是一种不同于纯精神活动或意识活动的实践活动。这就好比人们在现实的社会时空中所从事的实践活动也渗透着理论、观念和认识，却并不影响这些活动具有实践的性质一样。

具体来说，虚拟实践之所以具有人类实践的品格，从而可以成为一种人类社会实践活动的新的形式，原因就在于：

——**虚拟实践是具有客观现实性的感性活动**。无疑，虚拟现实活动是在一定目的支配下的有意识的活动，其中当然包含着精神活动或观念的内容，但是，如果就此把它归结为一种纯粹的精神活动，那就大错特错了。精神活动作为人的主观性活动，是根本不可能超出人脑的存在范围的，更不可能直接去改变现实的客观对象。然而，虚拟现实活动却可以改变电脑网络空间中以“比特”形式存在的客观对象，并且这种改变的过程和结果，都是可以被人们感知的感性活动。在虚拟现实活动中，人们之所以能够把外部世界中的物质存在以及人脑中的观念存在转变为电脑网络空间中的虚拟存在，乃是因为人们作为感性实体，并且通过感性的操作手段，去同电脑空间中的感性存在发生关系和相互作用的。

——**虚拟实践活动是人的一种能动的和自由自觉的活动**。实践是一种有目的的活动，能够使客观世界中的对象按照人的意志和要求得到改造，成为能够满足人的需要的“为我之物”。同时，人的活动的目的性还体现了实践的自主性和自觉性，而只有自觉的活动才能够真正体现人类的本质，成为人所特有的活动。虚拟实践不仅具有明显而强烈的能动性、目的性、自主性和自觉性，是人类充分发挥自己的本质力量、发挥自身的自主性和创造性的结果，而且同一般的人类实践活动相比，虚拟实践活动的能动性、自主性和自由度要大得多。实际上，在虚拟空间中，人们可以按照自己的意愿，在虚拟技术所能支持的水平上和范围内，从事几乎能够想象出来的任何实践活动。比如，人们可以变成一只雄鹰在天空翱翔，可以使时光倒流，也可以到人的血管里去旅行，等等。

——**虚拟实践活动也是一种具有社会性和历史性的活动**。虽然虚拟现实活动发生在虚拟的电脑网络空间中，但是，作为从事虚拟现实活动的主体的人，其本质是一切社会关系的总和，具有社会性；他在从事虚拟现实活动时所运用的物质性工具和手段，都是社会历史的产物，都具有社会性；他通过虚拟现实活动所要加工、处理和改造的对象，是通过计算机和其他信息技术手段创造的。因此，虚拟现实活动既不是纯精神、纯思想、纯意识的活动，也不是一种虚无缥缈、子虚乌有的活动，更不是一种脱离现实社会的超自然、超社会、超历史的活动。相反，它在本质上就是由具有自然属性、社会属性和历史属性的人所从事的一种现实的活动。

一旦确认了虚拟实践是人类实践活动的一种新的形式，是在信息时代出现的一种新的实践活动形式，那就意味着，虚拟实践必然具有不同于“三大实践”即物质生产实践、社会政治实践和科学文化实践的特点。

——**虚拟实践不等于变革自然的物质生产实践**。虚拟现实活动并没有直接改变自然客体，它所改变的只是虚拟客体。虽然对于虚拟客体的改造最终会有助于人们实际地改造现实的自然客体，但不能把虚拟现实活动对虚拟客体的改造等同于直接改变自然客体的现实的生产活动。

——**虚拟实践不同于处理人与人之间关系的社会政治实践**。虚拟实践得以发生的电脑网络空间，虽然具有一定的客观实在性，但是，同现实的物质世界相比，它只是现实的物质世界的“影像”或“仿真”，而不是现实的物质世界本身。飞行员不会因为在虚拟空间中撞机而丧生，物理学家不会因为在虚拟空间中模拟核试验而受到核辐射和核污染的伤害，普通人也不会因为在网络上相互“攻击”而遭致身体上的伤害。

——**虚拟实践也不同于创造科学文化成果的科学文化实践**。虚拟实践的目的，并不是为了获得精神文化产品。通常，人们在网络上通过虚拟实践而进行的虚拟购物、虚拟教学、虚拟飞行、虚拟战争等，主要并不是以探索客观对象、获得精神产品为目的，相反，在大多数情况下，它就是人们的一种现实的社会活动，是一种直接的社会生活或生活的一部分。虽然随着计算机科学的发展，已经现实地形成了一种新的科学实验形式，即计算机实验，从而使得虚拟现实活动可以作为一种科学实验的新的辅助形式，或者作为一种独立的科学实验形式，但不能就此把虚拟实践活动简单地等同于创造科学文化知识的科学实验活动。

就此而论，虚拟实践是身处信息时代的人类特有的一种社会活动。它既体现了人类现实的社会实践活动的一切固有特征，又表现出一般的现实社会实践活动通常所不具有的新的特点，是时代发展在人的实践活动上的聚集和涌现。

具体来看，虚拟实践的特点大致有这样几个方面：

——**虚拟实践在表现上具有二重性**。从社会整体的层面看，虚拟实践是人类能动地改造和探索客观世界的社会活动，具有直接的现实性和普遍性，它同人们从事的其他一切现实的社会实践活动并没有本质区别。从具体的实践过程来看，虚拟实践是一种特殊的实践活动形式，具有虚拟性的特征。从某种意义上说，如果把现实的物质实践活动看作一种实体性的活动形式的话，那么，虚拟实践则是这种“实体”的投影，两者之间可谓是一种“实物”与“影子”的关系。打个比方来说，任何物体在镜子中都会产生自己的镜像，其时，物体是实体，镜像是虚像，但镜像却不是虚无，而是某种不具有实体性的客观存在。

——**虚拟实践在内容上具有二重性**。一方面，从整体上看，虚拟实践是人们运用计算机和网络等信息技术手段认识和改造客观世界的感性活动，也是人们用来认识和改造主观世界的活动。

另一方面，从个体的角度看，虚拟实践是一些人类个体在电脑网络空间中所从事的一种内化的感性活动，这种活动只有那些实际从事虚拟现实活动的人才能切身地感受到，而其他个体通常则不能真正地感受到虚拟实践的具体过程及活动内容。虚拟实践既是一种可感知的感性活动，又是一种内化于电脑网络空间的隐性活动。

——**虚拟实践在活动手段和对象上具有二重性特征**。一方面，虚拟实践需要有电子计算机和网络等“硬件”做支撑，没有一定的“硬件”条件，虚拟实践无法进行。另一方面，虚拟实践需要一定的“软件”做支撑，否则，即使有再高级的计算机和网络设备，虚拟实践也无法进行。此外，人们在进行虚拟实践时，往往还需要一定的对象，在通常情况下它就是以“比特”形式存在的信息。

——**虚拟实践在功能上无疑具有创造性和超越性**。人们通过现实的社会实践，不断地改造世界，创造更适宜于人类生存和发展的环境，还通过虚拟现实技术的手段，有目的、有意识地创造一个与现实世界相互渗透、相互转化的虚拟世界，不断确证人类的创造性和超越性。特别值得一提的是，目前利用虚拟现实技术，人们已经可以为思想或观念等赋予一定的图形或形状，并且可以随意地对它的变化做出反应，就几乎如同自己心里发生的事情一样。比如，现在有一种心理测试仪，在特殊的软件系统支持下，它可以通过一棵大树树叶的变化来显示人们所承受的心理压力的大小及其变化：枝繁叶茂时，表明人的心理压力小；树叶枯落时，表明人的心理压力大。

五　网络社会是现实社会的延伸和反映

置身于如今这样一个信息涌动不息、媒体无处不在的全媒体时代，人们不得不承认，以微博和微信等为代表的各种信息新技术的不断涌现，尤其是虚拟时空的横空出世，不仅从根本上改变着人们获取和传递信息的方式，也更深刻地改变和塑造着人类社会本身。

所谓虚拟时空，也可以称为虚拟社会（Virtual Society）或赛博空间（Cyber Space）。从技术角度看，虚拟时空首先是一个以互联网为基础和支撑，通过各种信息处理终端的有线或无线连接而形成的信息技术系统。然而，由于这一庞大的技术信息系统融合了电话、电报、传真、电视等诸多传统的信息交流方式的功能，能够传送文字以及声音、图像、视频等多种超文本信息，能够帮助人们实现信息的互动、交流与共享，能够使人们便捷地开展包括社会交往、商品销售、物流管理、在线学习、远程医疗、广告宣传等在内的难以尽述的社会经济文化活动。

从某种意义上说，虚拟时空实际上已经成为一种以信息网络技术和人的活动的有机整合而构成的网络社会。

同人们所熟悉的现实社会系统相比较，虚拟时空具有以下几个特征：

——虚拟时空的运作方式具有“数字化”的特点。在虚拟时空中，人们的自然关系和社会关系都是建立在以比特为单位的数字化信息的生产、存储、传递、交换和控制的基础之上，并通过这一系列的数字化的过程而反映出来。

——虚拟时空的存在范围同时具有时空压缩性和伸延性。在虚拟时空中，文本、声音、图像和视频等信息形式以数字的形式组织起来，并以电子作为载体进行传输时的高速度和空间距离暂时消失的性质，实际上就是虚拟时空“时空压缩性”的具体体现；而网络浏览、电子邮件、博客、微博、微信等网络行为的出现，则在某种意义上代表了人们社会活动范围的扩张和延伸。

——虚拟时空在功能效应上具有交互性和多维性的特点。交互性是指虚拟时空作为一个整体所表现出来的所有现象与后果，实际上都是由于人们的网络行动的交互作用而产生和扩张出来的。多维性则是指虚拟时空的社会后果既可以以文本、声音、图像和视频的方式表现出来，也可以以现实社会中人们的多种行为表现的形式表现出来。

正是由于具有上述特征，虚拟时空的出现为人类的生存、发展和交往以及人类文明的演进带来了积极而巨大的影响。正如人类历史上的任何新生事物都有其两面性一样，虚拟时空的出现对于人类社会既有积极的影响，也有消极的作用。

虚拟时空的负面影响，主要表现在以下几个方面。

——**信息过剩**。所谓信息过剩，是指信息的生产、传播、接收和处理超过了人们的实际需求和能力，从而使人不能有效地和充分地选择、吸收、利用和发挥信息的作用，使得信息不可避免地被贬值。

——**信息垃圾**。所谓信息垃圾，是指在虚拟时空中产生的毫无价值的、对人有害的信息。一般来说，信息垃圾主要有这样几类集中表现形式：已经过时的、落后的信息与知识，或者说已经被新知识超越的信息和知识；既不符合事实，也不符合逻辑的信口开河、胡说八道式的信息甚至谣言；违背社会伦理道德规范的淫秽图文、声音、视频等之类的黄色信息，等等。

——**信息崇拜**。所谓信息崇拜，是指对虚拟时空的出现尤其是它所带来的巨大社会效应不能正确认识，从而对信息的作用给予无限夸大的盲目态度和做法。“信息就是财富”“信息就是权力”“信息就是金钱”“信息就是一切”等，就是对于信息的盲目崇拜，对于信息的过誉之词。不是出于利益驱使下的人为夸大，就是利害关系诱导下的错误导向。

——**信息异化**。所谓信息异化，是指随着虚拟时空的出现及其对人类社会影响的日渐深入，使得人们所特有的一些属性和本质力量正在异化为与人相对立的属性和力量。例如，人对网络的依赖、网络黑客以及网络监控等。尤其是近年来由“斯诺登事件”所揭示出来的美国对全球实施网络监听的“棱镜计划”，不仅把信息异化问题推向了全球谴责和讨论的焦点，也在很大程度上让人们谈网色变。

这些问题的出现，原因是多方面的。既有由于虚拟时空自身的技术特点而导致的问题，比如信息过剩问题；也有由于人们难以把自己在现实社会与虚拟时空中的观念与行为协调起来而导致的问题，比如信息垃圾、信息崇拜和信息异化等。更重要的是与社会的治理、意识形态的导向密切相关。面对虚拟时空的出现和扩展，人们在享受它所带来的巨大好处的同时，必须看到它所带给人们的负面影响。

一般而论，不论虚拟时空具有怎样的高新技术特点，它仍然是现实的社会生活和社会关系的表现，而不是脱离人的社会生活和社会关系的“自在之物”。虚拟时空并不虚无。

能否把虚拟时空有效地纳入人类现实的社会系统之中，把人们在虚拟时空中的观念和行为有序地纳入现实的人类价值体系和道德规范之中，将是人们在信息时代能否安顿自身，并更好地推动社会发展进步的关键。

面对虚拟时空不断发展和深化的未来，人们在享用信息和信息技术带来的巨大福利的同时，还必须高度关注虚拟时空中的“新秩序”和“新价值”的建立问题。所谓的“新秩序”，应当是一个能够保证人类继续生存下去的公正的网络社会生态格局；所谓的“新价值”，应当是一个所有网民均能遂生乐业、发扬人生价值的网络心态秩序。

随着信息网络技术的飞速发展，现代社会正在演变为一个信息高度膨胀和快速流动的庞大的信息社会系统。借助于强有力的信息传输工具，人们足不出户就能知天下事、就能办天下事，就能认识世界和改造世界。这既是信息的本质使然，更是人类实践的不断发展和不断超越的特征使然。

结　语

自铸器铭文的青铜器时代，到今天的计算机网络时代，人类文明的发展史从一定意义上说就是处理、开发和运用信息的历史。语言的产生，文字的出现，造纸术和印刷术的发明，计算机、互联网和区块链的问世，包括如今正方兴未艾的微博、微信、网银、电商和移动支付等，人类历史上信息技术的每一项重大突破都促进了社会生产力的发展，推动了人类文明的进步。信息、信息世界和信息时代不仅是辩证唯物主义要回答的问题，也是历史唯物主义要回答的问题。马克思主义哲学必须对信息范畴、信息世界和时代特征、信息规律和特征给予科学的回答，以便更好地运用信息造福于中国特色社会主义事业、造福于全人类。

注　释

〔**1**〕《马克思恩格斯文集》第 4 卷，人民出版社 2009 年版，第 277 页。

〔**2**〕《马克思恩格斯文集》第 4 卷，人民出版社 2009 年版，第 278 页。

〔**3**〕《马克思恩格斯文集》第 4 卷，人民出版社 2009 年版，第 278 页。

〔**4**〕《马克思恩格斯文集》第 9 卷，人民出版社 2009 年版，第 460 页。

〔**5**〕《马克思恩格斯选集》第 4 卷，人民出版社 1995 年版，第 285 页。

〔**6**〕《毛泽东选集》第 3 卷，人民出版社 1991 年版，第 818—819 页。

〔**7**〕《毛泽东哲学批注集》，中央文献出版社 1988 年版，第 311—312 页。

〔**8**〕《列宁专题文集・论无产阶级政党》，人民出版社 2009 年版，第 39 页。

〔**9**〕《马克思恩格斯文集》第 4 卷，人民出版社 2009 年版，第 285—286 页。

〔**10**〕《毛泽东选集》第 3 卷，人民出版社 1991 年版，第 791 页。

〔**11**〕《列宁专题文集・论辩证唯物主义和历史唯物主义》，人民出版社 2009 年版，第 90 页。

〔**12**〕爱因斯坦：《物理学的进化》，湖南教育出版社2007年版，第209页。

〔**13**〕《自然辩证法》，人民出版社2018年版，第118页。

〔**14**〕《马克思恩格斯文集》第9卷，人民出版社2009年版，第511页。

〔**15**〕《列宁选集》第2卷，人民出版社2012年版，第89、192页。

〔**16**〕《列宁专题文集·论辩证唯物主义和历史唯物主义》，人民出版社2009年版，第344页。

〔**17**〕《列宁选集》第2卷，人民出版社2012年版，第191—192页。

〔**18**〕《列宁选集》第2卷，人民出版社2012年版，第192页。

〔**19**〕《马克思恩格斯文集》第4卷，人民出版社2009年版，第281页。

〔**20**〕《马克思恩格斯文集》第9卷，人民出版社2009年版，第513页。

〔**21**〕参见牛顿《自然哲学的数学原理》，商务印书馆2009年版，第7页。

〔**22**〕参见爱因斯坦《狭义与广义相对论浅说》，上海科学技术出版社1964年版，第15版说明。

〔**23**〕《列宁专题文集·论辩证唯物主义和历史唯物主义》，人民出版社2009年版，第75页。

〔**24**〕《马克思恩格斯文集》第9卷，人民出版社2009年版，第553页。

〔**25**〕《马克思恩格斯文集》第1卷，人民出版社2009年版，第533页。

〔**26**〕《马克思恩格斯文集》第5卷，人民出版社2009年版，第22页。

〔**27**〕《马克思恩格斯全集》第20卷，人民出版社1971年版，第661页。

〔**28**〕《马克思恩格斯文集》第2卷，人民出版社2009年版，第591页。

〔**29**〕《马克思恩格斯文集》第1卷，人民出版社2009年版，第525页。

〔**30**〕《毛泽东选集》第4卷，人民出版社1991年版，第1318页。

〔**31**〕《毛泽东选集》第2卷，人民出版社1991年版，第477页。

〔**32**〕特里·伊格尔顿：《马克思为什么是对的》，新星出版社2011年版，第20页。

〔**33**〕《马克思恩格斯文集》第5卷，人民出版社2009年版，第508页。

〔**34**〕詹姆斯·奥康纳：《自然的理由》，南京大学出版社2003年版，第196页。

〔**35**〕《马克思恩格斯文集》第7卷，人民出版社2009年版，第117页。

〔**36**〕《马克思恩格斯文集》第8卷，人民出版社2009年版，第89—90页。

〔**37**〕G. A. 柯亨：《卡尔·马克思的历史理论》，重庆出版社1989年版，第26页。

〔**38**〕《马克思恩格斯文集》第 1 卷，人民出版社 2009 年版，第 191 页。

〔**39**〕《鲁迅全集》第 8 卷，人民文学出版社 1981 年版，第 145 页。

〔**40**〕N. 维纳：《控制论》，科学出版社 1963 年版，第 133 页。

〔**41**〕《马克思恩格斯文集》第 1 卷，人民出版社 2009 年版，第 533 页。

第三章　辩证法：照辩证法办事

辩证法是关于宇宙万事万物运动、变化和发展的最普遍规律的科学。唯物辩证法科学地揭示了自然、人类社会和思维运动、变化和发展的最一般规律，为人们的认识和实践提供了科学的世界观和方法论，既是人们观察、认识、说明一切事物的望远镜和显微镜，又是指导人们处理一切问题，努力推动事物向好的方向转化发展的思想利器。

第一节　辩证法总论

马克思主义哲学划时代的贡献就在于改造了黑格尔的唯心主义辩证法，把唯物主义与辩证法结合起来，完成了辩证法的革命，建立了最彻底最完备的辩证法形态——唯物辩证法。唯物辩证法是建立在唯物主义基础上的，是唯物主义与辩证法的最佳结合。

一　关于事物最普遍规律的科学

“辩证法”一词源于古希腊文，本义是指在谈话辩论中揭露对方话语中的矛盾并通过克服这些矛盾而求得真理的方法。在哲学史上，黑格尔（Hegel，1770—1831 年）第一次明确地在哲学世界观方法论意义上使用辩证法概念，他不仅把辩证法看作揭露矛盾的思维方式，同时还把它看作适用于一切现象的哲学概念，创立了唯心主义辩证法。马克思主义经典作家在批判地继承黑格尔唯心主义辩证法的基础上，把黑格尔唯心主义辩证法改造成为唯物主义辩证法。

在哲学史上，有古代朴素辩证法、近代唯心主义辩证法以及现代唯物主义辩证法。

唯物辩证法是辩证法的科学形态。

19 世纪 40 年代，德国资产阶级革命形势日益成熟。反映在哲学上，就是德国古典唯心主义的终结和唯物主义的兴起。作为德国资产阶级哲学杰出代表的唯物主义者费尔巴哈（Feuerbach，1804—1872 年），坚决批判传统宗教和黑格尔的唯心主义哲学，指出人以及作为人的基础的自然是哲学唯一的和最高的对象，自然先于精神，在人和自然之外没有独立的精神存在。他批判黑格尔的唯心主义，力图恢复唯物主义的权威。但他不理解黑格尔唯心主义辩证法的方法论意义，将黑格尔的辩证法与唯心主义一起简单地抛在一旁，并且用在许多方面都比黑格尔贫乏得多的哲学取而代之，因而也就不能从根本上克服、超越黑格尔哲学而取得划时代的成果。克服黑格尔哲学的缺陷，拯救其在唯心主义外壳遮蔽下的辩证法的合理内核，并使其在唯物主义基础之上获得新生，这个任务是由马克思和恩格斯完成的。

在马克思主义哲学中，唯物论与辩证法是内在统一、紧密联系的，表现为二者的相互渗透、彼此融通。马克思主义的唯物主义，在解决世界本原问题时，内在地蕴含着辩证法，把物质世界的统一视为相互联系的、无限发展的多样性的统一；马克思主义的辩证法，在解释世界“怎么样”时又始终贯穿着唯物主义，认为“事物的辩证法创造观念的辩证法”[1]，主观辩证法不过是客观辩证法在人的头脑中的反映，把观察的客观性作为辩证法的第一要素。马克思主义的唯物主义是辩证的唯物主义，马克思主义的辩证法是唯物的辩证法。若只有一个方面而没有另一个方面，只有唯物论而没有辩证法，或只有辩证法而没有唯物论，就不是真正的马克思主义哲学；若只讲唯物论而不讲辩证法，或只讲辩证法而不讲唯物论，都会导致思想的迷误和实践的失败。

唯物辩证法是揭示事物最普遍规律的科学，是马克思主义哲学的重要组成部分。

恩格斯指出："辩证法不过是关于自然界、人类社会和思维的运动和发展的普遍规律的科学。"[2]世界上的事物及其运动、变化和发展过程，表面看来千头万绪、杂乱无章，实际上任何事物都遵循自身的运动、变化和发展的规律。什么叫规律？规律就是事物内部的、本质的、必然的联系。列宁说："规律就是关系。……本质的关系或本质之间的关系。"[3]正因为规律是事物内部的、本质的、必然的联系，所以它对同一领域和所处条件相同的事物起着决定的、支配的作用。例如，力学中的惯性定律普遍适用于一切物体，无论任何物质，在它所受的外力的合力为零时，都必然要保持其原有的运动状态不变。在社会历史领域中，生产关系一定要适合生产力发展，上层建筑一定要适合经济基础变更要求的规律，也具有普遍性，它对于一切社会都是适用的。

唯物辩证法是研究宇宙万事万物运动、变化和发展的最普遍规律的科学。唯物辩证法是最完整深刻而无任何片面性弊端的关于联系与发展的新学说。

唯物辩证法是一个严密、完整、系统的科学体系。表现在以下三个方面：一是有两个原则，即联系的原则和发展的原则。世界万事万物是普遍联系的，联系的原则是辩证法的一条基本原则，恩格斯指出："辩证法是关于普遍联系的科学。"[4]世界万事万物都是运动、变化和发展的，发展的原则是辩证法的又一条基本原则。二是有三个基本规律，即对立统一规律、质量互变规律和否定之否定规律。三是还有一系列基本范畴，即本质与现象、内容与形式、原因与结果、必然与偶然、可能与现实、简单性与复杂性等。这些基本原则、基本规律和基本范畴从各个不同方面深刻揭示了事物内部和事物之间最普遍的本质联系，揭示了事物运动、变化和发展的一般性质、主要过程和基本趋势。唯物辩证法的基本原则、基本规律和基本范畴不是平行并列的，而是有内在逻辑联系的。普遍联系和永恒发展是一切事物存在的基本方式，无一例外，所以一切事物都是联系而发展的。唯物辩证法揭示了事物普遍联系和永恒发展中的稳定的、本质的、反复出现的关系，这就是唯物辩证法的基本规律，即对立统一规律、质量互变规律和否定之否定规律。在这三大规律中，对立统一规律是最根本的规律，是辩证法的实质与核心。列宁指出，“就本来的意义说，辩证法是研究对象的本质自身中的矛盾”[5]。对立统一观点是理解辩证法其他基本规律和基本范畴的“钥匙”，是认识世界和改造世界的根本方法。

辩证法与形而上学是两种根本对立的世界观和方法论。

在人类的认识史中，从来就有关于宇宙发展法则的两种见解：一种是辩证法的见解，一种是形而上学的见解，这两种见解形成了互相对立的两种宇宙观。辩证法用联系的、发展的、全面的观点观察认识世界，形而上学则是用孤立的、静止的、片面的观点观察认识世界，一定要划清辩证法和形而上学的根本区别。世界上的各种事物、现象是相互联系、变化发展的，还是彼此孤立、静止不变的？如果有联系，这种联系是外在的还是内在的？如果有变化，是数量的增减、场所的变更、简单的循环重复，还是由量变到质变、由低级到高级、曲折上升的？发展变化的根本原因，是由于外力的作用，还是由于内在矛盾的推动？对于这些问题的根本不同的回答，将人们的哲学观点区分为辩证法和形而上学。形而上学把世界一切事物都看成是彼此孤立和永远不变化的。如果说有变化，也只是数量的增减和场所的变更。而这种增减和变更的原因，不在事物的内部而在事物的外部，即由于外力的推动。和形而上学相反，唯物辩证法的根本任务是揭示事物最普遍的规律。辩证法主张从事物的内部、从一事物对他事物的关系去研究事物的发展，把事物的发展看作事物内部的必然的自己的运动，而每一事物的运动都和它周围的其他事物互相联系着、互相影响着。事物发展的根本原因，不是在事物的外部而是在事物的内部，在于事物内部的矛盾性。

二　普遍联系的观点

事物之间的普遍联系是不以人的意志为转移的辩证法第一原则，普遍联系的观点是辩证法的重要观点。

物质世界是普遍联系的统一整体。世界上的一切事物、一切现象都具有普遍联系的特征，没有哪一个事物、哪一个现象是孤立存在的。辩证唯物主义肯定世界的物质统一性，坚持唯物主义一元论，同肯定世界的普遍联系，坚持全面的观点，反对孤立的、片面的观点是一致的。

我们说事物是普遍联系的，也就是说事物之间是互相依存、互相制约、互相作用的。宇宙中任一事物，都是同其周围事物相互联系的，没有任何一个事物可以脱离他事物而单独存在；事物内部各个要素（部分）之间也总是互相依赖、互相作用的。在自然界中，从巨大的星系到微观粒子，从无机界到有机界，从植物界到动物界，无不处于有机联系之中。人类社会亦是如此，脱离社会联系的孤立的个人是不存在的。这正如恩格斯所说，“当我们通过思维来考察自然界或人类历史或我们自己的精神活动的时候，首先呈现在我们眼前的，是一幅由种种联系和相互作用无穷无尽地交织起来的画面”[6]。

——**肯定事物的普遍联系，并不否定事物的相对独立性**。什么是独立性？就是指每一个具体事物都因同其他事物有质的不同而互相区别，有自己独特的存在、发展的历史。否认事物的普遍联系性是片面的，否认事物的独立性也是片面的。然而，独立性是相对的，联系性是绝对的，任一事物的独立性只是整体联系中的一个环节、一个局部。形而上学片面夸大事物的独立性，使之绝对化，把事物及其过程从世界的总体联系中割裂开来，当作彼此隔绝、毫不相干、孤立自在的东西。“鸡犬之声相闻，民至老死不相往来。”这种小国寡民的观念，否认事物的普遍联系。“只见树木，不见森林”“闭关锁国”“关起门来搞建设”等，就是形而上学的孤立的思维方式。我国的对外开放政策，就是以普遍联系的哲学观点为依据的。

——**世界是普遍联系的，联系具有普遍性和客观性，但事物之间的联系及其形式又是多种多样的**。外部联系和内部联系、本质联系和非本质联系、必然联系和偶然联系、主要联系和次要联系、直接联系和间接联系……这些联系对事物的存在和发展所起的作用是不同的。内部的、本质的、必然的和主要的联系决定事物的基本性质及其发展的基本走向和趋势，而外部的、非本质的、偶然的和次要的联系则只能加速或延缓事物的发展，影响和干扰事物变化的基本走向和趋势。

物质世界联系的普遍性、客观性和多样性决定了任何事物都受具体的历史条件的限制和制约。

什么是条件？条件就是影响、制约、决定一事物存在和发展的一切因素，包括该事物同与它相关的事物之间的全部关系的总和。条件分事物的外部条件和内部条件。这里就产生了外因论与内因论、决定论与非决定论的区别。

——**辩证法是内因与外因的辩证统一论**。毛泽东在《矛盾论》中讲到外因是变化的条件、内因是变化的根据、外因通过内因而起作用的道理时，形象地比喻鸡蛋因得适当的温度而变成鸡子，但温度不能使石头变成鸡子，把外因与内因的辩证关系讲透了。内因是变化的根据，但否定外因的作用也是不可以的。任何事物都不能离开其外部联系即存在条件，尽管外部条件不是事物变化的最根本因素，但没有了外部条件，事物的变化也是不可能的。没有适当的温度，鸡蛋也不能变成鸡子。

——**辩证法坚持决定论，反对非决定论**。**决定论和非决定论是事物普遍联系问题上的两种根本对立的观点**。承认事物联系的客观性、普遍性，认为人们的行动受事物固有联系的条件制约，只有遵循事物本身固有的必然联系、遵循事物本身固有的规律进行活动，才能达到预期结果，这就是决定论。相反，否认事物普遍联系的客观性和普遍性，离开事物固有联系、固有规律的前提，认为人可以为所欲为、随心所欲，这在哲学上就是非决定论。

——**辩证法所讲的决定论是辩证决定论，而不是机械决定论**。辩证决定论既坚持事物联系的客观性、普遍性以及事物联系对人的行动的制约和影响，同时又承认事物联系形式的多样性和人的行为的自觉能动性。它认为不能仅仅把事物多种多样的联系形式归结为单一的、机械的、不变的唯一外部的联系形式，排斥内因的作用，排斥偶然性的存在，排斥人的主观努力。机械决定论很容易走向宿命论，即认为世界上一切事物都是命中注定的，是不可抗拒、不可改变的。坚持辩证唯物主义决定论，不但要反对非决定论，还要克服机械决定论的缺陷；既注意事物联系形式的多样性，又充分发挥自觉能动性。只有这样，才能正确地认识和改造世界。

事物是普遍联系的，这就要求人们从普遍联系的观点出发看问题，也就是坚持认识的全面性，反对认识的孤立性，防止思想上的片面性。

用全面的观点认识事物、分析事物、把握事物，照普遍联系的客观辩证法办事，就不会犯低级的错误。在坚持辩证法、肯定事物的普遍联系的同时，也要反对折中主义。列宁说过："辩证法要求从相互关系的具体的发展中来全面地估计这种关系，而不是东抽一点，西抽一点。"[7]折中主义把事物的一切联系和关系等同看待，不分内外，不分主次，不分本质与非本质，把事物没有内在联系的某些方面拼凑起来，这种做法貌似全面，实际上是用非本质的、次要的联系来掩盖本质的、主要的联系，从而模糊事物的本质的本来面貌。折中主义是反辩证法的形而上学的一种表现。

三　发展的观点

世界不是僵死不变的，宇宙间的一切事物都处于永恒的产生和消亡之中，处于永无休止的运动、变化和发展之中。发展的观点是辩证法的又一个基本原则。

发展的观点包括关于事物运动、变化和发展的看法。

——**运动，是物质世界万事万物的普遍存在方式，物质世界万事万物的运动是一般的、普遍的。**一切事物都是运动的，运动是绝对的，静止是相对的。宇宙间发生的机械运动、物理现象、化学变化、生命过程、社会发展以至思维活动等一切变化发展的过程，无一不是物质运动的表现形式，没有不运动的物质，也没有物质是不运动的。

——**变化，是物质运动的量的增减或质的变动。**物质在运动过程中的转化造成了物质运动的千姿百态，也造成了物质运动的多种多样。当然，变化可以是上升的、前进的运动，也可以是下降的、倒退的运动。

——**发展，是事物的一种运动状态，但又不是事物的一般的运动状态，而是特指事物向前的、向上的、由低级向高级进步的、不断推陈出新的运动；是量变到质变的进展，是旧事物的衰**

亡和新事物的产生的过程，是波浪式的前进和螺旋式的上升，是由低级形态向高级形态的前进、上升运动。离开了唯物辩证法的发展观，就会陷进主观主义、形而上学的误区。

全面的、协调的、可持续的发展，就是事物发展的辩证运动过程。事物发展如此，社会发展也如此。在经济社会发展问题上，存在一种轻视经济社会和人的全面、协调、可持续发展的倾向，这是一种片面的发展观念。在片面发展观念指导下的发展，是不平衡、不协调、不可持续的畸形发展。推进社会发展就要推进经济社会全面、协调、可持续地辩证发展。

——**辩证的发展就是经济社会对立统一的发展**。发展就是事物内部矛盾不断产生、发展和解决的过程，辩证的发展就是经济社会对立统一的发展过程。运用辩证法，统筹经济社会发展，就一定要认识到社会是在经济、政治、文化的矛盾运动中，在生产力与生产关系、经济基础与上层建筑的矛盾运动中，在各类社会矛盾的运动中发展的。斯大林（1879—1953 年）在领导苏联社会主义建设和发展过程中既取得了不小成就又存在严重失误，一个重要教训就是没有全面、准确地认识和处理苏联社会主义经济社会发展中的一系列矛盾，在经济社会发展上曾追求不全面的发展，致使苏联经济社会发展极端不协调，矛盾逐步积累、恶化，直至激化。社会健康发展的过程就是正确认识这些矛盾并加以解决的过程。一定要高度重视和认识我国经济社会生活中存在的矛盾，发现矛盾，准确判断矛盾，运用适当的办法解决矛盾，在解决矛盾的过程中推进科学发展。

——**辩证的发展就是经济社会全面的发展**。任何事物的发展都是一个系统的过程，系统的有机组成要素在发展中相互联系、相互制约、相互作用，构成了系统的整体发展。辩证的发展应当是全面的、保持内在各要素相对平衡的发展，而不是片面的、畸形的、单一要素突进的发展。社会发展是一个系统工程，必须全面兼顾社会发展系统的各个组成要素，不能搞单打一，注意纠正发展短板，坚持经济、政治、文化各构成要素全面发展，推动社会整体进步。

——**辩证的发展就是经济社会协调的发展**。一事物不是孤立存在的，而是在与他事物的普遍联系中存在的，一事物离开与他事物的联系，就谈不上存在，更谈不上发展。普遍联系，实质上就是讲，事物的发展必然是兼顾的、对称的，照顾他方的发展，否则就是畸形的发展，甚至是停顿和倒退。辩证发展是讲协调的，单纯的经济增长不会自动保证社会公正、公平、和谐、稳定等社会协调发展的综合目标的实现。只要经济增长，忽视统筹其他因素的发展，最终还是会拖住经济发展的后腿，这已被世界上许多国家发展的历程所证明。

——**辩证的发展就是经济社会可持续的发展**。任何一事物的发展，包括社会发展，一定要有发展的潜力和后劲，要有可持续的发展能力，辩证发展又是可持续的发展。从世界各国发展的历史和现实来看，保持可持续的发展必须注重三种资源的可持续性：一是物的资源。自然、环境等物的资源，能否支持经济社会的可持续发展，是必须考虑的发展战略问题。二是人文资源。人才资源是第一资源，知识、信息、思想、道德、文化等人文资源也是不可或缺的同物的资源同等重要的资源。如果对教育科技文化卫生等投入不足，对精神文明建设不重视，人才资源、信息资源、文化资源、道德资源、思想资源、知识资源也会面临枯竭和耗尽。人文资源的缺乏比物的资源缺乏更为可怕。在世界发展史上，很多物的资源匮乏的小国，靠人文资源发展很快。三是政治资源。良好的民主政治、健全的法律体系、稳定的政治格局、坚强的领导核心，这些都是支持可持续发展的必不可少的政治资源。任何一个政治动荡、秩序紊乱、政治文明不发达的国家都是无法正常持续发展的。轻视物的资源不行，轻视人文资源、政治资源也不行。

客观事物是永恒运动、不断变化、持续发展的，这就要求我们必须用发展的眼光看问题，反对用静止的眼光看问题，防止思想僵化，要不断地解放思想、创新观念。

在推进我国社会主义现代化的进程中，新东西层出不穷，人们必须不断地使认识跟上变化了的客观情况，以适应我国社会主义现代化建设的需要。如果满足于老经验，固守老框框，就会耽误事业发展。

四　系统的观点

20 世纪 70 年代以来，一股系统研究的热潮在全世界蓬勃兴起，至今仍然势头不减。一时间，一系列冠以“系统”名称的新术语，如系统理论、系统科学、系统工程、系统分析、系统思想、系统观点等不胫而走，渗透到科学研究和人类实践的各个领域。

事物往往是作为系统而存在变化的，无论自然界还是人类社会，都是如此。系统思想不过是人们对于作为系统而存在、变化的事物的客观辩证法的正确反映。

物质世界是普遍联系的，一事物不仅同它周围的事物互相联系、互相作用着，而且其自身内部各种要素、部分也总是处于互相联系、互相作用之中，从而构成一个统一的整体，即系统。在普遍联系的物质世界中，一切事物都是作为系统而存在、发展、变化的。从基本粒子到巨大的宇宙体，都是系统；从生物的分子、细胞、生物体、生物群、生物圈到生态体系，都是系统；从社会的家庭、企业、群体、利益集团、阶层、阶级到国家，都是系统；从生产力与生产关系、经济基础到上层建筑，也都是系统。

系统思想是一种体现现代科学思想的辩证思维方式。系统思想在中国得到广泛传播和为人们所熟知，得益于世界著名科学家、中国“航天之父”钱学森的大力倡导。钱学森以提倡系统工程、系统思想和创立复杂巨系统理论而著称于世。他认为，“马克思主义哲学是智慧的源泉”，“辩证唯物主义体现的物质世界普遍联系及其整体性的思想，也就是系统思想”。[8]自然界、人类社会都是作为系统而存在的，复杂系统几乎无所不在，而系统思想则为人类认识和解决复杂系统问题提供了锐利的认识工具。

系统思想是唯物辩证法的基本思想。

马克思、恩格斯在他们的著作中明确提出和多次使用过“系统”“有机系统”等概念。马克思在分析社会经济现象时就曾指出：“这种有机体制本身作为一个总体有自己的各种前提，而它向总体的发展过程就在于：使社会的一切要素从属于自己，或者把自己还缺乏的器官从社会中创造出来。有机体制在历史上就是这样生成为总体的。生成为这种总体是它的过程即它的发展的一个要素。”[9]这一论述不仅在严格意义上使用了“系统”概念，而且对系统与要素的关系、系统的整体性、系统的演化和自组织问题，都作出了生动的阐述和说明。

恩格斯也大量使用过系统概念。例如，他在谈到物质能量守恒定律、细胞学说和达尔文进化论揭示了自然界的普遍联系时就指出：“由于这三大发现和自然科学的其他巨大进步，我们现在不仅能够说明自然界中各个领域内的过程之间的联系，而且总的说来也能说明各个领域之间的联系了，这样，我们就能够依靠经验自然科学本身所提供的事实，以近乎系统的形式描绘出一幅自然界联系的清晰图画。”[10]

马克思、恩格斯在对人类社会和自然界的研究中，大量运用了系统思想的方法。在《资本论》中，马克思为了从整体上达到对资本主义社会系统的认识，以分析与综合的辩证结合为手段，剖析了资本主义社会系统的内部结构，以清晰的理论形式再现了资本主义社会系统这一整体，从而树立了以系统思想认识复杂客体的典范。恩格斯在《自然辩证法》一书中的许多论述也涉及对系统的整体性、结构性、层次性的阐发和运用。系统思想成了他们唯物辩证法方法论的重要组成部分。列宁曾经指出：马克思和恩格斯称之为辩证方法的科学方法，“把社会看做处在不断发展中的活的机体（而不是机械地结合起来因而可以把各种社会要素随便配搭起来的一种什么东西），要研究这个机体，就必须客观地分析组成该社会形态的生产关系，研究该社会形态的活动规律和发展规律”[11]。列宁这里对马克思、恩格斯辩证方法的科学说明，正是唯物辩证法系统思想的生动体现。

正是由于马克思、恩格斯对系统思想方法的这种重要贡献，很多现代系统理论的研究者都认为马克思是系统方法的创始人。一般系统论的创始人贝塔朗菲（Bertalanffy，1901—1972 年）就曾指出：马克思是为系统理论做出贡献的先驱之一；美国学者麦奎里（McQuarrie，1937—2009 年）等人认为，马克思的“理论工作的主要部分都可以看作是富有成果的现代系统方法研究的先声”；波兰学者把马克思称为“社会科学中现代系统方法的始祖”。钱学森也指出：“局部与全部的辩证统一，事物内部矛盾的发展与演变等，本来就是辩证唯物主义的常理；而这就是‘系统’概念的精髓。”[12]

系统思想是对现代系统科学的最新思维成果的哲学新概括。

钱学森在对一般系统论、控制论、信息论、系统工程、信息技术、自动化技术、耗散结构理论、协同学、超循环理论、混沌理论等现代新学科进行综合考察研究的基础上认定：“应该回到系统这一根本概念”[13]，“系统的思想要建立起一个完整的科学体系”[14]。钱学森提出，从系统科学通向哲学有一个由此达彼、沟通双方的桥梁，这就是系统观。钱学森把系统观与马克思主义经典作家的系统思想结合起来，实现了唯物辩证法和当代科学思维成果的结合，进一步丰富和充实了马克思主义哲学系统观。

五　过程的观点

运动、变化和发展的一切事物都是作为过程而存在的。

毛泽东说：“事物（经济、政治、思想、文化、军事、党务等等）总是作为过程而向前发展的。……这应当是马克思主义者的普通常识。”[15]过程，从广义上来说，是整个宇宙运动、变化和发展无限性的进程；从狭义上来说，又是具体事物运动、发展、变化的具体过程的有限性的进程。就事物运动的无限性来说，整个宇宙的运动、变化和发展是无始无终的，既无来者，又无去者；而就具体事物运动的有限性来说，宇宙间的一切具体的、个别的事物的运动、变化和发展却又是有始有终的，既有头又有尾。

从狭义上论述的过程，即具体事物的具体过程，就是事物发生、发展直至灭亡的历史。譬如，无边无际谓之宇，无始无终谓之宙，故称宇宙。整个宇宙是无边无界、无始无终的，而具体的宇宙体又是有边有界、有生有死的。宇宙间任一具体天体都有生有死，地球、月球、太阳乃至银河系等，都是这样。“宇宙大爆炸说”也只是假设所能观察到的宇宙，即某一部分宇宙、某一个具体的宇宙体的形成原因。从客观上讲，世界万物都遵循能量守恒定律，而具体到个体的永动机却是不可能的。世界上的任何个别生物体都有生有死，“神龟虽寿，犹有竟时”，再长寿的龟，也有死的时候，长生不老的生物体是根本不存在的。毛泽东说：“一切事物总是有‘边’的。事物的发展是一个阶段接着一个阶段不断地进行的，每一个阶段也是有‘边’的。”[16]任何一个具体事物都有一个发生、发展、灭亡的辩证过程。

整个变化的世界就是由无数的变化过程所构成的，整个世界的运动、变化、发展是普遍的、永恒的、无始无终的，而具体事物的运动、变化和发展却又是有头有尾、有始有终、有前有后、有生有死的一个过程。

辩证法大师黑格尔讲："凡是合乎理性的东西都是现实的，凡是现实的东西都是合乎理性的。"[17]他告诉我们，任何历史的具体的东西都因具体历史条件而有其存在的必然理由，也就是说，凡是现实存在的东西都有其合理存在的条件。所谓合理，就是合乎必然规律、合乎存在之条件。而一切现实存在的东西都会丧失其存在的条件，从而走向消亡，这就是其不存在的必然理由。资本主义社会作为人类历史上的一个发展阶段，有其产生、发展、兴盛的必然性，然而它也必然会因丧失其存在的必然条件而走向灭亡。社会主义社会也是如此。我国现在正处于社会主义初级阶段，经过相当长的历史过程，社会主义要由初级阶段走向中级阶段，乃至高级阶段，最后也必然会被更高级的社会形态所代替。如果用发展的观点看社会主义必然胜利和资本主义必然灭亡，就应当是不言自明的道理了。

总之，历史存在的东西对其当时的存在条件来说，都有其存在的理由，都要经过或长或短的过程，在这个过程中都有其相对稳定性，但随着其存在条件的改变，该具体事物的发展过程就会终结，该事物就会丧失其存在的必然性，一事物就会转化为他事物。凡历史上产生的东西一定要走向灭亡，而在其发生的过程中就已经包含了灭亡的因素。人类历史进程中的任何一个时代造就的大国都会有一个兴衰的历史。"事物总是有始有终的，只有两个无限，时间和空间无限。无限是由有限构成的，各种东西都是逐步发展、逐步变动的。"[18]恩格斯指出，唯物辩证法认为"世界不是既成事物的集合体，而是过程的集合体"[19]。在唯物辩证法面前，“不存在任何最终的东西、绝对的东西、神圣的东西；它指出所有一切事物的暂时性；在它面前，除了生成和灭亡的不断过程、无止境地由低级上升到高级的不断过程，什么都不存在。它本身就是这个过程在思维着的头脑中的反映”[20]。

唯物辩证法关于事物即过程的观点，具有重大的世界观和方法论的意义，用过程的观点看问题，就是要历史地看问题，用具体的、历史的观点看问题。

要认识事物，就要了解事物发展的全过程，看它是怎样由生到死、由兴到衰、由低到高，了解其现状、弄清其历史、搞明白它的来龙去脉，科学认识其产生、变化、发展、存在、消亡的条件。只有这样，才能正确地认识事物、把握规律、顺应趋势，从而正确地指导现实。看事物如此，看一个人、一个党、一个阶级也是如此。历史的观点，其科学价值也正在于此。因而，要历史地看问题，正确地、科学地揭示历史规律，总结历史经验，以史为鉴，为现实而研究历史，而不是为历史而历史、为考古而考古。

结　语

学习辩证法，就要学会用辩证思维方式认识事物，其根本任务在于从万事万物复杂多变的现象和纷繁复杂的联系中找出其固有的辩证规律，认识事物的规律性，以此作为人们行动的向导，使人们能够照规律办事，有效地改造世界。人们运用辩证思维，认识和把握事物的规律，就可以在实践中预见事物的出现和未来发展趋势，就可以利用、改变和创造条件，发挥和限制规律的作用，使事物向好的方向发展，有目的地按照客观事物的本来面目、按照事物的发展趋势来改造世界。总之，就可以坚定理想、信念，就可以增强工作的预见性、超前性和创造性。譬如，对资本主义必然灭亡、社会主义必然胜利的必然规律的正确认识，就可以坚定人们的理想、信念。而认识了其发展规律，就可以按规律办事，做社会历史发展的促进派。当然，在中国特色社会主义建设的具体过程中，我们也要学会按规律办事，不要办违背规律、受规律惩罚的事。

第二节　对立统一规律

对立统一始终贯穿一切事物的全过程，矛盾规律是宇宙间的普遍规律，对立统一是辩证法的实质和核心。对立统一观点是唯物辩证法的根本观点，对立统一分析是辩证法的根本方法，要学会用对立统一观点分析、认识和解决问题。

一　对立统一是辩证法的核心

对立统一是辩证法的关键词。

我国古代殷周时的《周易》，被奉为“群经之首”。它对中国古代矛盾思想作了最早的、最明晰的阐述，提出阴阳两极、对立统一、刚柔相对、变在其中的朴素辩证法思想和对立统一观。阴阳两极对立统一观点的思维方式贯穿《周易》的始终，它据此抽象出阴阳、乾坤、天地、男女等一对又一对充满对立统一的范畴，按照对立统一规律变化演绎出事物无穷无尽的发展，排列出符合自然和人类社会按对立统一规律进化的过程。

除了《周易》认为万事万物都是由阴阳两极对立统一转化而成的以外，中外历史上的许多思想家已经不同程度地观察到了自然界和社会生活中的各种各样的对立统一现象，并力图从哲学上概括这种规律。譬如，春秋史墨断定“物生有两”，老子认为“万物负阴而抱阳，冲气以为和”。宋朝朱熹（1130—1200 年）认为“凡物便有两端”。中国古代辩证法家很早以来就用“阴、阳”“两端”“两”“对”“和”等概念来说明对立统一现象。古希腊哲学家赫拉克利特认为，“互相排斥的东西结合在一起”，“自然是由联合对立物造成最初的和谐”[21]。德国古典哲学家黑格尔指出“既对立又统一，这就是矛盾。一切事物其本质自身中都具有矛盾。”[22]

对立统一观点是对立统一普遍规律的高度抽象，是唯物辩证法的实质和核心。

马克思主义哲学继承了辩证法思想的优秀传统，把普遍存在的矛盾现象概括为对立统一规律。唯物辩证法认为自然、社会和人类思维有三大规律，即质量互变规律、否定之否定规律和对立统一规律，对立统一规律是其中最根本的规律。列宁认为，事物运动、变化和发展是“对立面的统一（统一物之分为两个互相排斥的对立面以及它们之间的相互关系）”[23]，这是辩证唯物主义关于对立统一规律的精辟概括。马克思主义关于对立统一规律的哲学概括从根本上揭示了事物的存在状态和发展规律，说明了事物发展的根本原因。

矛盾规律是对立统一规律的马克思主义哲学中国化表述。

毛泽东把对立统一规律形象地称为矛盾规律，把唯物辩证法的对立统一观点，概括为矛盾观点。

毛泽东是论对立统一规律的大师，用中国化的语言把对立统一规律称之为矛盾规律。早在 1937 年，为克服党内存在的严重的教条主义思想，他撰写了《矛盾论》，系统阐述了事物的矛盾法则即唯物辩证法的最根本法则。中华人民共和国成立后，1956 年 4 月 25 日至 28 日，在北京召开了中共中央政治局扩大会议，各省、市、自治区党委书记也参加了会议，这是开得极为成功的一次重要会议。在会上，毛泽东作了一次极其重要的讲话，即后来《人民日报》12 月 26 日公开发表的《论十大关系》。毛泽东在讲话中，以苏联的经验为鉴戒，总结了中国的经验，提出了调动一切积极因素为社会主义事业服务的基本方针，对适合中国情况的社会主义建设道路进行了初步探索。《论十大关系》是运用对立统一观点即矛盾观点分析认识中国社会主义建设规律的典型范例。毛泽东在讲话中以矛盾观点和矛盾分析方法为武器，实事求是地分析了中国社会主义建设的十大关系：重工业、轻工业和农业，沿海工业和内地工业，经济建设和国防建设，国家、生产单位和生产者个人，中央和地方，汉族和少数民族，党和非党，革命和反革命，是和非，中国和外国等。十大关系问题就是关乎中国社会主义建设全局的十大矛盾。他说："这十种关系，都是矛盾。世界是由矛盾组成的。没有矛盾就没有世界。我们的任务，是要正确处理这些矛盾。"[24]世界是辩证的，矛盾是辩证法的核心，辩证法的核心观点是矛盾观点。认识世界，必须用辩证法认识世界；用辩证法认识世界，必须用矛盾观点分析世界。

所谓矛盾，就是指事物内部的对立面的统一，即事物内部包含着相互联结、相互依存、相互渗透、相互转化，又相互排斥、相互分离、相互否定、相互斗争的方面和倾向。矛盾概念形象地概括了万事万物的既对立又统一的、在对立统一中发展的最普遍的客观法则。矛盾观点是对立统一观点的马克思主义哲学中国化的通俗表述。

二　矛盾的普遍性与特殊性

认识事物矛盾的特殊性是科学认识事物的基础。

日常生活告诉我们，世界上千差万别的事物都是具体的，因而是特殊的，从千差万别的具体事物中找出共性和普遍规律，就要认识事物的特殊性，而事物的特殊性是由事物内在矛盾的特殊性决定的，因而揭示事物的普遍规律、探寻真理就要从矛盾的特殊性分析开始。就拿中国共产党领导的中国革命来说，受到俄国十月革命的启示，中国共产党人选择了俄国社会主义革命的方向。选择社会主义革命，这是中国革命与俄国革命的共同点，然而，中国与俄国国情不同，中国革命的具体道路与俄国的革命道路也应不同。中国有特殊的国情，与当时俄国不同，与他国不同，要按照中国的具体国情——半殖民地半封建性质的落后的农业大国，选择适合中国国情的革命道路。先进行新民主主义革命，走农村包围城市的道路，然后再进行社会主义革命，这是由中国特殊国情的特殊矛盾所决定的。中国社会主义建设也是如此，必须走出一条适合中国国情的社会主义建设道路，照抄照搬马克思主义经典作家的现成结论，照抄照搬别国的发展模式、发展道路和发展经验，是不可取的。

认识事物必须首先认识事物的矛盾，具体地分析具体事物的矛盾特殊性，这是马克思主义活的灵魂。这就提出了矛盾的特殊性和普遍性问题。

什么是矛盾的特殊性?

——**矛盾的特殊性是指矛盾的相对性**。任何事物都是具体的存在，普遍的东西只是存在于具体事物之中。事物本身内在的矛盾是具体的，具有各自的特点，是特殊的，因而是相对的。世界上的事物之所以千差万别，有其各自的特点，就在于其内部矛盾的特殊性。矛盾的特殊性，是指每一事物的矛盾运动发展的形式和发展的过程都有特殊性，譬如，机械的运动、物理的运动、化学的运动、生物的运动是不同的，自然的运动、社会的运动和精神的运动也是不同的，世上完全一样的事物的矛盾运动形式和运动过程是不存在的。在事物发展运动的不同阶段、不同过程中，其矛盾也有特殊性。譬如，在整个资本主义历史进程中，其基本矛盾是社会化大生产和生产资料占有的私人性质的矛盾，然而这对矛盾在自然竞争资本主义、垄断资本主义和当代资本主义的不同阶段，其具体表现形式都是不同的，呈现出事物内在矛盾阶段性的具体特点。

——**矛盾的特殊性是由矛盾的特殊条件所决定的**。分析事物矛盾的特殊性，就要分析事物矛盾的具体形成条件。比如，我国现阶段的人民内部矛盾的性质、特点、表现形式，都是由我国现阶段的特殊国情、特殊条件所决定的。矛盾的特殊性，还表现为矛盾在不同发展过程、阶段上，由于具体条件变化了，矛盾进程和阶段性随之发生了变化，矛盾的特点也会发生变化，因而有着特殊的表现形式。譬如，在社会发展的每个具体阶段上，其矛盾都有特殊的表现形式，看不到某社会阶段的特殊矛盾而采取落后于该阶段的路线、政策，就是右的倾向，超越该社会阶段的特殊矛盾而采取超前的路线、政策，就是“左”的倾向。我国1957年以后在社会主义建设问题上的“左”的错误就是超越了当时发展阶段的特殊矛盾。

——事物矛盾产生的条件主要分为外因条件和内因条件，“内因是变化的根据，外因是变化的条件”。苏联解体东欧剧变，有资本主义西化、分化作用的外部原因，但根本性的内部原因出在执政党自身。堡垒最容易从内部攻破，从历史上看，没有执政党的思想路线、政治路线和组织路线错误了而不把事业引向失败的。

什么是矛盾的普遍性？

矛盾的普遍性是指矛盾的绝对性。矛盾无所不在，没有不存在矛盾的地方和事物，矛盾存在于一切事物的发展过程之中；矛盾无时不有，每一事物在其发展过程中都自始至终存在着矛盾运动；矛盾是一切事物运动、变化和发展的根本原因，是一切事物运动、变化和发展的动力和源泉。矛盾即是事物，即是系统，即是过程。无论物质世界还是精神世界、自然世界还是人类社会，都充满了矛盾。没有什么事物不包含矛盾，也没有什么时候没有矛盾，没有矛盾就没有事物，否认矛盾就是否认事物，矛盾是普遍的、绝对的客观存在，是不以人的意志为转移的。在现实生活中，不论你主观意愿如何，矛盾都是普遍地客观存在的。正确对待矛盾的态度是承认矛盾、正视矛盾、分析矛盾、积极地化解矛盾。

矛盾的普遍性和特殊性是统一的，有矛盾的特殊性，才有矛盾的普遍性，矛盾的普遍性存在于矛盾的特殊性之中，而每个特殊性的矛盾又都服从于矛盾普遍性规律。

马克思主义中国化就是矛盾的普遍性和特殊性的统一。马克思主义的普遍真理概括的是矛盾的普遍性，是从千差万别的具体事物中、从千差万别的具体国情中所总结出来的普遍真理，是来自特殊性的普遍性。马克思主义中国化是把矛盾的普遍性与特殊性相结合，既坚持马克思主义的普遍真理，又与本国的具体实际相结合。中国共产党人运用马克思主义普遍真理针对中国的特殊矛盾加以解答，形成中国化的马克思主义，成为指导中国具体实践的指导思想。这就是具体地分析具体的矛盾。

三　矛盾的同一性与斗争性

矛盾的双方既统一又斗争，同一性和斗争性是矛盾的基本属性。

任何事物的内在矛盾双方都是相互作用的，既有相互联系的一面，具有同一性；又有相互排斥的一面，具有斗争性。“统一”是同一性方面；“对立”是斗争性方面。对立统一是同一性与斗争性的有机结合、分与合的有机统一，二者是不可截然分开的。同一性强调合，即统一、和谐；斗争性强调分，即对立、矛盾，同一性和斗争性的结合就是对立统一。没有同一性就没有斗争性，反之，没有斗争性就没有同一性。同一不是没有矛盾，统一不是没有对立，和谐不是没有斗争；反之，矛盾不是不要同一，对立不是不要统一，斗争不是不要和谐。

所谓矛盾的同一性或统一性，是指矛盾的对立面在一定条件下互相联结、互相依存、互相渗透、互相贯通、互相转化的性质。

矛盾同一性的第一层含义，是指矛盾的双方互相依存、互为前提，矛盾双方共存于一个统一体之中。任何矛盾的双方，总是依一定条件、不可分割地联系在一起，互为存在前提，没有上，就没有下；没有东，就没有西；没有纪律，就没有自由；没有剥削者，就没有被剥削者……上下、东西、纪律与自由、剥削与被剥削……都是互为依存前提、互相联系的。同一性的另一层含义，是指矛盾双方互相转化、互相渗透、互相融合。中国古代哲学思想强调“和”“合”，提倡“中庸”，就高度注意了融合同一的矛盾的统一性方面。当然，辩证矛盾观讲的“和”不是绝对的同一、无条件的融合，而是看到“和”中的不同，主张和而不同、大同小异、兼顾众议，得其平衡。同一性有两种转化、渗透和融合的方式：一种是一个吃掉另一个，矛盾的一方吃掉另一方。在一定条件下，矛盾双方是可以相互转化的，这种转化是由矛盾的同一性所决定的，比如，敌人可以转化成朋友，朋友也可以转化成敌人，关键是必须具备一定的条件。

所谓矛盾的斗争性，指的是矛盾双方互相分离、互相对立、互相排斥、互相否定的倾向。

这里用的“斗争性”与同一性一样，是一个哲学范畴，是一个中性的概念，并不是一个极端的词语。譬如，敌我之间的对立与冲突是斗争性，人民之间的批评与自我批评也是斗争性，哲学上的斗争性包含有差异、不同的含义。自然界中的作用与反作用、合成与分解、同化与异化……人类社会中的生产力与生产关系、上层建筑与经济基础、新社会形态与旧社会形态、剥削阶级与被剥削阶级、统治阶级与被统治阶级之间……人类思维中的分析与综合、正题与反题、肯定与否定之间……都有斗争性。不能把矛盾的斗争性同矛盾斗争的具体形式混为一谈，矛盾的斗争性这个范畴表述的不过是自然界和社会中复杂多样的差异、不同，是矛盾的共同本质，是矛盾普遍存在的属性，不论何种矛盾都具有斗争性，矛盾斗争是指千差万别的具体矛盾的千差万别的一般斗争形式。有矛盾就有斗争，矛盾的具体斗争形式千差万别，矛盾斗争的具体形式因矛盾的性质及其所处的条件不同而不同，如果仅把矛盾斗争归结于对抗这一种形式，一讲斗争就势不两立、你死我活、乱斗一气，这是对矛盾斗争性的错误认识。不能简单地说同一性是好的、斗争性是坏的，也不能认为同一性是坏的、斗争性是好的，不存在讲同一性就是主张投降、强调斗争性就是坚持原则，这是对矛盾同一性和斗争性的庸俗解释。

离开马克思主义对立统一的观点，也就割裂了同一性与斗争性的辩证关系。

无论是新民主主义革命、社会主义革命，还是社会主义建设、社会主义改革开放，包括构建社会主义和谐社会，都是以马克思主义对立统一观点为哲学依据的，不能把和谐社会的哲学理论基础同对立统一观点对立起来。构建和谐社会就要认识现实社会的矛盾、分析现实社会的矛盾、善于化解现实社会的矛盾。现实社会中的矛盾，除了对极少数反党反社会主义的犯罪分子以外，都不能采取阶级斗争的办法、处理敌我矛盾的办法来解决。当然，即便对少数犯罪分子也要用法律的手段来解决，这同战争年代处理敌我矛盾的办法也不同。

一定要避免在同一性与斗争性问题上的片面性和绝对化的倾向。

关于对立与统一、同一性与斗争性，列宁在《哲学笔记》中讲的是两句话，不是一句话。他说："发展是对立面的'斗争'。"[25]又说：发展"是对立面的统一"[26]。有人对列宁的"对立面的统一（一致、同一、均势）是有条件的、暂时的、易逝的、相对的。相互排斥的对立面的斗争是绝对的，正如发展、运动是绝对的一样"[27]这句话作了片面的、绝对化的理解，把斗争性的绝对性看成为离开同一性的绝对性了，这就违反了辩证矛盾观的本意。列宁说："注意：顺便说一下，主观主义（怀疑论和诡辩论等等）和辩证法的区别在于：在（客观）辩证法中，相对和绝对的差别也是相对的。"〔28〕把斗争性看作排斥同一性的绝对性是不对的。恩格斯在《自然辩证法》中说，在自然界中，"到处只看到和谐的合作"和"到处都只看到斗争"，这两者都同样是片面的和褊狭的。片面地强调斗争、否认同一，或者只讲同一、忽视斗争，是形而上学的"在绝对不相容的对立中思维"〔29〕。毛泽东曾经借用"一分为二"这个词表述矛盾观点，但我们也不能把这个说法作简单化、片面性的曲解，只讲分、不讲合，只讲对立、不讲统一，或认为一讲联系、同一、统一、合作、团结就是投降主义、折中主义、调和主义。毛泽东曾经批评过斯大林只讲对立面的斗争、不讲对立面的统一，指出斯大林联系不起来对立面的这种斗争和统一。

——**同一性与斗争性是矛盾属性不可分割的两个方面**。事物的对立面之间的关系是极其辩证的，对立与统一、差异与同一、矛盾与和谐，本身就是不可分割的两极，它们在对立中统一、在统一中对立，看到对立时，不能忘记统一，看到统一时，不能忘记对立，在对立中把握统一，在统一中把握对立，在思想认识上对同一性与斗争性不能有一丝一毫的死板、僵硬、简单化和绝对化。

——**事物矛盾的同一性和斗争性的关系又是相对性与绝对性的关系**。列宁说："对立面的统一（一致、同一、均势）是有条件的、暂时的、易逝的、相对的。相互排斥的对立面的斗争是绝对的，正如发展、运动是绝对的一样。"〔30〕矛盾的同一性是相对的、暂时的，是有条件的。没有一定条件，矛盾双方就不可能互相依存、互为前提、共处于一个统一体中，甚至相互转化。当条件变化了，矛盾双方的共存超出条件限度，该统一体就分解了，让位于适应新条件的统一体。同一性是具体的，根据不同的条件而变化。矛盾的斗争性是绝对的、是无条件的，不论矛盾双方如何同一，都存在斗争性，否认矛盾的斗争性，也就否认了事物的运动、变化、发展的绝对性。

——**正确认识矛盾的这两重属性及其相互关系，是辩证思维的实质**。矛盾的对立统一，即无条件的、绝对的斗争性存在于有条件的、相对的同一性之中。一定要全面地把握矛盾的对立统一规律，既不能离开斗争性讲同一性，也不能离开同一性讲斗争性。研究事物矛盾，就要研究矛盾双方是怎样同一，又怎样斗争，在对立中把握统一，在统一中把握对立，才会全面地、辩证地看问题。坚持矛盾观点的全面性，反对片面性，反对表面性，反对绝对性，也反对相对主义，反对形而上学。譬如，在反对一种倾向时要防止另一种倾向，既要改革开放又要四项基本原则，既要经济建设又要全面建设，既要市场经济又要宏观调控，既要发展生产又要改善内需……只有全面把握矛盾，才能认清事物的本质，把握事物既对立又统一、在对立统一中发展的规律，才能推动事物健康发展。

四 矛盾是事物变化发展的根本原因

矛盾没有“好”与“坏”之分，也不能认为有矛盾就是坏事、无矛盾才是好事。矛盾实际上无处不在、无时不有，是客观普遍存在的。矛盾无所谓好坏，矛盾转化了、解决了是好事，矛盾得不到解决才是坏事。

矛盾存在于一切事物之中，贯穿于一切事物发展的任何过程、任何阶段，是一切事物发展的内在源泉。事物矛盾双方既统一又斗争，推动事物运动、变化和发展，这是事物生生不息、不断运动、变化和发展的根本内因。

社会主义社会也毫不例外。社会主义各国和我国实践表明：社会主义制度建立以后，社会主义国家内部有没有矛盾，怎样认识和处理社会主义国家的内部矛盾，这是关系社会主义前途和命运的重大课题。

在探讨未来社会特征时，马克思、恩格斯并没有具体论述社会主义社会的矛盾问题，更没有明确具体地指出社会主义社会存在什么样的矛盾。相反，他们关于社会主义公有制等重要特征的分析，却使实践社会主义的人们产生一种误解，似乎由于社会主义实现了公有制，消灭了阶级对立的经济基础，从而使得人民利益上的一致替代了剥削社会的阶级对立，社会和谐取代了剥削社会的阶级冲突。很长时间以来，人们心目中的社会主义似乎是一个无矛盾、无冲突的理想社会。

1936 年苏联宣布进入社会主义社会，建立了社会主义制度。由于历史与实践的局限性，也由于思想方法的片面性，苏联领导人斯大林提出了“完全适合论”和“统一动力论”，否认社会主义社会内部存在矛盾。

从列宁领导十月革命建立第一个社会主义国家，到苏联解体东欧剧变，再到中国特色社会主义实践，社会主义发展的历史实践严肃地告诉我们，社会主义国家内部不仅存在着矛盾，而且还出现过严重的经济和政治乱子，出现过各种各样的社会冲突。国际的新情况，国内的新问题，引起我们党的高度警惕。总结经验，借鉴教训，促使我们党运用对立统一观点，从矛盾普遍性的高度来思考社会主义国家的内部矛盾问题。

毛泽东总结了斯大林领导的苏联社会主义建设的经验教训，批评了斯大林关于社会主义国内矛盾的错误判断，科学地分析了当时我国社会主义条件下的基本矛盾、主要矛盾、两类性质不同的矛盾和人民内部矛盾的新变化，认为我国社会主义所有制改造完成后，疾风暴雨式的阶级斗争已经不是国内的主要矛盾了，提出了正确认识和处理社会主义社会的基本矛盾、主要矛盾和人民内部矛盾理论，对社会主义制度下的国内矛盾作了马克思主义的科学回答。

然而，受当时复杂的主客观条件的制约影响，毛泽东在理论上和实践上逐步偏离了关于社会主义国家内部矛盾的正确理论，力图用阶级斗争的方法来解决社会主义建设和发展过程中所存在的矛盾和问题，最终导致了“文化大革命”的悲剧，社会主义建设和发展受到了严重挫折。

1978 年召开了党的十一届三中全会，在邓小平领导下，我们党实现了思想路线和政治路线上的拨乱反正，重新恢复了实事求是的思想路线，果断停止了“以阶级斗争为纲”的做法。在社会主义改革开放和建设中国特色社会主义的伟大实践中，正确认识和处理新时期社会基本矛盾、主要矛盾和人民内部矛盾问题，坚持、丰富和发展了毛泽东提出的社会主义社会基本矛盾、主要矛盾和人民内部矛盾的正确理论。

纵观社会主义各国建设的实践和教训，说明这样一个道理：能否正确认识和处理好社会主义国家的内部矛盾，关系到执政党地位的巩固，关系到社会主义改革和建设的成败，关系到中国特色社会主义事业的兴衰。一定要正确认识和处理好新时期社会主义社会基本矛盾、主要矛盾、人民内部矛盾，这是带有根本性的重大政治问题。

五　主要矛盾和矛盾的主要方面

矛盾存在的特殊条件决定了事物的各种矛盾和矛盾的各个方面总是发展不平衡的，这就形成了在事物发展中起着不同作用的矛盾和矛盾的不同方面。认识不同矛盾在事物矛盾系统中的不同地位、在事物发展中的不同作用，最重要的就是认识主要矛盾和矛盾的主要方面的地位和作用，捕捉住它，解决它。在复杂事物系统的诸多矛盾中，当存在两个以上矛盾时，其中必有一种矛盾是处于支配地位，起主导、决定作用的，其余矛盾则是处于非主导地位，处于次要、从属地位的，要全力抓住主要矛盾，解决这一主要矛盾，从而带动对其他矛盾的解决。矛盾双方也是如此，必然有一方是处于主导、支配地位的，要全力抓住这一方，解决这一方，矛盾就会向有利的方面转化。

矛盾观点告诉我们，善于抓住和集中力量解决战争中的主要矛盾和矛盾的主要方面，是制定正确战略方针从而取胜的关键环节。

毛泽东娴熟地运用了主要矛盾和矛盾主要方面的观点，从敌我双方优劣条件的实际情况出发，正确分析了敌我双方的客观物质条件和力量对比，把歼灭敌人数量作为克敌制胜的基本依据，紧紧把握住大量歼灭敌人有生力量这个战争的主要问题，抓住了克敌制胜的主要环节和关键，以高超的战争艺术牢牢地掌控战争内在规律和主动权，形成了“集中优势兵力打歼灭战”的作战思路，明确提出了解放战争战略防御阶段“以歼灭国民党有生力量为主而不是以保守地方为主”的战略方针。人民军队丢掉坛坛罐罐，不在乎一城一地的得失，大踏步地后退，诱敌深入。结果蒋介石国民党军队每每按照毛泽东的“神机妙算”，一步一步地步入人民军队歼灭战的口袋。仅仅一年，人民军队即以劣势兵力和装备，歼灭了大量敌人，粉碎了国民党军队的战略进攻。从 1946 年 7 月到 1947 年 7 月，歼灭国民党 9 个半旅 78 万人，歼灭国民党非正规军 34 万人，总计歼灭 112 万人。而人民军队实际损失 15. 8 万人，缴获了国民党军大量武器、弹药，还有装备、物资，解放了大片土地。人民军队总兵力由 127 万人发展到 195 万人，国民党军总兵力则由 430 万人下降到 373 万人，士气更是急剧下降。随着军事上的失利，蒋介石集团在政治上、经济上也陷入了困境。在战争第二年，人民解放战争就转入了战略进攻阶段。用了三年时间，中国共产党及其领导的人民军队在人民的支持下，抓住主要矛盾和矛盾的主要方面，遵循“集中优势兵力打歼灭战”的战略原则，创造了“小米加步枪”战胜国民党军队“飞机加大炮”的人民战争奇迹。

毛泽东经常强调的“两点论”“重点论”，是既要全面看问题，又要抓住主要矛盾的思想方法，是工人阶级执政党正确解决战略和策略问题的哲学指南。

在革命和建设的每个阶段，党的领导能不能认识和抓住并解决主要矛盾是关系革命、建设能否成功的关键所在。在革命年代，毛泽东在政治上关于“建立最广泛的统一战线”“团结进步势力、争取中间势力、孤立顽固势力”“争取多数、反对少数，各个击破”的战略策略原则；在军事上“一定时间内只应有一个主攻方向”“不要四面出击”，反对“两个拳头打人”“伤其十指不如断其一指”“集中优势兵力打歼灭战”等军事斗争策略，都是矛盾“两点论”和“重点论”相结合的灵活运用。无论是革命时期还是建设时期，我们党什么时候正确判断主要矛盾，并抓住解决这一主要矛盾，事业就发展。1956 年，我国完成了社会主义生产资料所有制改造的任务，建立了社会主义制度，党的八大及时地提出了主要矛盾已不是阶级斗争了，而是人民群众不断增长的物质文化需要同相对落后的社会生产之间的矛盾。但八大之后，我们党却逐步离开了对国内主要矛盾的这一正确判断，导致社会主义建设走了很长一段时间弯路。党的十一届三中全会拨乱反正，恢复了八大关于国内主要矛盾的正确判断，把以阶级斗争为纲转变为以经济建设为中心，实行改革开放，扭住经济建设这一主要矛盾不放松，坚定不移地推进经济建设和生产力的发展。

思想方法就是工作方法。善于抓住和集中力量解决主要矛盾，是我们党行之有效的工作方法。

毛泽东说：“在任何一个地区内，不能同时有许多中心工作，在一定时间内只能有一个中心工作，辅以别的第二位、第三位的工作。”[31]任何时候，都必须抓住中心、抓住关键、抓住主要环节、“抓住中心工作”。集中主要力量解决主要问题，绝不可不分先后主次、轻重缓急，“胡子眉毛一把抓”。毛泽东还要求，抓主要矛盾，还要善于抓住主要矛盾的主要方面。当然抓住主要矛盾不是说可以忽视或撇开次要矛盾，抓主要矛盾的主要方面也不是说可以忽视或撇开主要矛盾的次要方面。须知，主要矛盾解决了，次要矛盾不一定会自动得到解决；主要矛盾的主要方面解决了，次要方面不一定自动得到解决。所以在抓主要矛盾、抓主要矛盾的主要方面时，要善于把主次结合起来，学会“十个指头弹钢琴”。无论什么时候，既要抓中心工作，反对平均使用力量，又要全面安排、统筹兼顾，防止“单打一”。以一部分为中心，把其余忽略掉，就不是全面的观点。主要矛盾和非主要矛盾、主要方面和非主要方面又是可以转化的，不是一成不变的，根据变化，采取的策略也要加以改变。比如，在中国革命和建设过程中，始终存在“左”、右两种错误倾向，当“左”是主要问题时，反“左”防止右，但当右成主要问题时，仍继续大力反“左”，也会出问题。

六　矛盾的共性与个性、绝对与相对

研究和运用矛盾观点，必须牢牢把握共性与个性、绝对与相对的矛盾问题的精髓。矛盾的共性是指矛盾普遍存在的共同本性，即矛盾的一般性、普遍性；矛盾的个性是指具体矛盾所具有的特点，即矛盾的个别性、特殊性。毛泽东强调：“这一共性个性、绝对相对的道理，是关于事物矛盾的问题的精髓，不懂得它，就等于抛弃了辩证法。”[32]

矛盾的共性是从具体矛盾的特殊性中抽象出来的，而矛盾的个性则是活生生的具体矛盾的特点。矛盾的共性与个性，既互相联结，又互相区别。矛盾的共性与个性互相联结在于，矛盾的共性只能存在于矛盾的个性之中，矛盾的个性也离不开矛盾的共性，千差万别的矛盾的个性都有共同点。矛盾的共性是诸多矛盾的个性的共同点，是一般寓于矛盾的个性之中，没有离开矛盾的个性而单独存在的矛盾的共性。就拿马来说，谁都见过马，但谁也没有见过不白不黑、不公不母、不大不小……的马，见的都是具体的中国马、外国马、公马、母马、大马、小马、张家的马、李家的马，马只是一切个别马的一般，没有离开个别马而单独存在的一般马。个性是每个矛盾独有的，与其他矛盾相比的特殊点、差异点。“马”作为一般，只能存在于张家马、李家马、王家马等具体的、活生生的个别马之中，不能想象在这些具体“马”之外还存在着什么“一般”的马，也不能设想不具备“一般”马特征的个别的马。“白马非马”就是矛盾的共性与个性、一般与个别的关系命题，“白马”是“特殊”的、“个别”的马，“马”是“一般”的马，是概括了一切个别马的共性，马的“一般”存在于“个别”马之中，个别马具有一般马的共性，一般马不包括所有个别马，只概括个别马的共性，个别马也不完全等于一般马，但个别马与一般马的区别又是相对的，不是绝对的。“一般”马只概括了许许多多个别马的共同本质，而不可能包括每个个别马的所有特点，每个个别马又都有自己的特点。矛盾的共性与个性、一般与特殊的关系也是如此。矛盾的共性与个性是互相区别的，矛盾的共性只概括了矛盾的个性之中共同的、本质的东西，矛盾的个性总有许多自己独特的特点，为矛盾的共性所包括不了的。

矛盾的共性是无条件的、绝对的，而矛盾的个性是有条件的、相对的。

事物的矛盾不仅有个性，而且具有共性，共性寓于个性之中，没有矛盾的个性，就没有矛盾的共性，而且每个具有个性的矛盾又逃脱不了矛盾的共性。

“个别”“特殊”“具体”是个别的、特殊的、具体的客观地存在的事物矛盾。“共性”“一般”“普遍”是指存在于个别、特殊、具体事物矛盾中的共同的一般属性和普遍起作用的规律。“共性”“一般”“普遍”存在于一个一个“个别”“特殊”“具体”事物矛盾之中，没有离开“个别”“特殊”“具体”事物矛盾而单独存在的“共性”“一般”与“普遍”，而每个具体的、个别的、特殊的事物矛盾本身在与他事物矛盾的比较中都有其共同的属性和普遍起作用的规律，个性与共性、特殊与一般、具体与普遍是辩证统一于个别的、特殊的、具体的事物矛盾之中的。离开个别、特殊、具体的事物矛盾而单独存在的一般、普遍、共性是根本没有的。

矛盾的共性和个性在一定条件下是可以转化的，一定场合、一定时间的共性的东西，在一定场合和条件下则为特殊性。

如阶级社会的阶级矛盾，相对于阶级社会来说，它是共性的，而在整个人类历史长河中，它又是个性的。

共性与个性、绝对与相对的道理是正确理解辩证矛盾学说的认识关节点。

从方法论上来说，共性与个性、绝对与相对的道理是正确认识事物矛盾的根本方法。因为人的认识总是从认识具体矛盾的特殊性开始的，逐步认识到各种事物矛盾的共同本质，概括出矛盾共性，然后再运用矛盾共性的普遍道理去认识具体事物矛盾，这就是由个别到一般、又由一般到个别的对具体矛盾的认识过程。教条主义只承认一般而否认个别，拒绝研究具体事物矛盾的特殊性，把一般原理看成凭空产生的东西，当成可以不顾具体条件到处硬套的僵死教条或公式。经验主义不懂认识必须从个别上升到一般的道理，只承认个别，把狭隘的个别经验当作普遍真理，否认一般的指导作用。二者都是以矛盾的共性与个性相脱离为特征的。

从实践上说，矛盾的共性与个性、绝对与相对的道理是马克思主义普遍真理同本国革命具体实践相结合这一思想原则的哲学依据。

马克思主义政党只有以矛盾的普遍性原理为指导，对革命实践中所遇到的各种矛盾的特殊性进行具体的历史的分析，才能正确地认识各种具体矛盾，制定符合实际的纲领、路线、方针、政策，动员和组织人民群众，采取恰当的方法，正确处理各种具体矛盾，把事业引向胜利。毛泽东思想、邓小平理论、“三个代表”重要思想、科学发展观、习近平新时代中国特色社会主义思想就是我们党关于马克思主义普遍真理同本国革命和建设的具体矛盾相结合的产物，就是矛盾的共性与个性、绝对与相对的道理的具体体现。中国共产党在领导中国人民进行长期革命和建设斗争的实践中，坚持马克思主义的普遍真理，又同时从本国的实际出发，具体分析本国矛盾的特殊性，不断总结群众斗争的经验，独立制定和执行符合本国国情的路线和政策。经验证明，不坚持马克思主义的普遍真理，中国的革命和建设就没有胜利的可能，而不把这种普遍真理和中国的具体实际相结合，也不能把胜利的可能变成现实。把马克思主义关于一切事物矛盾的普遍真理与中国具体矛盾的实际分析结合起来，也就是把马克思主义科学社会主义的一般原理同中国社会矛盾的特殊性结合起来，走出一条中国特色的社会主义建设道路，这就是总结我国社会主义建设具体矛盾的经验而得出的基本经验。

把矛盾的一般与个别结合起来，也是抓好各项工作的基本方法。

贯彻执行党中央的路线、方针、政策，必须从本地区、本单位的实际矛盾出发，制订出切实可行的具体措施，不能借口

“特殊”而拒不执行，也不能一切照转、照抄、照搬。毛泽东所总结的“一般号召和具体指导相结合”等领导方法，是矛盾的普遍性和特殊性相结合的原理在实际工作中的具体应用。

俗话说：一把钥匙开一把锁。**矛盾的个性决定了客观世界普遍存在不同性质的矛盾，而不同性质的矛盾要用不同的办法来解决**。

结　语

是否承认对立统一，即是否承认世界上的一切事物和现象都包含着矛盾，是否承认矛盾是事物运动、变化和发展的根本原因，是辩证法和形而上学两种世界观、方法论的根本分歧。形而上学的基本特征是否认矛盾，否认事物的自我运动和自我发展，看不到事物自身的矛盾是事物发展的源泉和动力，否认事物根本性质的变化，把事物看成不包含任何差异、变化的抽象的同一，认为事物内部是绝对同一的，同一事物永远是同一事物，不是别的事物；认为事物变化发展是数量上增减和场所上变化，并把这种变化归结为外部原因。在矛盾的普遍性与特殊性、同一性与斗争性、外因与内因、一般与个别、共性与个性、绝对与相对问题上，辩证法与形而上学都是有原则分歧的。辩证法是一种全面的、运动的、普遍联系的、突出重点的、对立统一的观点，形而上学是一种孤立的、静止的、片面的、割裂的、绝对同一的观点。

辩证法与形而上学关于矛盾问题认识上的本质区别，决定了人们思想方法和工作方法的根本不同。正确认识世界、改造世界，一定要学习马克思主义的辩证矛盾思想，学会运用矛盾分析方法具体分析任何事物的特殊矛盾，认清矛盾的性质、特点，对不同质的矛盾采用不同的解决办法，分析矛盾、解决矛盾，从而推动事物的转化和发展。

第三节　质量互变规律

质量互变规律是辩证法三大规律之一。事物的矛盾运动，呈现出量变和质变两种运动状态，由于其自身的内在矛盾，在一定条件下向自己的对立面转化，呈现出由量变到质变、又由质变到量变的过程。唯物辩证法质量互变原理，揭示了事物的发展是在量变的基础上由旧质向新质的飞跃。要认识和驾驭质量互变规律，做到胸中有数，把握适度原则。

一　量、质、度

宇宙间的任何事物都具有一定的质、一定的量，在其运动、变化、发展过程中又呈现出一定的度，任何事物都是质与量的统一体，度是该事物质与量的对立统一的表现。

什么是质？**质是一事物区别于他事物的内在规定性**。

世界上的事物之所以千差万别并互相区别开来，就是因为它们各有自己质的规定性。事物一旦失去其特定的质，也就不再是这一事物，而变成其他事物了。自然体与生物体、有机物与无机物、人与低级动物等的根本区别就是由于各自具有特定的质。

——**事物的质是通过其属性表现出来的**。所谓属性，就是一事物和他事物发生联系时表现出来的质的区别。由于事物联系的普遍性，具有一定特质的事物表现出许多属性。例如，金属有导电性、导热性、延展性、可熔性等属性，这些属性是金属分别被击、通电、受热、遇拉、遭压、加温时表现出来的。质是事物诸属性的有机统一。

——**在事物诸多属性中，有本质属性和非本质属性的区别**。

本质属性的存在决定着事物质的存在，本质属性不存在了，一事物也就转化成他事物了。而非本质属性的消失，则不影响事物质的存在。生物界与人类社会是不同的事物，前者的质的规定性决定了生物界的特殊性，后者的质的规定性决定了人类社会的特殊性，决定了生物界与人类社会的本质不同。生产资料公有制是社会主义的本质属性，公有制占主体是我国初级阶段社会主义的本质属性，保持公有制占主体地位就保持其社会主义的基本性质了，否则，就不具有社会主义属性。人们在认识事物时，一定要通过认识事物的属性，通过分清哪些是本质属性、哪些是非本质属性，来认识事物的性质，把握事物的变化。

——**一事物区别于他事物的质的规定性，是事物存在的内在根据**。认识事物的质十分重要，只有了解事物的质，才能区别事物，从而掌握事物的发展规律，找到解决问题的正确方法。对于工人阶级政党来说，认清不同社会、不同社会发展阶段质的区别，划清不同社会、不同社会发展阶段的界限，是制定正确路线、方针、政策和策略的依据。只有认清我国正处于社会主义初级阶段的基本国情，制定正确的社会主义初级阶段的基本路线、基本纲领、基本政策，依据国情，建立以公有制为主体、多种经济成分并存的社会主义经济制度，发展社会主义市场经济，走中国特色社会主义道路，才取得了社会主义改革开放的伟大成就。脱离我国社会主义初级阶段的国情，超越现阶段生产力发展状况，搞“纯之又纯”的公有制，排斥市场经济、排斥其他经济成分，闭关锁国搞建设，是我国社会主义建设走弯路的重要教训。当然，放弃社会主义公有制，放弃社会主义制度，走资本主义道路，对中华民族来说，同样也是一场灾难。

什么是量？**量同质一样，也是事物所固有的。量是事物存在和发展的规模、程度、速度等可以用数量表示的规定性**。

社会主义初级阶段的社会主义经济基础既要有质的规定性，还要有量的规定性。社会主义公有制占主体既要体现在质上，还要体现在量上。

质发生变化了，一事物就会变成另一事物。质的规定性是使事物成为该事物而不是他事物的根本理由。而量的规定性则不同，同一类事物可以有不同的量，在一定限度、一定范围内，事物量的变化不会影响到事物质的变化。

任何事物都是由不同要素构成的，各个构成要素的量是互相影响、互相制约的。譬如，水是由氢元素、氧元素构成的，每一个水分子由两个氢原子和一个氧原子构成，它们互相影响、互相制约，结合成水，如果任一要素的量发生变化，就不能成其为水。

在一事物中相互结合、相互作用的各方面的量，也有主次之分，有的量关乎大局，有的量无关大局或对大局的影响很小。例如，研究我国国情，必须注意人口数量，注意人口中农民的比重，这是我们认识中国国情的两个最基本的数量因素。又如，在实现中国社会主义现代化发展进程中，既要注意生产力的发展质量，也要注意生产力的发展速度。离开一定的速度，生产力的发展也就毫无意义了。邓小平在谈到我国经济发展速度时曾指出，什么叫慢？实际上慢就是停顿，停顿就是后退。逆水行舟，不进则退。一定的生产力发展速度是必要的，一定的发展速度反映了一定的生产力水平。

认识事物的质固然十分重要，但认识事物的量同样不可忽视，无论分析什么问题、做什么决策、采取什么举措，首先要做到“心中有数”。

指挥作战，就要对敌我力量作准确的估量，从事科学研究，既要有定性分析，也要有定量分析。现代科学技术与现代化大生产都把量的分析提到十分重要的地位，以准确的数据统计作基础，运用电子计算机进行模拟实验，为科学决策提供依据。现代数学有一个分支学科叫“模糊数学”，它不是抛弃量的分析，而是运用数学方法对现实世界中一下子搞不准确数量的事物，如高速运行的物体、复杂的社会问题等，对其数量作限度的、范围的、程度的、类别的分析，实际上这也是一种定量分析。

整个现代社会是一个复杂的巨系统，把握社会规律，推进社会发展，必须对复杂的社会巨系统有清醒正确的科学认识。这就需要对复杂的社会巨系统进行科学的定量分析，只有在科学定量分析的基础上，才能实现准确的定性分析。认识社会巨系统，不仅要面对经济问题，还要面对政治问题、文化问题以及各种各样的社会问题，这些都需要作科学的定量分析，没有定量也就没有定性。可以说，社会科学一旦可以运用精确的数量分析，将意味着社会科学成为现代意义上的“科学”。在科学理论指导下广泛地收集一切可以收集的数据，加以计算和推理使之成为更为精确和严谨的定量分析，才能使对社会问题的科学认识达到科学的理论高度与深度，才能正确地认识社会问题，有效地解决社会问题。

什么是度？**质与量的统一就是度。任何事物都既有质又有量，度是质与量的统一体。**

恩格斯说，“每一种质都有无限多的量的等级，如色彩的浓淡、软硬、寿命的长短等等”[33]。没有一个事物是没有质而有量的，任一事物的规格大小、程度深浅、速度快慢、水平高低，都以该事物的质作为基础，即使数学研究的纯粹的量，也存在质的差异，如正数与负数、整数与分数、偶数与奇数、有理数与无理数、实数与虚数等。同样，也没有一个事物是没有量而有质的，任何事物的质都以一定的量为条件、前提和基础。譬如，以铁制工具为标志的封建社会生产力，有多少数量铁制的犁、锹、镐等工具，这是封建社会生产力成熟的重要数量标志。

在任一事物中，质与量是相互联系、相互规定、相互制约的。

一定的质决定一定的量，一定的量又决定一定的质。质规定量，量支撑质。不同质的事物是由一定的量所决定的，具有一定量的界限，超过这一量的界限，事物的质就要发生变化。量以质为基础，质制约着量，质又以一定的量作为必要条件，任何事物的质都以数量为条件。无寸土不成长城，无独木不成森林，无滴水不成江河。没有生产力数量上的大发展，社会主义初级阶段就不能向更高阶段发展，就是这个道理。

认识事物的度，正确掌握事物质与量的统一，才能把握事物变化的内在规律，有效地改造客观世界。度是一定事物保持自身质的数量界限，是事物的质所能容纳的量的活动范围，在这个数量限度内，量变不会引起质变，超出这个限度，事物就会发生质的变化。

二 量变和质变

以自然选择为核心的达尔文进化论，第一次对整个生物界的发生、发展作出了唯物的、辩证的解释，动摇了神创论、物种不变论等唯心主义形而上学在生物学中的统治地位，使生物学发生了一场革命性变革。进化论是人类历史上第二次重大科学突破：第一次是日心说取代地心说；第二次就是进化论取代神创论和物种不变论。恩格斯将“进化论”列为19世纪自然科学的三大发现之一（其他两项是细胞学说、能量守恒和转化定律），认为它是人类哲学思想伟大变革——马克思主义哲学创立的自然科学前提。

达尔文进化论科学地证明了事物发展的质量互变规律的普遍性和客观性。在生物界，每个物种受一定自然条件的影响和作用，在互相竞争的生长过程中，有一个量变的过程，有一个一代一代基因遗传的过程，当量变积累到一定程度，物种的基因发生突变，遗传发生中断，就会产生物种的变异，即质变。

量变与质变是事物运动的两种状态，量变与质变相互依存、相互渗透，在一定条件下相互转化，由量变到质变，再由质变到新的量变。

事物的质与量都是运动变化的，没有绝对固定的质，也没有绝对固定不变的量，事物的质量互变是客观的，又是普遍存在的。

什么是量变？**量变是事物在数量上的增加或减少，是一种连续的、逐渐的，有时是不显著的变化**。我们在日常观察中所看到的事物的统一、静止、平衡、相持等状态，都是事物处于量变过程之中呈现的状况。

什么是质变？**质变是事物根本规定性的变化，是由一种质态向另一种质态的突变，是该事物渐进过程的中断，是质的飞跃，是事物内部统一、相持、平衡状态的破坏，统一物的分解、对立、运动就是事物处于质变过程中的状态。飞跃是质变成功的表现**。

——**事物的质变是由量变引起并总是先从量变开始的**。老子说："合抱之木，生于毫末；九层之台，起于累土；千里之行，始于足下。"荀子（约前313—前238年）说："积土成山"，"积水成渊"，"不积跬步，无以至千里；不积小流，无以成江海"。这都包含由量的积累引起质变的思想。

——**量变和质变的互相转化就是质量互变，这是事物发展的普遍规律**。事物在数量上的增加和减少，在一定限度内，不致引起质的变化。然而，量的变化一旦超出这个界限，旧质就会消灭，新质就会产生，这就是由量变到质变的转化。然而，在新质的基础上，又会发生新的量变过程，这是由质变到量变的转化。量变引起质变，质变又引起了新的量变，由量变到质变，再由质变到量变，循环往复以至无穷，构成了事物无限多样的发展过程。

人们的社会实践和科学研究证明了质量互变规律是普遍存在的客观规律。量变引起质变的规律在自然界的无机物中是普遍存在的，如宇宙现象、物理现象、化学现象，俯拾皆是，在化学运动中表现得尤其明显。恩格斯说："化学可以说是研究物体由于量的构成的变化而发生的质变的科学。"[34] 门捷列夫（Mendeleev，1834—1907 年）的元素周期表说明，在自然界，原子量的变化引起元素质的变化。现代科学更加精确地断定，原子核电荷数量的变化引起元素的质变。有机化学的每一个同系列表明化学运动中量向质的转化。

生物物种的进化，由旧物种到新物种的转化，也是从量的积累到质的飞跃过程。生物进化的根本原因是生物体内部遗传和变异的矛盾。除此之外，还需要一定的外部条件。在环境的影响下，旧物种逐渐获得某些性状和机能，积累到一定程度，变异性因素战胜了遗传性因素，旧物种发生质变，成为新物种。

人类社会的发展，也是渐进性的量变进化和飞跃式的质变变革互相交错的过程。社会生产力发展到一定程度，现存的生产关系便不再适应生产力发展的要求，就会引起社会革命，生产方式和整个社会就会发生根本的质变。

人的认识，由肤浅的表面认识，进到深刻的规律性认识，也是一个由量变到质变的发展过程。感性材料十分丰富并合乎实际，才能实现向理性认识的飞跃。科学上每一次重大的突破，都有一个反复实践、积累材料、酝酿准备的过程。

量变质变是互相作用、互相制约、辩证统一的。一方面，量变是质变的必要准备，质变是量变的必然结果。没有量变，不可能发生质变，量的变化积累起来，达到一定程度，就不可避免地引起质变。另一方面，质变又带来新的量变，为新的量变开辟空间。旧质限制了量的活动范围，如果不通过质的根本变革，量的变化就不能超出这个限制范围。只有质变，才能在新质的基础上，开始新的量变。

量变是渐进的发展，质变则是中断式、跳跃式、飞跃式、突变式的发展。

没有旧质向新质的质变式的飞跃就没有发展。譬如，社会革命就是历史发展的中断、飞跃和质变。在旧社会内部，新社会的因素酝酿成熟到一定程度，造成了新制度的生产因素，就会酝酿革命，社会革命就是质变，这种质变意味着社会的跳跃式发展。中华人民共和国成立，彻底改变了旧中国半殖民地半封建社会的社会性质，新中国代替旧中国，中国社会发生了一次质的跳跃式飞跃。当然，质变并不意味着量变不重要，没有量变就没有质变，当量变积累到一定程度，不实现质的变革，事物就不可能继续前进，质变遂成为事物发展的决定性因素。在质变量变的关系上，既要反对忽视质变的重要意义，反对把发展仅仅归结为量的增减，又要反对不加分析地讲质变优于量变，否认量变是质变的必要准备。

质变有前进性和倒退性两种状况。

新的战胜旧的，新质战胜旧质，新物种取代旧物种，高级社会形态代替低级社会形态，由无知发展到有知，是前进性质变；生物物种的退化，思想道德的堕落，旧社会的暂时复辟，革命党和革命者的腐化，是倒退性的质变。事物发展的总趋势是前进的，倒退只是暂时的。无论前进性质变或倒退性质变，都是由量变引起的，量变也有向下、向上两种状态的区别。一定程度的向上的量变引起前进性的质变，一定程度的向下的量变引起倒退性的质变。

由于量变与质变有向上或向下、前进性或倒退性的区别，因此在实际工作中必须区分哪些是向上的量变，哪些是向下的量变，哪些是前进性的质变，哪些是倒退性的质变。向上是新量的增加，向下是旧量的增加，前进性的是新质的变化，倒退性的是旧质的变化。我们要做向上的量变、前进性的质变的促进派。对于向上的量变和前进性的质变，要创造条件，积极促进；对于向下的量变和倒退性的质变，要防微杜渐，防患于未然。

形而上学反对唯物辩证法的质量互变规律原理。

一种形而上学的观点是只承认量变而否认质变。19 世纪末 20 世纪初英国哲学家斯宾塞（Spencer，1820—1903 年）提出庸俗进化论，只承认事物发展的渐变，否认事物发展中的突变，只承认发展中的量变，否认事物发展的质变，否认事物发展变化的根本原因是事物的内部矛盾性。他认为自然界现有的秩序是一种渐进过程的产物，事物发展的渐进性乃是宇宙的根本规律。斯宾塞企图用生物进化的庸俗观点来说明社会现象，认为社会的发展同样只有量变，人类社会只是逐渐进化的历史，而不是矛盾斗争和社会不断革命的历史。

还有一种形而上学的极端观点是不承认质变有一个量变过程，否认量变在事物发展中的作用，这就是 19 世纪法国自然科学家居维叶（Cuvier，1769—1832 年）的“突变论”。19 世纪到 20 世纪法国生命哲学家伯格森（Bergson，1859—1941 年）的“创造进化论”是这种极端观点的代表。“突变论”认为，有机界的变化是由于突然性的质变所引起的；“创造进化论”把进化看成是绝对新的东西的连续制作。这些观点都否认质变是量变的结果，否认发展是事物自身量变引起的质变。

三　质量互变的特殊性

把握质量互变规律，最重要的是掌握质量互变规律的特殊性。

不同事物的内部矛盾和外部条件的特殊性，决定了事物的量变、质变、质量互变是具体的、多样的。例如，自然界的质量互变和人类社会的质量互变就不同。同是自然界，物理现象、化学现象、生物现象的质量互变也不同。在现实生活中，认识质量互变问题，一定要具体分析量变如何引起质变、质变如何决定量变、量变中如何有质变、质变中如何有量变的特殊性，一定要具体问题具体分析。

事物的一种质转变为另一种质，都是通过飞跃即渐进过程的中断来实现的。

譬如，生物的基因突变现象，引起物质的质变或部分质变。事物的飞跃即事物的质变，其形式也是千差万别、十分不同的。由于事物内部矛盾的特殊性及该事物外部条件的特殊性，决定了事物飞跃的形式不是千篇一律的。

在自然界和人类社会，质变的飞跃大体上分爆发式飞跃和非爆发式飞跃两大类。**爆发式飞跃表现为对立双方剧烈的外部冲突，非爆发式飞跃不表现为对立双方剧烈的冲突**。

自然现象中打雷、闪电、地震、火山爆发、天体冲撞等，都是爆发式飞跃。人类社会的战争也是爆发式飞跃。生物的生长、社会的改良等，都是非爆发式的飞跃。

在社会领域中，一般来说，爆发式飞跃是对抗性矛盾的解决形式，非爆发式飞跃是非对抗性矛盾的解决形式。

在一定条件下，对抗性矛盾也可能采取非爆发式飞跃形式，非对抗性矛盾也可能采取爆发式飞跃形式。在解放战争时期，长春是通过围城而迫使国民党军队投诚而导致和平解放的，天津是直接运用战争手段解放的，北平则通过争取国民党军队起义而和平解放的，这些城市获得新生就是质的飞跃，但它们质变的形式即飞跃的形式不同，有的是爆发式飞跃，有的则是非爆发式飞跃。

毛泽东在《矛盾论》中指出："对抗是矛盾斗争的一种形式，而不是矛盾斗争的一切形式。"〔35〕根据这一论述，可以把对抗理解为在矛盾发展的一定阶段上，矛盾双方采取外部冲突即爆发式飞跃的形式来解决矛盾的一种斗争形式，对抗是矛盾的特殊解决形式。只有矛盾双方在本质上根本对立，最后又不得不采取外部冲突即对抗的形式（爆发式飞跃）来解决的矛盾，才是对抗性矛盾。矛盾双方在本质上根本一致，而在矛盾发展的最后又不必采取外部冲突的形式来解决的矛盾，是非对抗性的矛盾，非对抗性矛盾一般采取非对抗的斗争形式即非爆发式飞跃的方式来解决。

在我国社会目前阶段，仍然存在两种不同性质的矛盾：一种是敌我矛盾，一种是人民内部矛盾。这是两种不同性质的矛盾，不同质的矛盾必须用不同质的办法来解决。

一般来说，对于人民内部的矛盾对抗激化，直至出现爆发性的飞跃变化，都应采取非爆发式的解决办法，当然，对极个别的情况，也会不得已而采取爆发式飞跃的解决办法。

量变、质变的相互转化，总的量变过程中有部分质变，在质变过程中也有量的扩张，反映了事物发展的阶段性、连续性的统一。

任何新旧事物之间，甚至在同一事物、同一事物的同一变化过程的不同阶段，都是阶段性和连续性的统一。中国革命分为新民主主义革命和社会主义革命两个既相互区别又相互联系的阶段，社会主义初级阶段和更高阶段也是既相互区别又相互联系的阶段。既不能超越事物发展的阶段，又不能把事物的不同阶段截然分开，须知事物发展的前一阶段是为后一阶段作准备的，后一阶段需要有前一阶段作铺垫。既要反对“超越论”，又要反对“落后论”。革命、建设与改革必须是最高纲领和最低纲领的结合，既要着眼于未来，又要从眼前的情况出发，既要一步一步脚踏实地地解决现实问题，同时又要着眼未来，树立远大理想，不能搞短期行为和“一锤子”买卖。

结　语

关于质量互变规律，历来存在唯物辩证法和形而上学两种根本不同的观点。形而上学或是把一切变化都归于纯粹的量变，否认事物的质的变化，不承认一定的量变可以转化为质变；或是走到另一个极端，否认量变在事物发展中的作用，不承认质变有一个量变过程。要坚持唯物辩证法关于质量互变规律的原理，反对形而上学的极端观点，把握好适度原则，用来指导实践。

第四节　否定之否定规律

否定之否定规律是辩证法三大规律之一。否定之否定规律表明：由于事物内部的矛盾斗争和向对立面的转化，事物的发展总是表现为螺旋式上升、波浪式前进的运动，在发展进程中有曲折、回复，甚至会有暂时的倒退，但新生事物战胜旧事物是不可抗拒的自然法则。否定之否定规律揭示了事物发展的一般趋势和必然逻辑。

一　辩证否定

什么是哲学意义上的否定？

了解否定之否定规律，首先要搞清楚否定概念的科学内涵。哲学上讲的否定概念是有特定的哲学含义的，同人们日常话语所讲的否定不是一个意思。作为哲学概念的否定没有贬义，没有绝对否定的意思。哲学上讲的否定是普遍存在于宇宙间的客观现象，是客观的，而不是主观的。**否定概念不过是自然界、人类社会和人类思维普遍存在的客观现象在人们头脑中的反映而已，是人们对这种客观现象的哲学概括**。

对待否定现象，有唯物辩证法和形而上学两种截然对立的见解。

形而上学虽然也承认否定现象的客观存在，但认为否定是由外部原因决定的，否定就是全盘抛弃；唯物辩证法同样承认否定现象的客观存在，承认否定的外因作用，但认为否定是事物内部自身原因引起的自我否定，自我否定是事物否定现象的根本原因，否定是事物内部自在矛盾的结果。唯物辩证法认为否定是一事物向他事物的转化，是质的飞跃，是事物发展和联系的环节，否定是扬弃。当然，唯心主义辩证法也承认否定的自我否定的特性、否定的扬弃的特性，但不承认否定的客观性，把否定仅仅理解为纯粹思想理念的纯逻辑运动。

否定、肯定与自我否定。

在自然界中，麦种在适当的土壤、水分、温度和养分的条件下，生长为麦株，麦株是对麦种的否定。麦株对麦种的否定是小麦这一具体事物内部的自我否定。宇宙间任何事物的内部都包含着肯定和否定两个方面，如电的正极与负极、数的正数与负数等，**肯定方面是保持事物存在的方面，否定方面是促进事物灭亡的方面。肯定方面和否定方面既统一又斗争，构成了事物内部的两个方面的对立统一。肯定与否定对立斗争的结果是否定方面战胜肯定方面，取得支配地位，事物就转化到自己的对立面，这就是事物的自我否定**。在麦种里，胚是否定方面，胚乳和种皮是肯定方面。胚在种皮的保护下，从胚乳中不断吸收营养物质，在适度条件下，生长分化出胚根、胚芽和子叶，突破种皮外壳，逐步生长发育成麦株（麦苗、麦秸、麦叶、麦粒），原来的麦种被否定了。麦株否定麦种的根本原因在于麦种内部的自身否定，适当的土壤、水分、养料和温度只是麦株否定麦种的外部条件，即外因。胚与胚乳、种皮之间的对立统一的斗争是麦株否定麦种的内部根据，即内因。雏鸡从鸡蛋中孵出，雏鸡是对鸡蛋的否定，但这种否定是鸡蛋内部的自我否定。受精的蛋黄是鸡蛋的否定方面，蛋清和蛋壳是鸡蛋的肯定方面，在一定温度下，蛋黄不断地吸收蛋清中的养分，并且接受蛋壳的保护和对温度的传递，逐步发育为幼鸡，最后冲破蛋壳，小鸡就是对鸡蛋的否定，即鸡蛋的自我否定。人类社会也是这样。在资本主义社会，社会生产力是否定方面，资本主义私有制的生产关系是肯定方面，社会生产力不断发展，必然冲破资本主义私有制生产关系的束缚，新的生产关系因社会生产力的需要而取代资本主义生产关系。资本主义生产力与生产关系的矛盾必然表现为工人阶级与资产阶级的人与人之间的阶级矛盾与阶级斗争，工人阶级是否定方面，资产阶级是肯定方面，工人阶级在同资产阶级的斗争中不断发展壮大，最后战胜资产阶级。社会主义社会对资本主义社会的否定，是资本主义社会内部的自我否定。

一切事物在产生时其内部就已经孕育了自己否定自己的因素，任何事物都要自我否定，走向自己的反面，永恒且长存的事物是不存在的。老子说“反者道之动”，就说明了事物自我否定的道理。任何生命都包含着其否定的因素——死亡，因而任何生命总要由生转化为死，生意味着死。任何社会形态也包含着其否定的因素，原始共产主义社会内部包含其否定因素——奴隶社会的东西，奴隶社会内部包含着其否定因素——封建社会的东西，封建社会内部包含着其否定因素——资本主义社会的东西，资本主义社会内部包含着其否定因素——共产主义社会的东西，任一社会形态迟早要被更高级的社会形态所代替。马克思说“辩证法在对现存事物的肯定的理解中同时包含对现存事物的否定的理解，即对现存事物的必然灭亡的理解”[36]，讲的就是这个道理。

唯物辩证法的否定观就是辩证的否定观。

——辩证的否定观认为，否定是事物发展进程中具有决定作用的环节。新事物代替旧事物，就是辩证的否定。马克思说：“一切发展，不管其内容如何，都可以看做一系列不同的发展阶段，它们以一个否定另一个的方式彼此联系着……任何领域的发展不可能不否定自己从前的存在形式。”[37]任何现实存在的事物都是一定条件下产生出来的，该事物所赖以存在的条件构成了该事物存在的理由，即存在的必然条件。随着时间的推移和条件的变化，该事物会逐步丧失其存在的理由即存在的条件，这样一来，它的消亡、为另一事物所代替也就成为必然。从这个意义上来说，否定是新事物与旧事物联系和替代的中间环节。当麦种被麦株所代替时，是麦株否定了麦种，是麦种自身内部胚对胚乳、种皮的否定，正是这种否定，构成了麦种与麦株、胚与胚乳、种皮联系与发展的决定性环节。当一种社会生产关系适合生产力发展时，该生产关系起着推动生产力发展的积极作用，而该生产关系所适应的生产力却同时产生出新的因素，逐步否定原有生产关系，原有生产关系逐步变成阻碍生产力发展的消极东西，新的生产力就会否定原有生产关系，适合生产力发展要求的新的生产关系就会取代旧的生产关系，从而旧的生产关系被新的生产关系所否定，旧社会被新社会所否定。自然界和人类社会就是不断地经过事物内部自我否定的环节而普遍联系着、不断发展的。

——**辩证的否定观认为，否定中有肯定，肯定中有否定，决定了发展过程表现为连续性与非连续性的统一**。旧事物是新事物产生的基础和条件，新事物要继承旧事物中合理的成分，这就是发展的连续性；肯定中有否定，发展中有质的飞跃，新事物代替旧事物，这又是发展的非连续性。事物发展的进程是否定中有肯定、肯定中有否定的过程，这就是发展的连续性与非连续性的辩证统一，否定是新旧事物相互联系和替代发展的环节。任何新事物都不是凭空出现的，而是从旧事物内部发展起来的。新生儿是在母体中孕育出来的，新事物是在旧事物中产生出来的，新社会的因素是在旧社会怀抱中发育起来的。作为对旧事物的否定而产生出来的新事物，是在保留了旧事物所包含的积极成果的基础上发展起来的。麦株是对麦种否定的结果，但麦株的产生离不开麦种提供的养分、基因和生长条件，麦株成熟后所孕育出新的麦种，自然保留旧麦种的遗传基因。所有的生物，一代一代的都相互保留前代的遗传基因，构成一代一代生育和繁殖的前提和基础。社会主义社会是从旧社会母体中产生出来的，它必然继承资本主义社会的一切积极成果，包括资本主义社会已经继承的以往社会形态的一切积极成果，这些积极成果构成了社会主义社会进一步发展的条件和前提。所以列宁指出，“辩证法的特征的和本质的东西不是单纯的否定，不是徒然的否定……而是作为联系环节、作为发展环节的否定”[38]。如果不承认否定是联系和发展的环节，把以往的一切全盘否定，这就否定了更高级东西进一步发展的基础和可能性，也就否定了新事物必然代替旧事物的必然性。在现实生活中，全盘否定一切、推翻一切，或全盘肯定一切、接受一切，都是有害的。比如，搞社会主义建设，如果完全抛弃资本主义的一切积极成果，必定走进发展的死胡同。如果不抛弃、克服资本主义消极的东西，也就不成其为社会主义。

——**辩证否定观主张的否定的实质就是扬弃。什么叫扬弃？哲学上的扬弃就是指新旧事物之间既否定又肯定、既克服又保留、既变革又继承的关系**。辩证的否定观认为，辩证的否定，一方面是新事物否定旧事物、克服旧事物、变革旧事物，是事物之间质的根本改变；但另一方面，新事物在否定、克服、改变旧事物的质的过程中，又肯定、保留、继承了旧事物中积极的东西，新旧事物之间存在着不可分割的必然联系，存在着发展的连续性、继承性、肯定性。任何新事物中必然存在着旧事物的因素，我国社会主义现阶段的市场经济就肯定了资本主义社会中积极的东西，新生儿必然继承父母亲的遗传基因，麦株继承了麦种的基因成分……世上一切事物都是相互联系与发展的，客观现实生活中存在的否定现象就是这种辩证的否定，这种否定就叫作扬弃。

辩证法所讲的扬弃具有方法论意义。辩证否定观的本质就是承认肯定与否定的对立统一。承认扬弃，这就要求人们对事物不能简单地肯定一切或否定一切，而是要依据事物发展的规律和条件，审慎地进行扬弃。辩证法与形而上学这两种否定观是根本对立的世界观、方法论。形而上学认为，否定就是否定一切，或是简单说“不”，或是宣布某一事物根本不存在，或者对某一事物全盘否定、全盘消灭，这是主观的、任意的、从外部强加给事物的否定，是简单否定，是一笔勾销，是没有任何肯定、保留与继承的否定。在哲学史上，费尔巴哈对黑格尔哲学的否定就是这样一种形而上学的否定。他在否定黑格尔哲学的唯心主义体系时，连同其辩证法中的合理内容也一并抛弃了。恩格斯批评了这种简单的否定，他说："像对民族的精神发展有过如此巨大影响的黑格尔哲学这样的伟大创作，是不能用干脆置之不理的办法来消除的。必须从它的本来意义上'扬弃'它，就是说，要批判地消灭它的形式，但是要救出通过这个形式获得的新内容。"〔39〕马克思、恩格斯扬弃了黑格尔和费尔巴哈古典哲学，批判它们错误的东西，继承它们合理的东西，把唯物主义和辩证法结合在一起，创立了辩证唯物主义，把人类哲学思想推向一个新的阶段。

——对任何历史文化遗产，辩证否定观提倡的扬弃就是批判地继承，这就是科学的态度。肯定一切、否定一切，都是片面的。毛泽东指出，必须把过去的文化分解为精华和糟粕两部分，剔除其糟粕，吸取其精华。简单地肯定一切或否定一切都是错误的。对历史文化采取复古主义态度就是简单地肯定一切，只要继承，不要变革，对过去的一切不论是精华还是糟粕，不加批判地全盘接收；对历史文化采取虚无主义态度就是简单地否定一切，只要变革，不要继承，对过去的一切一概加以排斥、抛弃。这两种态度都不是科学的态度。

对中国共产党的历史，对中国革命的历史，对中国建设的历史，对毛泽东和毛泽东思想，完全采取一种历史虚无主义的态度，否定党、否定党的历史、否定革命历史、否定中国社会主义建设历史，认为一切都不好、一无是处，甚至连正确的东西也一概抹杀，是思想领域否定一切的错误思潮。当然，对过去的历史完全肯定，认为一切都是好的，只能赞扬、不能批评，甚至把错误说成是正确的，也不符合历史实际。上述两种错误态度都混淆了是非界限，违背了实事求是的态度。毛泽东说：“对于任何问题应取分析态度，不要否定一切。”“我们许多同志缺乏分析的头脑，对于复杂事物，不愿作反复深入的分析研究，而爱作绝对肯定或绝对否定的简单结论。”[40]在我们党的历史上有两个重要决议：一个是在延安时期形成的《关于党的若干历史问题的决议》；一个是改革开放新时期形成的《关于建国以来党的若干历史问题的决议》，对党的历史，包括领导人的功过是非，采取实事求是的态度，肯定了应当肯定的东西，否定了应当否定的东西。这对于统一全党认识、团结全党同志、推动党的事业发展，起到了极其重要的作用。

肯定一切，把一切都看作完美无缺的，就否认了事物发展前进的必要性，丢掉了事物发展前进的条件和前提；否定一切，就否认了事物发展前进的可能性和必然性。无论是肯定一切还是否定一切，实质上都是形而上学否定观的不同表现。

形而上学的否定观是同形而上学思维的绝对性、狭隘性、片面性一致的，它是在绝对不相容的对立中思维，把肯定与否定绝对对立起来，或肯定一切或否定一切。而唯物辩证法认为，肯定与否定是对立统一的，肯定中包含否定，否定中包括肯定，没有绝对的肯定，也没有绝对的否定。事物的发展就是由肯定到否定，又由否定到新的肯定，是不断扬弃、循环往复以至无穷的过程。要坚持辩证否定观，反对形而上学否定观，反对思维方法的绝对化和片面性。

二　否定之否定

恩格斯说，否定之否定“是自然界、历史和思维的一个极其普遍的、因而极其广泛地起作用的、重要的发展规律”[41]。**恩格斯把否定之否定概括为普遍存在的、客观的、不以人的意志为转移的客观规律**。事实上，在自然界、人类社会和人类思维中，这条规律是普遍起作用的，是客观存在的。

一般来说，事物发展，总要经过两次否定、三个阶段，由肯定阶段走向否定阶段，这是第一次否定，再由否定阶段到第二次否定，即否定之否定，事物走向新的肯定阶段。

——**否定之否定是事物发展两次向对立面转化的结果**。从表面上看，它会重复该事物在肯定阶段的某些特征、属性，好像又回到了原来的出发点，仿佛是恢复旧东西，但它实质上已经与原有的东西不同了，是包括继承了旧东西中某些因素的新东西了。

——**否定之否定是事物内在矛盾发展的结果**。俄国 19 世纪末 20 世纪初的马克思主义哲学家普列汉诺夫（Plekhanov，1856—1918 年）认为："任何现象，发展到底，转化为自己的对立物；但是因为新的，与第一个现象对立的现象，反过来，同样也转化为自己的对立物，所以，发展的第三阶段与第一阶段有形式上的类同。"[42]譬如，人类社会总体上经历了由生产资料公有制社会到私有制社会再到更高阶段的公有制社会这样一个否定之否定的过程。这个过程，就是社会内部生产力与生产关系矛盾运动的结果，是两次向自身对立面转化的结果。在原始共产主义社会，生产资料归全体公社成员共同所有，然而随着原始社会生产力的发展，个体生产能力的提高，私有制生产关系适应生产力的发展，替代了公有制生产关系，这是对公有制生产关系的第一次否定。原始共产主义社会解体，顺之以私有制的奴隶社会、封建社会、资本主义社会。发展到资本主义社会，生产力大发展，社会化大生产的能力提高了，需要公有制的生产关系与之相适应，产生了社会主义运动和社会主义革命，以共产主义公有制（在共产主义第一阶段是社会主义公有制，在我国是社会主义初级阶段以公有制为主体的所有制）代替资本主义私有制，这是第二次否定。人类社会的奴隶社会、封建社会、资本主义社会私有制代替原始共产主义社会公有制的第一次否定阶段，共产主义公有制代替资本主义私有制的第二次否定阶段，都是一个漫长的历史过程。私有制否定公有制是第一次否定，是从公有制的肯定阶段到否定阶段，第二次否定是公有制对私有制的否定，是公有制的回复，仿佛又回到公有制了，但不是简单的回复，而是经过社会主义的公有制，最终发展到共产主义的公有制，即马克思所说的“建立在个人所有制基础上的社会所有制”，这就大大高于原始社会的公有制了，社会生产资料所有制就向新的肯定阶段迈进了。生产资料所有制这两次否定、三个阶段的过程，即否定之否定的过程，则是社会内部生产力与生产关系矛盾发展的结果，而每一个阶段又有无数的否定之否定的具体过程。

否定之否定是事物内在矛盾发展的客观结果，对于一个事物发展的周期来说，其起点和终点是客观的而不是任意的。

对于人类思维的否定之否定的过程，有人不理解，误以为否定之否定周期的起点、终点可以由人来主观决定，这是不对的。例如，水稻的生长周期是从稻种的萌芽开始，经过稻株（包括幼苗、分蘖、拔节、抽穗、开花、结子）到新稻谷的成熟，都是经过稻种——稻株——稻种的过程，不能主观地把水稻的生长期概括为稻株——稻种——稻株，因水稻的生长期不是从稻株开始的，而是从稻种开始的。插秧阶段只是栽培技术的提高，人们把育苗期作为重点培育的阶段而重点突出出来了。一般商品的运动周期是商品——货币——商品，而一般资本的运动周期是货币——商品——货币，不能把一般商品和一般资本的运动周期混同起来。事物的发展各有各的否定之否定的特定的起点和终点。历史与逻辑是统一的，历史从哪里起步，逻辑就从哪里开始。资本主义市场经济运动的历史起点是商品，马克思论证资本主义就从商品开始。

三　新事物终究战胜旧事物

否定之否定规律告诉我们一条真理：事物的发展是前进性和曲折性、上升性和回复性的统一，是螺旋式上升、波浪式前进。

世界上一切事物发展的总趋势是前进上升的，这种发展的总趋势是由于事物发展过程中的否定不是简单的抛弃，而是扬弃，是否定中有肯定。新事物否定旧事物，既克服旧事物中过时的、消极的东西，同时又吸收、继承和发扬旧事物中的积极因素，且加入了富有生命力的新内容，是比旧事物更高级的东西。事物发展的前进上升的总趋势是由于事物发展过程中的否定不是一次完成的，而是经过两次的充分否定，使事物集中了两次否定的积极成果，而向更高一级发展，所以更完善、更丰富。

然而，事物前进、上升的途径不是直线式的，而是迂回曲折的，甚至有可能出现暂时的倒退，这是因为否定的过程是事物内部两个对立面斗争的结果，是向对立面转化的结果，是经过两次向对立面转化的结果。在现实中，这种事物内部对立面斗争的过程、两次向对立面转化的过程，是极其复杂的，事物在高级阶段、在每次否定阶段都要重复低级阶段的某些特征，仿佛是向旧阶段回复，甚至有可能是较大幅度、较大程度的回复，这种回复有时可能表现为暂时的倒退，当然每次回复或者倒退都不是简单的回复与倒退，都包括有一定数量的新事物的因素。如土豆种的退化，土豆作为种子，到一定程度就会发生退化，这时人们就会淘汰退化的土豆种，而采用更健康的土豆种，从而进一步提高土豆的产量，久而久之，人类就会不断培育出更优良的土豆种。

否定之否定的辩证法告诉我们：任何事物的发展都不是直线上升式发展，而是波浪式地前进、螺旋式地上升、曲折式地发

展，社会历史发展也是如此。

社会主义运动的世界历史进程就是这一历史辩证法的铁定案例。从19世纪40年代马克思、恩格斯的《共产党宣言》问世，至今已一个半世纪过去了。纵观一个半世纪的世界历史进程，可以清楚地看出社会主义运动正是遵循这一历史辩证法的逻辑在曲折中前进，其间虽有挫折与失败，但总体上是循时前行的，这一历史进程恰恰从实践角度检验了马克思主义辩证否定观颠扑不灭的真理性。

事物发展的前进性和曲折性、上升性和回复性的规律告诉我们，在方法论上，既要反对循环论，又要反对直线论。

——所谓循环论，就是把一切运动看成简单的周而复始，从而否定事物前进、上升的总趋势，反对新生事物战胜旧事物，实质上是否认事物发展的普遍法则。宋代理学家朱熹就持这种观点："气运从来一盛了又一衰，一衰了又一盛，只管恁地循环去。"现代资产阶级思想家中也有人主张循环论，宣扬人类社会发展到一定程度必将退回到以前的时代，提出"回到中世纪去""回到原始时代去"等口号。宗教的宿命论观点实质上也是一种循环论，宣扬人的生死轮回，宣扬恶有恶报、善有善报的唯心主义人生观。循环论实质上是把否定之否定规律中的否定中的肯定，继而把事物前进、上升的总进程中的暂时回复，任意夸大为总趋势，说成是完全回复到出发的原点，这是一种彻头彻尾的形而上学观点。

——所谓直线论，是把事物的发展看成直线式的，否认事物发展的曲折性、复杂性，认识不到事物发展的前进性和曲折性、上升性和回复性对立统一的客观规律，认识不到事物发展呈波浪式前进、螺旋式上升的进程，把一切事物发展都看作一帆风顺、直线式的上升。在我国社会主义经济建设中，也存在这种直线性的错误思想倾向。这种错误思想不懂得在一定条件下，压低一下发展速度、压缩一下产能过剩的生产能力，正是为了长远的更好的建设；局部的压低，正是为了全局的发展。在基本投资已经超过资源、环境、人口、国力负担的情况下，如果继续把摊子铺得很大，就会造成国民经济比例失调和通货膨胀的后果。事物的发展是反复曲折的，以退为进，以迂为直，是符合事物辩证运动规律的。不懂得根据事物发展进程的曲折性、回复性，采取“退一步，进两步”的办法有效地推动事物前进，就犯了直线论的错误。

否定之否定规律还告诉我们一条真理：新生事物是不可战胜的，新事物终将代替旧事物，这是一个不以任何人的意志为转移的必然规律。

这是因为宇宙间一切事物都是永恒不息地运动、变化、发展的，没有一个事物不走向消亡，旧事物不断消亡，新事物不断产生，推陈出新、新陈代谢，后浪推前浪、一浪更比一浪高，是宇宙间不可抗拒的规律。所谓新生事物，就是在历史发展进程中具有必然性的、进步的、顺应事物发展规律的、代表历史发展趋势的、有远大发展前途的东西。识别新事物只能看它是否有历史发展的必然性，而不能以出现时间先后作为标准，先出来的、新出来的东西不见得都是新事物。在社会历史领域，适应并促进生产力发展要求，顺应时代潮流，与人民群众的根本利益相一致的东西才能称为新生事物。当然，任何新生事物也要走向消亡，被另一个新生事物所替代。历史上任何新的社会形态也终究为比它更高级的社会形态所代替。

由于新生事物是符合事物发展规律、适应事物发展客观需要的，因而具有强大的生命力，具有旧事物所不可比拟的强大优越性。

一定要按照辩证法的要求，学会识别、爱护、扶持新事物。要善于敏锐地发现新事物，热情地扶植新事物。新事物在开始时总是不完善的、弱小的，不能采取讥笑非难的态度，而要采取积极爱护、扶持的态度。当然，对新事物的扶持要根据新生事物所处的条件及其生长规律来进行，不能揠苗助长，不能“求全责备”，也不能“护短”“迁就”，既要支持、爱护，又要帮助它克服短处，弥补缺憾，使它逐步完善起来。

结　语

学习唯物辩证法的否定之否定规律，说到底，是要坚信事物前进发展的必然趋势，要坚信新生事物终将代替旧事物，要做新生事物发展的促进派。同时又要承认事物发展道路的曲折性，既要反对循环论，又要反对直线论，对事物发展的暂时倒退要有足够的思想准备，不能丧失信心，自觉地按照螺旋式上升、波浪式前进的方式，把事物不断推向新阶段。

要坚定社会主义必然战胜资本主义的信心和信念。既要看到历史发展的总趋势，坚信社会主义必然要取代资本主义，这是一个不可抗拒也不可改变的历史趋势；同时又要看到，社会主义代替资本主义是一个漫长的历史进程，充满曲折，充满斗争，甚至有可能出现暂时的倒退与挫折。既要反对社会主义“渺茫论”，又要反对社会主义“速胜论”。不能因为挫折和失败，就对实现社会主义丧失信念和信心，也不能因为顺利和成功，就对实现社会主义心存侥幸和性急。

第五节　系统论

在唯物辩证法看来，系统是一个标志事物整体性的哲学范畴，关于系统的思想是唯物辩证法的重要原理。在哲学领域，人们把用系统观点来认识世界、改造世界的一系列原则、方法统称为系统思想。系统思想在辩证法发展的历史上由来已久，并对当代系统科学的形成给予了重要思想启迪。系统思想在当代能够大放异彩，广为流行，又借助了系统科学兴起的巨大推力。系统科学证实和发展了唯物辩证法的系统思想，系统思想吸收了系统科学的最新思维成果和鲜活素材。系统思想将辩证法的联系和发展原则与当代科学思想紧密结合起来，实现了与时俱进，丰富和发展了马克思主义哲学的唯物辩证法原理。

一　整体性的观点

系统具有整体性，整体性是系统思想的一个基本原则。

解剖学告诉我们，把一个活体解剖，分解成头、躯干、足等部分，有助于分别认识活体的各个组成部分。然而把分解的各个组成部分再加和在一起，却恢复不了活体及其功能。这就是著名的系统的整体性原则，“整体不等于部分之总和”，或说“整体大于部分之总和”。

“整体等于部分的总和”，这是通常的数学常识，也是近代以来对于整体与部分关系的基本看法。而“整体不等于部分之总和”则被视为一个错误的逻辑悖论。但是正如同悖论在科学史上往往成为真理的发端一样，整体性悖论又一次为系统思想通向真理开辟了道路。

系统的整体性表明，整体的功能并不等于它的组成部分功能的简单相加，这就是所谓的“整体不等于部分的总和”。

那么，为什么会出现“整体不等于部分的总和”的现象呢？系统整体的功能为什么是“非加和性”的呢？

系统是由若干相互联系、相互作用的要素按一定方式组成的统一整体，仅有孤立的各组成部分并不构成系统，只有在各部分的相互联系、相互作用中才存在系统。贝塔朗菲指出，系统“只能通过自己的广义的内聚力即通过组成部分的相互作用来说明”[43]。他认为，为了理解一个整体或系统，不仅需要了解其部分，而且同样还要了解各部分之间的关系。[44]因此，相互联系、相互作用是解开一切系统现象之谜的关键所在。实际上，由于系统各个组成部分的相互作用、相互联系，造成了彼此活动的限制、彼此属性间的筛选以及某些协同的功能，由此而形成了系统的新质态——系统的整体性能。这种整体性能是由部分相互作用而在整体层次上涌现的，为个别组成部分或它们的总和所不具有的。这就是系统整体性形成的基本原因。

马克思在研究生产过程中的协作时就曾指出，由于协作把“许多力量融合为一个总的力量而产生的新力量”，它不仅“提高了个人生产力，而且是创造了一种生产力，这种生产力本身必然是集体力”[45]。他还援引一位研究协作的经济学家的话说：“如果我们把数学上整体等于它各部分的总和这一原理应用于我们的主题上，那就是错误的。”[46]这些论述表明，马克思已经明确地揭示了社会现象中整体功能并不等于其各部分功能的简单总和。

系统是由若干相互联系、相互作用的要素组成的统一整体，整体性是系统的最显著的特征，也是处理和解决系统问题需要坚持的基本原则。

关于推进经济社会全面、协调、可持续发展的问题，就是一个运用整体性思维方式认识和对待经济社会发展问题的成功案例。改革开放之初，我们就提出了物质文明与精神文明建设"两手抓，两手都要硬"的"两位一体"思路，到经济建设、民主政治建设、文化建设"三位一体"的认识，再到经济建设、政治建设、文化建设、社会建设"四位一体"的认识，最后形成了关于经济建设、政治建设、文化建设、社会建设、生态文明建设"五位一体"的认识过程，深刻反映了我们对经济社会全面发展的认识日益全面。从系统的整体性看，社会（广义）系统本身就是由经济、政治、文化、社会（狭义）、生态子系统组成的一个大系统。这些子系统相互联系、相互制约、相互作用，决定着社会大系统的整体功能状况。单有某一两个子系统的发展，而没有其他子系统的配套发展，社会大系统的整体功能肯定得不到最好的发挥，各个子系统之间的功能肯定是不协调的。很长时间里，我们把社会（狭义）子系统和生态子系统排除在社会大系统的认识之外，一讲社会发展就仅仅局限于经济、政治、文化三个方面，这就导致了发展的不全面、不协调、不可持续。现在我们认识到社会大系统是由经济、政治、文化、社会（狭义）和生态五个子系统所构成，因而相应地把对经济社会全面发展的认识提升到经济建设、政治建设、文化建设、社会建设和生态文明建设"五位一体"，这样才能够做到真正地坚持全面科学发展。

二　结构性的观点

结构是系统中诸要素相互联系、相互作用的方式，是系统诸要素相互间一定的比例、一定的秩序、一定的结合方式，结构性原则是系统思想的又一重要原则。结构性原则揭示了系统中诸要素之间的关系，指出了实现系统功能优化的基本途径。

自然界和人类社会的大量事实表明，系统的性质和功能不但

取决于构成系统的要素，而且取决于要素之间相互联系所形成的结构。

最典型的事例，如在化学中被称为同素异形体的金刚石和石墨，它们虽然都由碳原子组成，但碳原子的结合方式不同，从而导致它们的性质迥然不同。金刚石的碳原子分布均匀，结合紧密，是一种无色透明、外形为八面体的硬质晶体。石墨的碳原子层之间的间距大，结合力弱，形成一种软质鳞片状晶体。由于结构不同，性质迥异，石墨不透明、导电、硬度为1；金刚石透明、不导电、硬度为10。这说明，系统有什么样的结构，也就必然具有与之相应的功能，系统的结构不同，系统的功能也就不同。

这种现象不仅存在于自然界，而且也存在于人类社会中。在社会领域中，恩格斯曾举过一个非常生动的例子。"拿破仑描写过骑术不精但有纪律的法国骑兵和当时无疑地最善于单个格斗但没有纪律的骑兵——马木留克兵之间的战斗，他写道：'两个马木留克兵绝对能打赢三个法国兵，一百个法国兵与一百个马木留克兵势均力敌，三百个法国兵大都能战胜三百个马木留克兵，而一千个法国兵则总能打败一千五百个马木留克兵。'"〔47〕这里双方骑兵数量的增加，引起了双方力量对比向反比例的方向发生变化，其原因就在于，法国兵纪律严明，结构有序；而马木留克兵纪律松散，结构无序。

结构与功能的辩证关系还表现为二者的相互作用、相互转化。

结构的变化引起功能的变化。有什么样的结构，就相应地有什么样的功能，结构发生了变化，功能必然要发生变化。金刚石晶莹剔透，价格昂贵，如经工匠琢磨成钻石，更是世间奇珍异宝。石墨则呈铁黑色，易污染，适合做价格低廉的铅笔芯。金刚石和石墨同样是由碳原子组成，通过人工的方法，把石墨的结构改变为金刚石的结构，可以制造成人造金刚石。在5000摄氏度和20万个大气压的条件下，将石墨的碳原子间的结构，由原来的近似“二维片状结构”，改换成金刚石的“三维点阵结构”，于是石墨的性状由不透明变得透明，由导电变为不导电，硬度由1变成10。这样就可以“点石成金”，把石墨加工制作成人造金刚石了。

中国俗话中有“三个和尚没水吃”和“三个臭皮匠，顶个诸葛亮”的说法。同样是三个人组成的系统，为什么“三个和尚没水吃”，而“三个臭皮匠，顶个诸葛亮”，原因就在于结构上，结构构成不同，功能也就不同。结构不合理，系统的内耗增加，系统的整体功能就下降；结构合理，系统组成要素的功能就会相互激发，系统的整体功能就会得到放大，系统功能就可以优化。系统的结构变化了，系统的功能也会随之发生相应的变化。各种系统要达到一定的功能，就不能停留在一种结构上，而需要进行不断的结构更新。

综观客观世界中的物理系统、化学系统、生物系统、社会系统的演变，各种系统的结构变化，无不对系统功能的变化产生决定作用。马克思对社会结构变化引起社会形态变化非常重视。他指出：劳动者和生产资料始终是生产的因素，凡是要进行生产，就必须使它们结合起来，而实行这种结合的特殊方式也就是社会的经济结构，社会经济结构的不同，使社会形态区分为不同的时期，社会结构的变化则表明了社会形态的变化。

结构性原则告诉我们，根据结构决定功能的原理，合理的结构促进系统功能的优化，不合理的结构造成系统功能的内耗，只有通过结构的合理化，才能实现系统的功能优化。

在当代科学研究和社会实践中，结构性原则得到了广泛的应用。人们越来越重视对各类系统结构的研究。如对知识结构、领导班子结构、生产力结构、生产关系结构、经济结构、产业结构、投资结构、消费结构、城乡结构等的研究，其目的都是通过结构的调整和优化，实现系统功能的优化。

三　层次性的观点

层次概念是由系统科学的产生而凸显出来的新的哲学范畴。层次性也是系统思想的一个重要原则。

系统科学认为，系统是由若干相互作用的子系统所组成的，系统和子系统的划分具有相对性，不仅系统可以看作更高层次上较大系统的子系统，而且子系统也可以看作由更低层次上若干较小的子系统所组成的系统。所谓层次，指的是系统中的这种垂直隶属关系。它是系统中不同的组成部分之间在依次隶属的关系中形成的等级。

任何系统都具有层次性，都是由若干不同层次的子系统组成的复合体。

无机界是一个由层子——基本粒子——原子核——原子——地上物体——行星——恒星——星系团——超星系——总星系等不同层次所组成的宇宙系统。目前，人类所能够观测到的星系大约有 10 亿个，但还是无穷尽。

整个有机自然界呈现为由生物大分子——细胞器——细胞——组织——器官——系统——个体——群体——生态群——生物圈等各个层次组成的有机界系统。从生物大分子到生物圈，层次分明，每一个层次都可以相对独立地自成系统，形成生命界的复杂层次结构。

人类社会也是一个由众多层次构成的复杂系统。如基层的生产经营组织是企业、公司、商店等，它们分属于农业系统、工业系统、商业系统、交通运输系统等社会组织，而农业系统、工业系统、商业系统、交通运输系统又属于经济系统，经济系统又与政治系统、文化系统等组成社会大系统。

在社会系统中，随着社会组织层次的提高，系统也会有新的性质和功能的涌现。

一个生产班组就没有企业、公司全面地协调产、供、销的职能。而一个企业、公司就没有对整个宏观经济系统进行宏观调控、平衡全社会供需矛盾的职能。而经济系统又不会有作为更高层次的社会大系统的政治、文化职能。当然，每一个层次的功能的出现，又绝不是构成它的子系统的性质和功能的简单加和。

系统不同层次上属性的不同，表明了不同层次上系统活动规律的不同。

系统的不同层次既有共同的运动规律，又有各自不同的特殊运动规律，层次不同，规律有别。例如，宇观天体、宏观物体和微观粒子处于不同的层次，宇观天体遵守的是相对论力学规律，宏观物体遵守的是牛顿力学规律，而微观粒子遵守的是量子力学规律。认识和研究系统，不仅要揭示系统固有的层次，发现不同层次上的共有规律，而且特别重要的是发现不同层次上的特殊规律。贝塔朗菲强调指出，等级秩序原理是系统论的主要理论支柱。贝塔朗菲所说的“等级秩序”，指的就是系统的不同层次具有的不同规律。

系统的层次不同，属性就会不同，规律就会有别，由此，从系统理论引申出一种与简化还原论不同的系统层次分析方法。

简化还原论作为一种传统分析方法，为了认识事物的整体属性，把整体分解为部分，再把部分分解为更基本的组成单位，然后通过这些孤立的基本单元的属性及其简单加和来认识对象的整体属性。系统层次分析方法是同简化还原论根本对立的科学研究方法。进行系统层次分析，重点在于研究系统各个层次上的特有属性和特殊规律，研究各个层次上质的差异性，进而揭示出系统整体对其组成要素所具有的“超越质”，即其各组成要素所不具有而为系统所独具的整体涌现性。因此，系统层次分析能够揭示系统在不同层次上的特有属性和规律，避免对事物简化还原的片面认识。

四　开放性的观点

任何系统都是开放的，开放性也是系统思想的重要原则。

20 世纪 40 年代以来，对系统开放性的研究开始形成和不断发展。先是贝塔朗菲提出了开放系统理论，接着耗散结构理论的创始人普利高津（Prigogine，1917—2003 年）又对开放系统的机制进行了创新性的阐发，此后哈肯（Haken，1927 年—　）的协同学和艾根（Eigen，1927 年—　）的超循环理论也对开放系统的机制进行了深入的研究。在对这些最新科学成果进行概括和提炼的基础上，唯物辩证法的系统开放性观点借助于新的范畴有了更新的表述。

唯物辩证法的系统开放性观点认为，系统可以分为孤立系统、封闭系统和开放系统。但系统思想同时又认为，孤立系统和封闭系统只是一种理论上的抽象，现实系统都是开放的。

所谓系统是开放的，即是说，系统与外界环境之间不断进行着物质、能量和信息的传递与交换。系统的开放性原则揭示的是系统凭借与外界环境的这种相互联系、相互作用而不断发展演化的特征。它表明：第一，开放是系统维持自身和不断发展的必要条件。正是在与外界环境的物质、能量、信息的交换过程中，系统通过引进“负熵”才能维持和更新自身的结构，实现从无序向有序的演化。第二，系统处于封闭状态和不能正常地与外界进行物质、能量、信息的交换，系统的结构就不能维持和发展，并不可避免地要导致结构的解体和混乱无序。第三，如果系统在与外界的物质、能量和信息交换中引进的是“正熵”，系统也要导致解体和混乱。

开放导致有序，封闭导致无序，这是自然界从无机物系统到

有机物系统都遵循的规律。

现代科学成果表明，任何物理系统的有序化都需要与外部环境交换物质和能量，如晶体的生长、大分子的形成，都要吸收和释放能量。同样，任何一个有机体的生长和发育，任何生物种群发展和进化的基础和机制都离不开新陈代谢。一旦新陈代谢停止了，生物系统就要走向解体。自然系统是如此，人类社会系统也是如此。在世界历史上，由于闭关自守而导致落后的事例不胜枚举。

“现在的世界是开放的世界”，“中国的发展离不开世界”，这是邓小平运用马克思主义哲学观察当代世界发展大势、总结历史经验、研究现代化的客观规律得出的重要结论，也是中国改革开放对系统开放性原则最出色的运用。

结　语

系统思想作为人类认识世界、改造世界的哲学思维方式，是辩证法联系原则与发展原则的统一，同联系的观点、发展的观点、全面的观点看问题是一致的，具有哲学世界观、方法论意义。系统思想要求我们用系统的观点认识世界，包括认识人类社会。掌握系统的哲学思维方式，对于今天来说具有重大的现实意义。我国正在进行的社会主义改革开放是一项复杂的社会系统工程，中国特色社会主义现代化建设是一项复杂的系统工程，这要求我们用系统观点观察问题、分析问题、解决问题，不断推进中国特色社会主义事业的顺利发展。

第六节 唯物辩证法的重要范畴

范畴是各门科学中的最基本概念，反映了各门科学研究领域的事物、现象的普遍本质、相互关系。哲学范畴是反映事物、现象最普遍本质和关系的基本概念，适用于一切科学领域。范畴是客观事物的反映，既不是人脑固有的，又不是先于事物而存在的。认识和掌握范畴是认识一切事物、把握一切规律的科学途径。联系与发展是自然界、人类社会和人类思维具有的基本特征，联系与发展又是通过一系列基本环节体现出来和得以实现的。唯物辩证法作为研究世界联系和发展的科学，形成了一系列范畴反映这些联系和发展。前文所说到的对立与统一、质与量、肯定与否定，都是唯物辩证法的基本范畴，这些范畴揭示了物质世界最普遍的本质联系和发展的基本过程与趋势，形成了唯物主义辩证法的基本规律。此外，唯物辩证法的范畴还有内容与形式、现象与本质、原因与结果、必然与偶然、可能与现实等。掌握这些范畴的辩证关系，有利于把握事物联系和发展的基本环节，有利于通晓事物的规律性，有利于提高认识世界和改造世界的能力。

一 内容与形式

任何事物都有自己的内容和形式，是内容和形式的统一。内容与形式是从构成要素和表现方式两个方面反映事物的一对范畴。内容是事物内部各种要素的总和，形式是事物内在要素相互联系采取的表现方式。

内容和形式是辩证统一的关系。

——**内容居于主导地位，内容决定形式，形式依赖于内容**。一定的内容要求采取一定的形式来实现，有什么样的内容，就要求有什么样的与之相适应的形式。因为构成内容的要素是形式的承担者，其结构形式则是各要素之间具有的稳定性的关系，要素之间采取何种表现形式决定于要素的性质及其整体联系所要达到的功能。

——**内容的变化决定形式的变化**。由于内容居于决定地位，它不会允许与自己不相适应的形式长久存在下去，在它发展的一定阶段上，就要求抛弃旧的形式，创立新的形式。

——**形式具有相对独立性，形式对内容并不是消极的、被动的，而是对内容有巨大的反作用**。这种反作用表现在两个方面：一方面，当形式适合于内容时，它能够对内容的发展起强有力的推进作用；另一方面，当形式不适合内容的时候，形式对内容的发展就起着延缓和阻碍的作用；当不变更形式内容就不能发展的时候，形式的变更甚至可以起主要的决定作用。

从事物的发展过程来看，内容和形式的统一具有暂时的、相对的性质。在内容与形式的关系中，内容是较为活跃的、易变的，而形式则是较为不活跃的、相对稳定的。这样，就形成了内容和形式的矛盾运动，并贯穿于事物发展的始终。

在内容与形式的矛盾运动中，内容居于支配地位，形式终究要适应内容的发展要求而发生相应的变化。当旧形式不再适应内容的要求，甚至阻碍内容的发展时，内容就会冲破旧形式的束缚而要求新的形式。内容和形式的矛盾运动主要表现为，从基本适应到基本不适应，再由基本不适应到基本适应，是一个循环往复不断发展变化的过程。

人们进行生产活动，目的是要创造更多更好的物质财富，这就要求提高社会生产力的水平。而生产力的发展又要求有与之相适应的形式。如果生产资料所有制、分配制度、资源的配置方式这些生产活动的形式不合理，就会阻碍生产力水平的提高和效率的发挥，提高生产力水平的这个内容也不能实现，这时就需要改变生产关系这个形式，建立更为符合生产力发展要求的生产资料所有制、分配制度和资源配置方式。只有通过创建更为符合生产力发展要求的生产关系形式，社会生产才能更好地发展。

辩证法还告诉我们，内容与形式之间并没有绝对的界限，在一定条件下，某一内容的形式，可以成为另一形式的内容；某一形式的内容，亦可以成为另一内容的形式。

例如，在人类改造自然界的活动中，贯穿着生产力和生产关系的矛盾，其中生产力是内容、生产关系是形式。在改造社会的活动中，贯穿着经济基础和上层建筑的矛盾，经济基础即一个社会占统治地位的生产关系的总和是内容，而上层建筑则成为它的形式。由此可见，生产关系是生产力的形式，又是上层建筑的内容。

掌握内容和形式辩证统一的原理，处理好内容和形式的关系，具有重要的现实意义。要注重内容，讲求形式，反对形式主义。

一方面，要注重事物的内容，事物的发展变化体现在内容的不断更新上，不能脱离开内容去片面追求形式，以形式替代内容；另一方面，又不能忽视形式对内容的反作用，应当依据内容发展的要求，选择适合内容的形式，并不断地及时变更那些已经不适合内容的旧形式，创造新形式。

在实际工作中，既要注意讲究形式，又必须反对形式主义。形式主义背离了形式与内容相统一的原则，颠倒了内容与形式的主次关系，本末倒置，舍本逐末，是官僚主义的工作作风。形式主义不从实际出发，做工作只图虚名而不办实事，写文章、作报告，空话连篇，无的放矢；贯彻上级指示，玩花架子，作表面文章；搞社会调查，或蜻蜓点水，浅尝辄止，或事先安排，哗众取宠，如此等等。搞形式主义，要么是一些人推卸责任、消极对抗上级指示的惯用手法；要么是利用形式，另有所图，达到某些不可示人的目的。华而不实的形式主义，别有居心的形式主义，败坏了我们党的一切从实际出发、实事求是的作风，是党的肌体的腐蚀剂，是广大干部群众十分厌恶的东西。在实际工作中，一定要坚持形式与内容的辩证统一，坚决反对和防止形式主义。

二　现象与本质

任何事物都具有现象与本质两个方面。**现象是事物的外部联系和表面特征，是事物本质的外在表现，是人们认识和研究事物首先感觉和接触到的东西。本质是事物的根本性质，是事物内部构成要素的稳定的联系，是深藏于事物现象之后的东西。**

现象是表面的、丰富多彩的、变动不居的，事物的现象可以凭借人的感官去感知；而本质则是隐蔽的、比较一般的、相对稳定的，事物的本质要靠人的抽象思维才能把握。马克思指出："如果事物的表现形式和事物的本质会直接合而为一，一切科学就都成为多余的了"[48]。

大千世界之所以千姿百态、五光十色，就在于万事万物的现象是丰富多彩、变化多端的。现象裸露在人们面前，而本质却深藏于现象之中。列宁曾以海水作比喻，形象地指出，现象如同浮在水表面的泡沫，本质就像水底层的深流。人们在实践中首先接触到的就是事物的现象，经过对现象的感知和理性分析，才能逐步深入事物的内部，接触到事物的本质。

研究事物的现象，应注意区分真相和假象。真相是本质的表现，假象也是本质的表现。

现象的丰富多彩，突出体现在现象的多样性上。在五光十色的现象中，既有真相，又有假象，从正面表现本质的是真相，从反面表现本质的是假象。列宁说："不仅本质是客观的，而且外观也是客观的。"[49] "本质具有某种外观。"[50]由于事物现象是多种多样、真伪并存的，所以，要完全地反映整个的事物，反映事物的本质，反映事物的内部规律性，就必须经过思考和科学研究，将丰富的感觉材料加以去粗取精、去伪存真、由此及彼、由表及里的改造制作功夫。

在社会现象中，假象很多是人为制造的。"明修栈道，暗度陈仓"，就是如此。"明修栈道，暗度陈仓"作为一种非常规用兵的法则和军事谋略，指的是制造假象，迷惑敌人，用来掩盖真实的攻击路线，而从侧翼进行突然袭击，从而达到声东击西、出奇制胜的目的。在战争史上，明修栈道、暗度陈仓，制造假象，迷惑对方，这样的例证不胜枚举。1991 年，在海湾战争中，美军实施"沙漠盾牌行动"，就是用海上的假登陆掩盖了沙漠中的真迂回，直插伊军后方发起强烈攻势，避实击虚，重创伊拉克军队。军事将领只有善于识破假象，洞察对方的真实意图，才能在战争中不被敌方欺骗而陷于败局。

现象有真与假之分，本质也有深与浅之别。人们认识事物，不仅要透过现象把握本质，而且还要逐层深入地认识本质，揭示事物的规律。

本质有深浅之别，有初级本质、二级本质以及更高级的本质。列宁说："人的思想由现象到本质，由所谓初级本质到二级本质，不断深化，以至无穷。"[51]正由于本质是有层次的，所以，本质与非本质的区分也是相对的，而不是绝对的。人们在认识了某一层次的本质后，继续深入地研究下去，还会接触到并进一步揭示出更深层次的本质。所以，本质是一种多层次、多等级的构成物，它深刻地展现了现实事物的复杂的层次结构。人们认识事物绝不能仅仅停留在现象上，也不能仅仅停留在初级的本质上，而应当把认识不断地引向深入。

人类的认识和实践过程告诉我们，现象与本质是对立统一的关系。本质和现象既有明显的区别，又有内在的紧密联系。现象中蕴含着本质，本质寓于现象之中。

事物的本质即使隐蔽得再深，也会通过现象这样或那样地表现出来，任何现象都是本质在某一方面的显现。不表现为现象的赤裸裸的本质或不以某一本质为根据的现象是没有的，二者任何一方离开了另一方都是不能存在的。

人们可以透过现象认识事物的本质，从不甚深刻的本质到更深刻的本质，这是科学的认识方法和认识途径。认识的任务就是要透过现象揭示事物的本质和规律。

毛泽东说过："我们看事情必须要看它的实质，而把它的现象只看作入门的向导，一进了门就要抓住它的实质，这才是可靠的科学的分析方法。"〔52〕认识事物的种种现象只是初步的、浅层次的，是一种感性认识，它还不能用来指导实践。只有透过现象进入事物的本质，把握事物的规律性，用这种理性的认识作指导，去继续研究尚未研究过或尚未深入研究过的现象，才能进一步补充、丰富和加深对于事物本质的认识。这是一个不断地由现象进入本质、又由本质到现象的循环往复的认识过程。要真正地认识事物，揭示事物运动的规律，就必须深入实际、注重实践、善于观察和分析事物的种种现象，从中找到事物的本质。

三　原因与结果

因果联系是物质世界普遍联系的一种情形，是物质世界发展链条上的重要一环。

因果联系是人们在日常工作和生活中接触最为频繁的一种联系。人们对世界的认识和改造，都离不开对事物的因果关系的探索。

一切事物和现象都处于普遍联系、相互制约之中。每一种现

象都是由另一些现象引起的，同时，它又引起了另一些现象。一种现象对于被它引起的现象来说是原因，对于引起它的现象来说则是结果。事物、现象之间这种引起与被引起的关系就是因果关系。

需要注意的是，事物之间先行后续的关系，并不都构成因果关系，白天之后黑夜，但白天并非是导致黑夜的原因，昼夜更替的现象是由于地球自转引起的。引起和被引起才是构成因果关系的关键。

因果联系作为物质世界普遍联系中的一个环节，构成了一事物与其他事物相互联系的中介。它对于人们认识和把握事物、现象、过程之间的联系，起着极为重要的作用。

人们可以通过某一种现象、过程的出现，以此为中介，把前后相续的现象和过程连接起来，去追溯产生它的原因，并预测它进一步发展的结果，从而加深和扩展人们对事物的认识。正如列宁所说，原因和结果是各种事件的世界性的相互依存、普遍联系和相应联结的环节，是物质发展这一链条上的一环。

原因与结果存在着对立统一关系。

——**它们是对立的**。当我们把两组具有因果联系的现象从普遍联系中抽出来观察时，原因和结果是确定的。原因就是原因，结果就是结果。原因不能同时是结果，结果也不能同时是原因。不能倒因为果，也不能倒果为因。天气变冷引起一些人感冒，前者为因，后者为果，但不能倒过来说感冒是天气变冷的原因。

——**它们又是统一的**。原因与结果在一定条件下互相依存、互为存在的前提，就是说，原因相对于它作用的结果来说成为原因，结果相对于产生它的原因来说才成为结果。原因与结果在一定条件下又互相转化。它们的互相转化有两种情况，一种情形是，甲现象引起乙现象，乙现象又引起丙现象，对于甲现象，乙现象是结果，对于丙现象，乙现象又是原因。比如，下雨过量造成水灾，水灾引起疾病。在前一种因果关系中，水灾是果，在后一种因果关系中，水灾是因。原因和结果互相转化的另一种情形是，当我们从某一过程中抽取相互作用的两个现象考察其因果关系时，就某一种意义来说，前者为因，后者为果；就另一种意义来说，后者为因，前者为果。比如，理论和实践的关系，没有实践就形不成理论，没有正确理论的指导，也就不可能有成功的实践。在不同意义上，实践和理论互为因果。

因果联系是多种多样、极其复杂的。现实中的因果联系往往不是一个原因产生一个结果，而更多地表现为一因多果、一果多因。

就因果关系的类型来看，有单值因果关系和统计因果关系、线性因果关系和非线性因果关系、非目的因果关系和目的性因果关系。就原因来说，有现在的原因和过去的原因、主观原因和客观原因、内部原因和外部原因、主要原因和次要原因、直接原因和间接原因，等等。

发现非线性因果关系，是人类对因果关系的一种新认识。

非线性因果关系是相对于线性因果关系而言的。线性和非线性，本来是数学用语。线性关系是指可以叠加的数学关系，非线性关系是指不可以叠加的数学关系。一般来说，整体和部分之间的关系是加和性的，都可以用线性方程加以表示，正是在这种意义上，系统理论把这类系统称为线性系统。控制论的创始人艾什比（Ashby，1903—1972 年）指出，在“这种系统中两个原因的合并作用等于它们各自作用的简单的和”[53]。因此线性系统实质上表明了整体与部分之间的一种线性因果关系。线性因果关系最基本的特征是“因果相当”，即整体的原因是由各部分的原因组成的，各孤立部分的原因累加起来就能说明结果。笛卡尔（Descartes，1596—1650 年）就认为，“在结果里的东西没有不是在它的原因里的”[54]。

德国唯心主义辩证法大师黑格尔的一个重要贡献是，他承认大事件的产生具有一种“导因”。这一思想已接近发现非线性因果关系。实际上，当我们的视野一进入非线性系统的领域如天气变化、股票市场等，线性因果关系观念与现代科学的裂痕就难以弥合了。诺贝尔化学奖得主、耗散结构理论的创始人普利高津就指出，在非线性不稳定的世界里，“小的原因可能产生大的效果，但这个世界并非是任意而为的。相反，小事件放大的原因对于合理的研究而言是正当的事情”[55]。现代科学的新进展推动哲学彻底突破线性因果关系观念。

对于唯物辩证法而言，确立非线性因果观念，有着特别重要的意义。形而上学把事物的运动变化归结为单纯的量的增加，只承认量变不承认质变，线性因果关系对于描述这种量的单纯增加，是再合适不过的手段了。但是唯物辩证法不仅承认事物的量变，而且重视事物的质变，不仅承认量的增加和积累，而且承认质的飞跃。而要描述质变、描述飞跃，线性因果关系观念就难以胜任了。只有非线性因果关系观念才能揭示事物从量的积累到质的飞跃。纷繁复杂、变化万千的世界只有在非线性因果的基础上才能够得到更为深刻和全面的说明。

统计性因果关系是因果关系的新形式，是非线性因果关系的一种表现形式。

在现代科学中，量子力学、信息科学、分子生物学的研究对因果关系的一大贡献就是，在以往严格确定性的因果关系之外，发现了具有概率特点的统计性因果关系。在确定性因果关系中，原因引起结果是单值的，也就是单一必然的；在统计因果关系中，原因引起结果是多值的，也就是多种可能或然的，结果只是以一定的概率与原因相关联。统计性因果关系是普遍存在于自然界和人类社会生活中的。统计性因果关系的发现，是辩证唯物主义因果观的深化。著名哲学家罗素（Russell，1872—1970 年）

就指出，因果关系的统计性表明“因果关系已经不是从前旧式哲学家的书里的因果关系了”[56]。

探寻事物之间的因果关系，是人与生俱来的求知欲望，也是人类认识世界、改造世界的必经途径。

人生在世，不论做任何工作、从事任何活动，不仅要“知其然”，更要“知其所以然”。博学多才的德谟克利特有一句名言：“宁可找到一个因果的解释，不愿获得一个波斯王位。”[57]这充分体现了一个人追求真理的强烈渴望。认识原因与结果的辩证关系，把握因果关系丰富多彩的形式，无疑会有助于人们在认识和实践活动中取得成功。

认识事物的因果关系，要掌握正确的方法，对各种原因应当进行客观的分析，不能靠主观臆测来确定；同时，也要进行全面的分析，既不能只抓住次要原因而忽视主要原因，也不能停留在表面原因上而忽视了本质的原因，更不能只强调客观原因而忽视主观原因。就结果来说，有积极结果和消极结果，有的结果立刻表现出来，有的结果则需要长期积累后才能表现出来，如此等等。要特别关注那些具有全局的长远意义的结果，绝不能只顾局部、不顾全局，只顾眼前、不顾长远。美索不达米亚、希腊、小亚细亚以及其他各地的居民，为了想得到耕地，把森林都砍完了，但是他们做梦也想不到，这些地方后来竟因此成为荒芜的不毛之地，因为他们使这些地方失去了森林，也失去了积聚和储存水分的中心，恩格斯以此告诫人们不要过分陶醉于人类对自然界的胜利，对于这样的每一次胜利，自然界都会对我们进行报复的。因果联系的多样性和复杂性要求我们必须坚持唯物辩证法活的灵魂，对于具体问题进行具体分析。

四　必然与偶然

必然和偶然是反映事物发展过程中确定联系和非确定联系相

互关系的一对范畴。

——必然性联系是事物发展过程中不可避免的、一定如此的趋向。它之所以是确定不移的，是由事物内部的根本矛盾决定的。人体内部的新陈代谢决定了人终有一死，这是客观的、必然的，谁也改变不了。

——偶然性联系是指事物发展过程中的不确定的因素和联系，在事物发展过程中，它可能出现、也可能不出现，可能此时出现、也可能彼时出现，可能这样出现、也可能那样出现。偶然性联系之所以是非确定的，是由于它是由事物的外部条件即一事物同其他事物的关系引起的，而条件本身则是不确定的。

必然性和偶然性是事物发展过程中不可分割的两个方面，它们是辩证统一的关系。

必然性和偶然性互以对方为自己存在的前提。必然性总是通过大量的偶然性表现出来，并为自己开辟道路。偶然性背后总是隐藏着必然性，它是必然性的表现形式和补充。既没有脱离偶然性的赤裸裸的必然性，也没有脱离必然性的纯粹的偶然性。必然性亦即事物的规律性，规律的实现需要具备种种必要的客观的和主观的条件，其中就包含着多种偶然性成分。如果必要条件不具备，必然性的实现就不具有可能性。

以科学发现为例。很多科学发现正是通过偶然机遇并抓住机遇而完成的，例如，阿基米德（Archimedes，约前 287—前 212 年）在洗澡时发现了测定王冠含金量的方法，从而发明了流体静力学；牛顿通过苹果落地发现了万有引力定律；代数学中的四元素是英国数学家哈密顿（Hamilton，1805—1865 年）在和妻子散步时发现的；德国化学家凯库勒（Kekule，1829—1896 年）在椅子上小憩时发现了苯环结构；英国的细菌学家佛莱明（Fleming，1881—1955 年）在培养金黄色葡萄球菌时不慎污染了点青霉菌，而青霉菌抑制了金黄色葡萄球菌的生长，佛莱明对这种青霉菌进行深入研究，最终导致了青霉素及其他一系列抗生素的发现。这种善于抓住偶然的机遇做出成功的科学发现的佳话，在科学史上不胜枚举。

任何偶然的科学发现背后都有必然因素在起作用。

需要指出的是，这些偶然发现并不是凭空产生的，善于抓住偶然性同碰大运完全是两回事：一是研究者对需要解决的问题具有丰富而专门的知识储备；二是研究者必须有一个对问题寻求解答的反复思考和艰苦探索的过程；三是研究者要对多种科学方法、思维方法十分娴熟以至于可以无意识地进行选择和运用。如果没有平常日积月累的知识，即使流再多的汗水，在科学上也出不了灵感；即使机遇再好，也可能视而不见。

客观事物本身也是必然与偶然的辩证统一。科学发现的必然与偶然不过又是客观事物本身必然与偶然关系在人类实践中的体现。

事物的存在和发展都有其必然性。

例如，杂交水稻之所以优质高产，是因为物种杂交具有产生某种杂种优势的必然性。所谓杂种优势，是一个遗传学和育种学的术语，指的是杂交子代通过继承双亲的不同优势可能获得更好的生物性能的现象，如在生长活力、育性和种子产量等方面优于双亲的平均值。大量事实表明，不同品系、不同品种甚至不同种属间的生物进行杂交会造成杂种产生某些优势的必然性。我国早在先秦时代，就已经知道公马配母驴所生的骡子具有明显优势。现在搞的杂交水稻，就是利用遗传关系较远的纯合亲本杂交得到的杂交一代种子的杂种优势，来获得优质高产的水稻。如果物种杂交根本就没有产生优势的必然性，那么即使袁隆平再刻苦努力，他的水稻杂交试验也只能归之于失败。这正如同有人想发明永动机一样，由于违背了事物的必然性和客观规律，只能落得个水中捞月一场空。

事物的存在和发展又都有其偶然性。

因为水稻是自花授粉作物，产生天然杂交水稻具有很大的偶然性。袁隆平能够发现那颗天然杂交水稻就纯属偶然了。而更加偶然的是，水稻是自花授粉植物，好比一出生就是夫妻成双。想让它出现杂交，就要找到天生的水稻“寡妇”，这就是雄性不育系水稻，让这种“水稻寡妇”找到特定的“丈夫”进行杂交，才能产生杂交优势。而水稻作为自花授粉植物出现雄性不育系的“水稻寡妇”，又取决于水稻出现的偶然性的基因突变。现在已经知道在自然状态下单个基因的突变率在 10^{-4}—10^{-9} 之间。因此，单个基因的突变是一种非常罕见的事件，它在什么时间突变，在什么条件下突变，都是偶然的。如果没有这种偶然的基因突变，就不会产生“水稻寡妇”，袁隆平要进行水稻杂交试验，就成了“巧妇难为无米之炊”，也绝没有成功的可能。当然，承认偶然性在生物进化中的这种重要作用，并不一定导致对必然性作用的否定，因为基因突变有确定的频率，这恰恰说明，偶然性的突变同时也受到统计必然性的支配。

必然性和偶然性在一定条件下互相转化。

例如，在生物进化过程中，生物个体由于变异出现某些偶然的、不稳定的性状，当这些性状同改变了的外部环境相适应，并通过遗传不断地固定下来，最后使有机体发生根本变异，成为新物种的固有性状时，偶然性就转化为必然性了。就袁隆平的杂交水稻来讲，偶然出现的“水稻寡妇”（雄性不育系水稻），与其他稻子（保持系）发生偶然的天然杂交，产生了“鹤立鸡群”的优质高产杂交水稻（恢复系）。这一系列偶然事件经过袁隆平的精心培育，把它们分别培育成不育系（“水稻寡妇”）、保持系（与不育系进行异花授粉的稻子）以及恢复系（杂交水稻），这样“三系”配套，生产优质高产的杂交水稻就成为必然性。与此相反，必然性转变为偶然性的现象也是存在的。在新物种形成后，原有物种的某些特征，在过了很长时间以后还可能在某些个体上偶尔出现，但这是生物进化中的返祖现象，已是不稳定的性状，从必然性转变为偶然性了。必然性和偶然性的相互转化还有另外的情形，由于事物范围的广大和发展的无限性，在一定范围或一定过程为必然性的东西，到了另一范围或另一过程则变为偶然性，反之亦然。

不论是人类的实践还是物质世界本身，都是一系列必然与偶然辩证统一的发展过程。把握必然与偶然的统一，是人类有效认识世界、改造世界的锐利思想工具。把握必然和偶然的辩证统一关系，要反对两种错误倾向。

——**一种倾向是片面夸大必然性，否认偶然性**。恩格斯曾举过一个生动的例子。他说：豌豆荚中有 5 粒豌豆而不是 4 粒或 6 粒；今天清晨 4 点钟一只跳蚤咬了我一口，而不是 3 点钟或 5 点钟，而且是咬在右肩上，而不是左腿上。这种把偶然性的事情说成是纯粹的必然性，是一种机械决定论、宿命论的观点。[58]这无异于把必然性降低为偶然性。

——**另一种倾向是片面夸大偶然性，否认必然性**。这是唯心主义非决定论的观点。按照这种非决定论的观点，一切事物的存在与发展都是一片混沌无序，客观世界和人类实践没有任何必然性和规律性可言，那么人类认识世界和改造世界的实践还有什么意义可言！这种否定必然性的观点在社会历史领域表现得尤为突出。

这两种观点的错误都在于形而上学地割裂了必然和偶然的关系，片面夸大一方面，否认另一方面。

把握必然和偶然的辩证统一关系，具有重要的意义。

——**善于通过偶然，去掌握必然，揭示事物发展的规律**。既然必然性是事物发展过程中确定不移的趋势，而必然性又是通过偶然性表现出来的，就要善于通过偶然性把握事物特别是历史发展的必然规律，不要被历史上五光十色的偶然现象所迷惑而怀疑历史发展的必然性。同时，也应当尽可能利用有利的偶然因素，努力克服不利的偶然因素带来的影响。

——**运用必然和偶然的辩证统一关系的原理于实践，重要的是善于把握机遇促进事物的发展**。机遇作为偶然性具有不确定性和非长驻性的特点。但是机遇背后隐藏着必然性，所以机遇的出现并非神秘莫测、不可把握，而是有规律可循、有原因可查的，机遇的出现体现了偶然性和必然性的统一。把握机遇不仅有助于改变事物发展的速度，而且在一定条件下能够改变事物发展的方向和趋势，使潜在的可能性变成现实。在现实实践中，善于认识和把握机遇具有重要意义。在人类历史上出现的一些重大的历史机遇，往往改变了一个民族和一个国家的命运。今天，我们必须十分注意把握住并充分利用好我国经济社会发展的战略机遇期，全面深化改革，推动经济社会的和谐发展和全面进步。

五　可能与现实

什么是可能？什么是现实？如何看待二者的辩证关系？

——**可能是指事物内部潜在的、预示事物发展前途的种种趋势，是潜在的尚未实现的东西**。某种事物在它还没有成为现实之前，只是一种可能，而且并不是任何可能都会变为现实的。这是因为，在事物发展过程中，存在着种种不同的可能，在特定条件下，只有一种可能由于具备了充分的条件，才会转变为现实。而当这种可能性转变为现实后，其他的可能在同一时期内就丧失了转变为现实的可能，或者在一定时期内就难以再转变为现实。可能之所以成为可能，是因为在现实中存在着某些实现的根据，没有任何根据可循的东西是不具有可能性的。

——**现实是指相互联系着的实际存在的事物的综合，是实现**

了的可能，是已经产生和存在的东西。现实之所以成为现实，是由其内部的必然性所决定的。一个事物，只要合乎发展的必然性，一当条件具备，迟早会变成现实。反之，现存的事物只要有其继续存在的必然性，迟早一定会变为非现实。黑格尔的一个著名命题“现实性在其展开过程中表明为必然性”，讲的就是这个道理。

——**可能和现实之间是对立统一的关系，它们不仅互相区别、互相联结，而且在一定条件下互相转化**。可能性存在于现实性之中，现实性是可能性的实现。可能性在一定条件下转化为现实，新的现实又包含向更高阶段推进的可能性。事物的发展过程，新事物代替旧事物的过程，正是可能性和现实性相互转化的过程。

可能向现实的转化是由事物的内部矛盾和外部条件决定的，是内在根据和外在条件的统一。

事物的内部矛盾决定了一事物转化为他事物的可能性；这种可能性实现出来，变为现实的东西，必须具备一定的条件。果树包含生长出果实的可能性，是由果树的内部结构决定的，但这种可能变为现实，则需要必要的外部条件，如适当的温度、水分与阳光，如果缺乏必要的外部条件，果树或是不开花，或是开花不结果。可见，没有一定的必要条件，可能性是不可能转化为现实性的。毛泽东在《新民主主义论》中讨论“中国向何处去”，分析的就是当时中国社会发展的各种可能性，特别是分析了“建立一个新中国”这种可能性转变为现实性所应具备的条件，从而提出了把这种可能性转变为现实性的历史任务。

把握可能和现实的关系，要特别注意对可能性进行具体分析。

——**要区别可能性与不可能性**。事物变化的可能性是由内在根据决定的。凡真正属于可能的事物，一定能够在现实中找到它出现的客观根据。不可能性指在现实中没有任何客观根据和必要条件，因而在任何时候、任何情况下都不能实现的事物。有根据就有可能，无根据就没有可能。正确区分可能性和不可能性非常重要。如果把毫无根据、没有办法实现的事情误认为是可能的，例如，让棍子长出果实，制造“永动机”，妄想长生不老，把当代社会拖回到茹毛饮血的原始社会等，硬要使这些不可能的事情成为现实，就会事与愿违、徒劳无益、四处碰壁。同样，如果把可能性误认为是不可能的，把尚未被认识的可能性和不可能性混为一谈，在认识和实践中也会贻误时机，产生消极后果。

——**在可能性中，要区别现实的可能性和抽象的可能性**。现实的可能性是指，在现实中具有充分根据，经过努力可以实现的可能性。抽象的可能性是指，在现实中缺乏充分根据，在一定时期内即使做出很大努力也不会实现的可能性。这两种可能性都有自己的根据，区别在于是否具备充分的根据和实现的条件。某些抽象的可能性的实现虽然还不具备条件，但随着实践的发展、认识的深化，经过种种努力，逐步具备了各种主观和客观条件，抽象可能性就会转化为现实可能性。遨游太空，登上火星，在历史上是一种抽象的可能性，但在航天技术高度发达的今天，已经在不断变为现实的可能性。

——**对现实的可能性也要进行具体分析**。现代科学和哲学对可能性问题的最重要的贡献，是提出了“可能性空间”和概率性的概念。现代科学如量子力学、控制论、信息论、系统论和分子生物学表明，事物的发展变化存在多种可能性，但各种可能性实现的程度却各不相同。把这种多种可能性的集合称为“可能性空间”，把各种可能性不同的实现程度称为概率性，这样对有些可能性就可以进行定量化的描述，把概率高的事件看成为大概率事件，把概率低的事件看成为小概率事件，而概率为零的事件，就是不可能发生的事件，概率为 1 的事件，就是百分之百必定能实现的事件。

——**在现实的可能性中，要区别好的可能性和坏的可能性、有利的可能性和不利的可能性**。要积极争取好的、于人民有利的可能性转化为现实，努力防止坏的、于人民不利的可能性转化为现实。从历史发展的总趋势看，光明的、进步的一方终究会战胜黑暗的、腐朽的一方，但是，如果不清醒地估计到存在着两种可能性是会吃苦头的。任何时候、任何情况下，对坏的、不利的一面有足够的估计比没有足够的估计要好。应当准备应付最坏的可能性，以避免措手不及，导致不良的结果。毛泽东说过："向着最坏的一种可能性作准备是完全必要的，但这不是抛弃好的可能性，而正是为着争取好的可能性并使之变为现实性的一个条件。"[59]

由可能向现实的转化，条件是格外重要且必要的。**我们是条件论者，但不是唯条件论者**。**在尊重客观事实及其规律的基础上，人们完全可以通过自己的主观努力，发挥人所特有的主观能动性，去积极地改变某些不利条件为有利条件，并创造尚不具备又是实际需要的并有可能创造的新条件，促使对人们有利的可能性转化为现实，防止对人们不利的可能性转化为现实**。

我们既不能因为种种不利条件而悲观失望，也不能坐失宝贵的有利条件的良机，或坐等有利条件自动到来，从而丧失大好的历史机遇，这些都不利于积极性、主动性和创造性的发挥，不利于事物的发展。

今天，我国在实现了四十多年的快速发展之后，既取得了举世瞩目的成就，同时又遇到了大量的矛盾与问题。中国发展面临的机遇前所未有，挑战也前所未有，但机遇大于挑战。我们既不能为巨大的挑战所吓倒，更不能因为堆积如山的困难而望洋兴叹。到 21 世纪中叶，把我国建设成为一个富强民主文明和谐美丽的社会主义现代化强国，仍然是中国发展最现实的可能性、最大概率的可能性、最有利于中国人民和中华民族的可能性。前途是光明的，道路是曲折的，看一看中华人民共和国的成立经过了多少艰难险阻、付出了多少流血牺牲，就会明白把这种可能性转变为现实性要付出多少艰辛努力。每一个中华儿女都应当为把这一可能性变为现实性而英勇奋斗、辛勤工作。

结 语

本质与现象、内容与形式、原因与结果、必然与偶然、可能与现实等基本范畴，都以对立统一的形式，各自从不同的侧面揭示了普遍联系和发展，是唯物辩证法基本规律的补充。基本规律和基本范畴构成了唯物辩证法的科学体系。我们分析问题、认识问题、解决问题，不仅要善于运用唯物辩证法的基本规律，还要善于运用唯物辩证法的基本范畴，反对形式主义，透过现象看本质，善于认识原因与结果的辩证关系，通过偶然性把握必然性，在可能性中实现现实性……并运用到改造客观世界与主观世界的实践中，以增强工作的前瞻性、预见性、战略性和科学性。

注 释

〔1〕《列宁专题文集·论辩证唯物主义和历史唯物主义》，人民出版社2009年版，第137页。

〔2〕《马克思恩格斯文集》第9卷，人民出版社2009年版，第149页。

〔3〕《列宁全集》第55卷，人民出版社2017年版，第128页。

〔4〕《马克思恩格斯文集》第9卷，人民出版社2009年版，第401页。

〔5〕《列宁专题文集·论辩证唯物主义和历史唯物主义》，人民出版社2009年版，第142页。

〔6〕《马克思恩格斯文集》第9卷，人民出版社2009年版，第23页。

〔7〕《列宁专题文集·论辩证唯物主义和历史唯物主义》，人民出版社2009

年版，第 310 页。

〔**8**〕钱学森等：《论系统工程》（增订版），湖南科学技术出版社 1988 年版，第 77 页。

〔**9**〕《马克思恩格斯全集》第 30 卷，人民出版社 1995 年版，第 237 页。

〔**10**〕《马克思恩格斯全集》第 28 卷，人民出版社 2018 年版，第 354 页。

〔**11**〕《列宁专题文集·论辩证唯物主义和历史唯物主义》，人民出版社 2009 年版，第 185 页。

〔**12**〕上海交通大学编：《智慧的钥匙——钱学森论系统科学》，上海交通大学出版社 2005 年版，第 79 页。

〔**13**〕钱学森等：《论系统工程》，湖南科学技术出版社 1982 年版，第 186 页。

〔**14**〕钱学森等：《系统理论中的科学方法与哲学问题》，清华大学出版社 1984 年版，第 10 页。

〔**15**〕《毛泽东文集》第 8 卷，人民出版社 1999 年版，第 348 页。

〔**16**〕《毛泽东文集》第 8 卷，人民出版社 1999 年版，第 108 页。

〔**17**〕黑格尔：《法哲学原理》，商务印书馆 1961 年版，序言，第 11 页。

〔**18**〕《毛泽东文集》第 7 卷，人民出版社 1999 年版，第 375 页。

〔**19**〕《马克思恩格斯文集》第 4 卷，人民出版社 2009 年版，第 298 页。

〔**20**〕《马克思恩格斯文集》第 4 卷，人民出版社 2009 年版，第 270 页。

〔**21**〕北京大学哲学系外国哲学史教研室编译：《古希腊罗马哲学》，生活·读书·新知 1957 年版，第 19 页。

〔**22**〕转引自韩树英编《马克思主义哲学纲要（修订本）》，人民出版社 1990 年版，第 104 页。

〔**23**〕《列宁全集》第 55 卷，人民出版社 2017 年版，第 306 页。

〔**24**〕《建国以来毛泽东文稿》（第八册），中央文献出版社 1993 年版，第 451 页。

〔**25**〕《列宁专题文集·论辩证唯物主义和历史唯物主义》，人民出版社 2009 年版，第 149 页。

〔**26**〕《列宁专题文集·论辩证唯物主义和历史唯物主义》，人民出版社 2009 年版，第 149 页。

〔**27**〕《列宁专题文集·论辩证唯物主义和历史唯物主义》，人民出版社 2009 年版，第 149 页。

〔**28**〕《列宁专题文集·论辩证唯物主义和历史唯物主义》，人民出版社 2009 年版，第 149 页。

〔**29**〕《马克思恩格斯选集》第 3 卷，人民出版社 1995 年版，第 734 页。

〔**30**〕《列宁专题文集·论辩证唯物主义和历史唯物主义》，人民出版社 2009 年版，第 149 页。

〔**31**〕《毛泽东选集》第 3 卷，人民出版社 1991 年版，第 901 页。

〔**32**〕《毛泽东选集》第 1 卷，人民出版社 1991 年版，第 320 页。

〔**33**〕《马克思恩格斯文集》第 9 卷，人民出版社 2009 年版，第 497 页。

〔**34**〕《马克思恩格斯文集》第 9 卷，人民出版社 2009 年版，第 467 页。

〔**35**〕《毛泽东选集》第 1 卷，人民出版社 1991 年版，第 334 页。

〔**36**〕《马克思恩格斯文集》第 5 卷，人民出版社 2009 年版，第 22 页。

〔**37**〕《马克思恩格斯全集》第 4 卷，人民出版社 1958 年版，第 329 页。

〔**38**〕《列宁专题文集·论辩证唯物主义和历史唯物主义》，人民出版社 2009 年版，第 141 页。

〔**39**〕《马克思恩格斯文集》第 4 卷，人民出版社 2009 年版，第 276 页。

〔**40**〕《毛泽东选集》第 3 卷，人民出版社 1991 年版，第 938、939 页。

〔**41**〕《马克思恩格斯文集》第 9 卷，人民出版社 2009 年版，第 148 页。

〔**42**〕《普列汉诺夫哲学著作选集》第 1 卷，生活·读书·新知三联书店 1961 年版，第 635 页。

〔**43**〕贝塔朗菲：《普通系统论的历史和现状》，《科学学译文集》，科学出版社 1980 年版，第 322 页。

〔**44**〕参见贝塔朗菲《一般系统论的发展》，《自然辩证法学习通讯》1981 年增刊。

〔**45**〕《马克思恩格斯全集》第 23 卷，人民出版社 1972 年版，第 362 页。

〔**46**〕《马克思恩格斯全集》第 32 卷，人民出版社 1998 年版，第 294 页。

〔**47**〕《马克思恩格斯全集》第 20 卷，人民出版社 1971 年版，第 141 页。

〔**48**〕《马克思恩格斯全集》第 25 卷，人民出版社 1974 年版，第 923 页。

〔**49**〕《列宁全集》第 55 卷，人民出版社 2017 年版，第 82 页。

〔**50**〕《列宁专题文集·论辩证唯物主义和历史唯物主义》，人民出版社 2009 年版，第 133 页。

〔**51**〕《列宁全集》第 55 卷，人民出版社 2017 年版，第 213 页。

〔**52**〕《毛泽东选集》第 1 卷，人民出版社 1991 年版，第 99 页。

〔**53**〕《自然辩证法研究参考资料丛刊：控制论哲学问题译文集》（第一辑），商务印书馆 1965 年版，第 77 页。

〔**54**〕伽桑狄：《对笛卡儿〈沉思〉的诘难》，商务印书馆 1963 年版，第 34 页。

〔**55**〕伊·普里戈金、伊·斯唐热：《从混沌到有序》，上海译文出版社 1987 年版，第 255—256 页。

〔**56**〕罗素：《我的哲学的发展》，商务印书馆 1982 年版，第 180 页。

〔**57**〕转引自郝立新等《大众哲学对话录》，2009 年版，第 112 页。

〔**58**〕参见《马克思恩格斯文集》第 9 卷，人民出版社 2009 年版，第 479 页。

〔**59**〕《毛泽东选集》第 2 卷，人民出版社 1991 年版，第 784 页。

第四章　认识论：认识世界的目的在于改造世界

马克思主义认识论是以实践为基础的唯物主义反映论，又是革命的、能动的反映论，反对不可知论，坚持科学的可知论。马克思主义认识论把实践观点引入认识论，把实践作为认识的基础，把辩证法应用于认识论，科学地揭示了认识的辩证发展过程，排除了旧唯物主义在认识论上的直观性，既坚持了唯物论，又坚持了辩证法，实现了认识论与唯物论、辩证法的统一，实现了认识论的伟大变革。马克思主义认识论为人们指出了通往真理、认识世界、改造世界的科学路径，是中国共产党思想路线的哲学依据。

第一节　认识论总论

人类不仅通过实践活动现实地改造世界，而且还通过认识活动观念地把握世界。以实践为基础的主体对客体的能动反映，生动地体现在认识的辩证过程中。认识的辩证过程就是在实践基础上由感性认识到理性认识，再由理性认识到实践的能动飞跃。通过这一辩证运动过程，人的认识不仅反映世界，而且指导实践能动地创造世界。

一　实践是认识论首要的基本观点

马克思主义哲学十分重视实践的作用。马克思、恩格斯自认是“实践的唯物主义”者。列宁认为：“生活、实践的观点，应该是认识论的首要的和基本的观点。”[1]马克思主义以前的唯物主义反映论反对唯心主义认识论，是应当肯定的。但它的根本缺陷是离开人的社会性、离开人的历史、离开人的实践去说明人的认识问题，不理解实践在认识中的作用，不能把辩证法应用在认识论上，把认识看作对客观实在的直观的、被动的、消极的反映，最终自然掉到唯心主义认识论的泥坑中。

实践的观点是马克思主义认识论的首要观点。

马克思主义哲学第一次自觉地把实践作为自己哲学的基础，实现了哲学的伟大革命。在被恩格斯称作“包含着新世界观的天才萌芽的第一个文献”[2]的《关于费尔巴哈的提纲》中，马克思涉及了实践在认识中的根本作用问题，强调了哲学认识改造世界的功能，奠定了马克思主义认识论的基石。

针对教条主义者轻视实践，不了解中国实际，不尊重中国实践及其经验，不重视调查研究，生搬硬套马克思主义的词句和外国革命的经验，给中国革命造成严重危害的现实，毛泽东特别强调实践第一的观点，把他的认识论著作称为《实践论》。从认识的来源、认识发展的动力、检验真理的标准和认识的目的四个方面说明了实践对于认识的决定作用，并以实践为基础，第一次对认识的辩证发展过程作了全面的论述，深刻揭示了实践在认识过程中的基础地位和决定作用。

实践需要理论，实践孕育理论，不断发展的实践推进理论的不断创新。

马克思主义发展到今天，始终保持旺盛的生命力，不仅因为马克思主义解释的是反映自然和社会发展普遍规律的真理，更因为一代又一代的马克思主义者根据新的实践既坚持马克思主义，又发展马克思主义。列宁回答了帝国主义阶段的时代问题，并结合俄国国情和革命实践，创立了列宁主义；毛泽东同志把马克思列宁主义同中国具体国情和现实实践相结合，创立了毛泽东思想；以邓小平、江泽民、胡锦涛、习近平为代表的中国共产党人把马克思列宁主义、毛泽东思想与中国改革开放新的实践永续结合，创立并丰富、发展了中国特色社会主义理论体系。

中国特色社会主义理论体系的“创新”源于实践的“创新”，它适应了实践的新需要，回答了实践的新问题，从而深化了对“三大规律”，即社会主义建设规律、执政党执政规律、人类社会发展规律的认识，开拓了马克思主义新境界。

改革开放的新实践是中国特色社会主义理论体系产生、丰富和发展的真正动力和源泉。

什么是实践？实践是人们有目的地改造世界的物质活动。

实践是客观的物质活动，是人作为物质力量、运用物质手段、作用于物质对象并产生物质性的结果的活动。实践是人的有意识的自觉能动的社会活动。人的实践活动不像动物那样被动地适应自然界，而是一种自觉的有目的的活动。实践是社会性活动。人们只有结成一定的社会关系，才能在自然界面前确立自己的主体地位，形成社会性的物质力量，进行改造自然的生产活动。实践是历史性活动。实践活动既受历史条件制约，又是一个历史发展过程。

实践是多种多样的。**实践可以划分为三种基本类型：物质生产实践、社会政治实践以及科学文化实践**。

人类的生产活动是最基本的实践活动，决定其他一切人类活动。人的社会实践不限于生产活动一种形式，还有多种其他形式，如阶级斗争、政治生活、科学和艺术活动。社会实践过程表现为物质生产过程、阶级斗争过程以及科学实验过程。物质生产是人类历史的第一个实践活动。物质生产实践要解决的是人与自然的矛盾，生产物质生产资料和生活资料，是最基本的首要的实践活动。没有物质生产实践，人就不能生存，国家和民族就要灭亡。社会政治实践是人类在政治上层建筑领域从事各种交往的实践活动，只有经过这种实践，才能建立和完善各种社会政治关系，从事社会政治交往，协调人们的各种利益，社会才能正常运转，物质生产才能不断地进行。在阶级社会里，阶级斗争是最主要的社会政治实践活动。科学文化实践是人们从事科学研究、科学创造和生产精神文化产品的实践活动。人们通过这种实践，探索世界的奥妙，发现世界的规律，发展自然科学、哲学社会科学、思维科学，创造各种科学技术和精神文化产品，为经济社会发展与自身的发展提供科技支撑、理论指南、思想基础、价值取向、道德规范和文化氛围。科学文化实践也包括哲学社会科学的社会调查与科学研究实践。

马克思主义创立了科学的实践观，不仅正确地解释了人与社会的生成与发展，而且对于人的认识也作出了科学的说明，创立了辩证唯物主义认识论。

——**实践是认识产生的源泉**。毛泽东说过："你要有知识，你就得参加变革现实的实践。你要知道梨子的滋味，你就得变革梨子，亲口吃一吃。"〔3〕人们通过物质生产实践、社会政治实践以及科学文化实践等活动，逐渐了解自然规律和社会规律，认识人和自然的关系以及人和人的关系。若离开实践，人的认识就成了无源之水、无本之木。就人类认识的总体而言，认识来源于实践，一切真知都是从直接经验发源的。但由于人生有涯，宇宙无疆，由于知识可以传承，因而人不可能也没有必要事事都要直接经验，需要大量吸收间接经验，从书本上、从他人的经验中学习。但吸收间接经验是以直接经验为基础和前提的。而对于自己是间接经验的东西，对最初取得这些经验的人来说，仍然是直接经验。

——**实践是认识发展的动力**。社会实践不断向人们提出新的问题和新的要求，推动人们去探求新知。人的实践是自觉能动的活动，是以对于客观世界运动发展规律的认识为指导的。为了正确实践并取得预期的结果，必须认识客观实际，认识事物运动发展的规律。社会实践也为人们积累了日益丰富的经验材料，创造出了新的认识手段和认识工具。社会实践纵向的推进和横向的拓展，使人们能够用宏大深远的时空视野来观察社会历史，发现社会发展的客观规律和必然趋势。社会实践是一步又一步地由低级向高级发展的，人的认识也是一步又一步地由低级向高级发展的，即由浅入深，由片面到更多的方面，由必然王国而不间断地走向自由王国。

——**实践是认识的目的**。认识的基础是实践，又反过来为实践服务。如果说认识的根本任务是认识本质、把握规律，那么，认识的最终目的则是指导实践，改造世界，实现人的生存和发展。马克思主义看重理论，理论的重要性正是，也仅仅是因为它能够指导行动。但如果有了正确的理论，只是把它空谈一阵，束之高阁，并不实行，那么，这种理论再好也是没有任何意义的。

——**实践是检验真理的唯一标准**。人类历来崇尚真理，但对于什么是真理，如何检验真理，却一直莫衷一是。但是人们最终发现，无论书本的话，还是简单的多数，还是少数人非凡的才能，都不是真理的可靠证明。因为真理的基本特征是主观认识与客观实际相符合，仅仅停留在主观认识的范围内，是无法对是不是真理作出正确判断的。只有联结主观认识与客观实际的实践，才能作为检验真理的标准。

马克思在《关于费尔巴哈的提纲》中指出："人的思维是否具有客观的……真理性，这不是一个理论的问题，而是一个实践的问题。人应该在实践中证明自己思维的真理性，即自己思维的现实性和力量，自己思维的此岸性。关于离开实践的思维的现实性或非现实性的争论，是一个纯粹经院哲学的问题。”[4]只有人们的社会实践，才是人们对于外界认识的真理性的标准。判定认识或理论是否具有真理性，不是依主观上觉得如何而定，而是依客观上社会实践的结果如何而定。检验真理的标准只能是社会实践。

坚持实践是检验真理的唯一标准，这是马克思主义认识论的基本观点。毛泽东在《实践论》中特别强调实践检验标准的唯一性。所谓唯一性，即只有一个标准。一种理论、一种思想、一个观点、一个办法是否正确，只能由实践来说话、来判断、来裁定。什么谁的指示、谁的讲话、谁的本本，都必须服从实践标准。改革开放之初展开的实践是检验真理的唯一标准的大讨论，是一场空前的马克思主义教育和思想解放运动，把人们从对马克思主义教条化的理解、对错误路线的无条件地服从和执行、对个人的盲目崇拜迷信的思想禁锢中解放出来了，开启了社会主义改革开放的新篇章。在当时的历史关节点上，邓小平敏锐地认为，要“拿事实来说话”[5]，“不是靠本本，而是靠实践”[6]。坚定不移地坚持实践是检验真理的唯一标准。

实践之所以是检验真理的唯一标准，是由真理的本性和实践的特性决定的。真理是人们的思想对于客观事物及其规律的正确反映，是主观与客观相符合的认识。判断一种认识是不是真理，在主观的范围内是不能解决的，客观事物本身也不能自动地把自己与人的认识相对照。作为检验真理的标准，既不能到主观领域中去寻找，也不能到纯粹客观的领域中去寻找，只能到能够把主客观联结起来的东西中去寻找。这只能是实践。

列宁认为，实践“不仅具有普遍性的品格，而且还具有直接现实性的品格”[7]。实践具有直接现实性。实践作为在一定思想指导下的感性物质活动，能够将一种理论、路线、方针、政策、计划、方案付诸行动，并产生一个结果，因而能够使人们把主观与客观、思想与实际联系起来加以对照。如果在实践中达到了预期的目的，就证明了人的认识的正确性。如果经过反复实践都不能达到预期的目的，就是对于一种认识的证伪。判断一种理论、一个方案是否正确，要看它在实践中是不是行得通，看能不能取得预期的结果。实践还具有普遍性。个别的、特殊的事物的普遍本质与一般规律能够在实践中逐步显露出来，实践本身也具有共通性和普遍规律性，只要具备了同样的条件，实践就可以随时随地产生合乎规律的运动，并且获得同样的结果，从而证明规律与必然性的存在，证明正确的思想、理论是对客观事物的本质的认识，是与规律相符合。

二　人类认识的两个飞跃

马克思主义认识论坚持从物到感觉和思想的唯物主义反映论立场，主张人的认识是以实践为基础的能动的辩证的发展过程。

列宁说："从生动的直观到抽象的思维，并从抽象的思维到实践，这就是认识真理、认识客观实在的辩证途径。"[8]毛泽东在《实践论》中发展和深化了列宁这一思想，认为人的认识是一个由实践到理论，再由理论到实践的辩证发展过程。在这个过程中，人的认识发生"两个飞跃"，即在实践的基础上由感性认识而能动地发展到理性认识，又从理性认识而能动地指导革命实践。

认识的第一次飞跃是从感性认识到理性认识。

人们在实践过程中，开始只是看到事物的现象、片面和外部联系，这就是感性认识。而随着社会实践的继续，引起感觉和印象的东西反复出现，就促使人们思考事物、现象、过程之间的内在联系，形成对事物的本质、全体和内部联系的认识，这就是理性认识。认识的真正任务，就是实现从感性到理性的飞跃，认识本质，通观全体，发现内部联系，把握客观规律。要实现从感性认识到理性认识的飞跃：第一，必须通过实践获得丰富而不是零碎的、合于实际的而不是主观臆造的感觉材料；第二，必须对于感觉材料进行去粗取精、去伪存真、由此及彼、由表及里的改造制作功夫，形成概念和理论系统，从而获得对于事物的本质和规律的认识。

为什么只有形成了概念和理论的系统，才能认识事物的本质和规律？这是因为，事物的本质和规律具有多方面、多层次的规定性，只有把握客观事物诸多方面和诸多层次的规定性，把握客观事物的内在联系，才能由理论的抽象上升到理论的具体，由现象深入本质，从而以系统而完备的理论形态，全面把握客观事物的本质和规律。世界是一张普遍联系的网，反映事物本质属性的一个个概念就是网上的纽结，反映世界普遍联系之网的理论是由许多概念纽结构成的，概念的系统化则是对世界普遍联系本质的深化认识。

感性认识和理性认识是辩证统一的。理性认识以感性认识为前提，感性认识以理性认识为归结；感性认识中有理性认识的萌芽、元素，渗透着理性认识；理性认识涵纳着感性认识，是感性认识的整合与提升、深化。一方面，理性认识依赖于感性认识。理性认识之所以可靠，正是由于它来源于感性，一切真知都是从直接经验发源的。坚持这一观点，就坚持了认识论问题上的唯物论。另一方面，感性认识有待于发展到理性认识。人的认识只有从感性上升到理性，才能把握事物的内部联系和规律性。承认感性认识有待于发展到理性认识，就坚持了认识论问题上的辩证法。

唯理论否认感性认识而重视理性认识，只承认理性的实在性，不承认经验的实在性；经验论则忽视理性认识而只重视感性认识，只承认经验的实在性，否认理性的实在性。教条主义和经验主义是实际工作中的唯理论和经验论，二者都属于主观主义。教条主义不懂得要根据中国的实际来运用马克思主义，拒绝研究中国实际和中国革命的经验，把马克思主义变成了僵死的、一成不变的、可以机械套用的教条。经验主义则是轻视理论，拒绝正确理论的指导，满足于一孔之见和一得之功，把局部经验当成普遍真理，也只能导致革命的失败。有鉴于此，有书本知识的人向实际方面发展，向实际学习，然后才可以不停止在书本上，才可以不犯教条主义的错误。有工作经验的人，要向理论方面学习，要认真读书，然后才可以使经验带上条理性、综合性，上升成理论，然后才可以不把局部经验误认为即是普遍真理，才可不犯经验主义的错误。

认识的第二次飞跃是从理性认识到新的实践。

懂得了客观世界的规律性，因而能够解释世界固然很重要，但更重要的是拿这种对于客观规律性的认识去能动地改造世界。认识从实践开始，经过实践得到理论的认识，仍须再回到实践中去。因为只有经过这次飞跃，才能检验认识是否具有真理性，才能在总结新的实践经验的基础上使认识得到补充、完善、丰富和发展，才能达到认识的目的。要实现第二次飞跃，还必须把思想理论转化为路线、方针、政策、计划、方案，并抓好贯彻落实，才能实现好由理性认识到实践的飞跃，达到改造世界的目的。

路线、方针、政策、计划、方案是按照客观规律、客观条件以及主体的利益需求建构起来的。但无论是客观事物的规律，还是人们的利益需求，都是非常复杂的。人们在制定路线、方针、政策、计划、方案时，既要全面地认识、把握事物的复杂规律系统，又要正确地反映、处理各种利益关系。无论是对于客观规律的认识出了偏差，还是对于各种利益关系处理不当，都会导致路线、方针、政策、计划、方案的错误，并进而导致实践的失败。如果一项实践失败了，既要看思想、理论有没有问题，也要看路线、方针、政策、计划、方案、方法、途径有没有问题，同时，还要看是不是落到了实处。实现好这“两个飞跃”，是一个复杂而困难的过程，往往要不断地试错，经历许多挫折、失败，才能最终取得成功。

三　实践、认识、再实践、再认识

人类的认识活动与人类社会发展的历史进程一样，并非径情直遂和一帆风顺，而是充满了荆棘坎坷，是曲折的、迂回的，是波浪式前进、螺旋式上升的。要认识自然的规律、社会的规律、思维的规律，绝不是直截了当、简单容易的，而是在社会实践的基础上由不认识到认识、由浅入深、由片面到全面的过程，是在实践的基础上循环往复、曲折前进、螺旋式上升的过程。

毛泽东在《实践论》中，深刻阐述了实践在认识中的基础地位、认识的辩证发展过程之后，精辟概括了人类认识的总规律：通过实践而发现真理，又通过实践而证实真理和发展真理。从感性认识而能动地发展到理性认识，又从理性认识而能动地指导革命实践，改造主观世界和客观世界。实践、认识，再实践、再认识，这种形式，循环往复以至无穷，而实践和认识之每一循环的内容，都比较地进到了高一级的程度。这就是辩证唯物论的全部认识论，这就是辩证唯物论的知行统一观。

人类的认识过程是在实践的基础上从感性认识到理性认识，又从理性认识到革命实践的能动的辩证发展过程，是实践、认识，再实践、再认识的一个循环往复、不断深化上升的过程。

一般来说，如果人们在实践中实现了从感性认识到理性认识的飞跃，形成反映客观实际、客观过程、客观规律的思想理论，制订了计划、方案，应用于新的实践，实现了预想的目的，将思想理论与计划、方案变为现实，就完成了一个具体的认识过程。但由于受主体认识能力、科学技术条件以及客观过程的发展及其表现程度的限制，人们的认识往往不深刻、不全面甚至是错误的，只有经过实践与认识的多次反复，经历多次挫折和失败，才能实现主观与客观的观念统一和现实统一。

从客观过程的推移来看，客观事物是向前推移、发展的，人的认识也必须随之向前推移、发展。当一个客观过程从某一发展阶段向另一发展阶段推移转变，人们的主观认识、行动任务、方针政策，也必须随之转变，以适应新的情况的变化。要刚健而时中，进取而及时。若思想脱离实践、落后实际，非但不能充任社会发展的向导，反而怨恨车子走得太快，企图开倒车，这就要犯右倾机会主义的错误；若思想超越客观过程的发展阶段，把幻想看作真理，把抽象可能看作现实可能，把将来才能实现的理想勉强放在现时来做，就要犯冒险主义的错误。客观事物不断发展，社会实践不断推进，人的认识不断深化。根据一定的思想、理论、计划、方案从事变革客观现实的实践，一次又一次地向前，人们对于客观现实的认识也就一次又一次地深化。客观现实世界的变化运动永远没有完结，人们在实践中对于真理的认识也就永远没有完结。马克思主义并没有结束真理，而是在实践中不断地开辟认识真理的道路。

就总体而言，认识是一个过程，由于主客观多方面的原因，必须经历从实践到认识、从认识到实践的多次反复，不可能一次完成。从事变革现实的人们常常受到许多限制，不但常常受到科学条件和技术条件的限制，而且也受着客观过程的发展及其表现程度的限制（客观过程的方面及本质尚未充分暴露），在这种情形之下，由于在实践中发现前所未料的情况，因而部分地改变思想、理论、计划、方案的事是常有的，全部改变的事也是有的。

在自然科学领域，关于物质结构的认识就是这样。社会领域就更是如此，例如对于社会主义的认识。改革开放以来，在“解放思想、实事求是”思想路线的指引下，我们党对社会主义的认识又有了新的深化，逐步形成了中国特色社会主义制度、道路和理论体系。当然对社会主义的认识远没有完结，社会主义是一个漫长的过程，对它的认识还有待继续深化和发展。

四　真理是一个发展过程

真理的发展过程，是真理和谬误的矛盾不断产生和不断解决的过程，也是真理性的认识由相对到绝对的过程。理解真理的发展过程，需要弄清绝对真理和相对真理的关系问题。

所谓相对真理，或者说真理的相对性，是说，作为认识主体的人具有各种各样的局限性，因而任何具体的真理都是相对的，具有一定的局限性。

由于人的生命短暂，受到环境、条件的限制，又由于认识对象无比广大、复杂，且处在不断的变动中，人们所得到的具体认识都有一定的局限性，都是对一定对象、一定层次、一定范围的认识，不可能那么圆满，不可能一下子把什么都认识清、认识完全、认识透彻。

所谓绝对真理，或者说真理的绝对性，是说，凡是正确的认识都是主观对客观事物的正确反映，是与客观事物相符合的认识。

客观事物的存在是绝对的、毫无疑义的。真理之所以是真理，必须是与客观事物相符合的认识，这也是绝对的。虽然符合到什么程度是变动的、相对的，但是必须符合则是绝对的，而不能说可以符合，也可以不符合。在澳洲发现黑天鹅以后，原来认为天鹅都是白色的认识就是不正确的。但是，白天鹅确实是存在的，认为天鹅是白色的认识并非一无是处。所以准确地说，原来的认识并非全错，只是不完全的即相对的，是相对真理。但是，这个相对真理也具有绝对性，因为白天鹅无疑是存在的，认为天鹅是白的也正确地反映了部分事实。如果连这一点也不承认，那就走向另一个错误的极端了。

苏格拉底（Socrates，前469—前399年）有一句名言："我唯一知道的就是我不知道。"这句话鲜明地指出了人的认识的相对性。由此可知，相对真理与绝对真理是互相联系的，不能片面地承认一个方面而否定另一个方面。在这个意义上，可以说，相对真理与绝对真理是真理的两重属性，所有的具体真理都同时具有这两重属性。

如果绝对真理是指对于客观世界完全的认识的话，那么，这样的真理不是哪一个人、哪一个时候所能够获得的。但是，由于人类社会及人的认识能力的发展是无止境的，这种认识的可能性是不能否定的、人类向这种认识的接近也是无止境的，因而也是绝对的。不过这种绝对真理只能存在于相对真理无止境的发展过程中，而不能离开相对真理单独存在。也可以说，绝对真理是由相对真理构成的，相对真理中包含着绝对真理的成分。

人类的实践以及对于客观事物的真理性认识是一个不断发展的过程。人类实践是总体性与具体性、历史性与绵延性的统一，人的思维是至上性与非至上性的统一。

按照人类实践的本性和思维的本性，是可以在世代相续的总体性实践中认识客观事物的本质和规律，获得客观真理或绝对真理的；但人类总体性实践是由各个历史时期的具体实践构成的，人类思维的至上性是由非至上的各个历史时期的具体人的思维构成的，人类对于总体宇宙发展过程的认识是通过对于各个具体过程的认识实现的。绝对真理是由无数相对真理的总和构成的。绝对真理犹如长河，相对真理就是支流或水滴。无数相对真理的总和构成绝对真理。人类实践的每一次进步，科学技术的每一次发现，人类认识的每一次深化，都向绝对真理趋近了一步。

人们在实践中所获得的真理都既是相对的，又是绝对的，是相对性与绝对性的统一。我们承认客观真理和绝对真理，或承认真理的客观性与绝对性，坚持物质世界的客观性、可知性以及一切从实际出发、主观符合客观的必要性，反对在真理问题上的唯心论、不可知论、相对主义；同时，我们又承认真理的主观性与相对性。真理是在人的能动创造的实践中，在主观对客观的能动反映中，在人类世代延续的具体的历史的实践中，通过无数相对真理而趋向绝对真理的。我们应该反对在真理问题上的机械唯物论、终极真理论和绝对主义，避免把真理性认识变成脱离实践、脱离时代的凝固不变、死板僵化、永不发展的教条。毛泽东说过，谁能一开始就认识中国革命规律？开始只想革命，但怎么革法，先革什么，后革什么，不清楚。只有经过多次胜利多次失败，经过大风大浪，才能逐步认识中国革命的规律。

客观世界是充满矛盾和斗争的发展过程，作为客观世界之反映的人的认识也是一个充满矛盾和斗争的发展过程。当客观世界的发展过程进入了新的阶段，出现了新矛盾、新特点、新情况、新问题，人们就必须更新思想观念，反映新的实际，形成新的理论，指导新的实践。客观实际的运动、变化、发展永无终结，人类在实践中对于客观世界的认识也永无终结。社会实践中的发生、发展和消灭的过程是无穷的，人的认识的发生、发展和消灭的过程也是无穷的。人们根据一定的思想、理论、计划、方案从事变革客观现实的实践，一次又一次地向前，对于客观现实的认识也就一次又一次地深化。客观现实世界的变化运动永远没有完结，人们在实践中对于真理的认识也就永远没有完结。马克思主义并没有穷尽真理，而是在实践中不断地开辟认识真理的道路。我们的结论是坚持主观和客观、理论和实践、知和行的具体的历史的统一，反对一切离开具体历史的“左”的或右的错误思想。

承认真理的相对性与绝对性，不仅具有重要的理论意义，也

具有非常重要的现实意义。

过去有一段时间，大家出于对革命领袖和革命理论的敬重和崇拜，认为伟大领袖什么都知道，马克思主义的理论每句话都正确，好像什么问题都解决了，只要照抄照搬照办就可以了，不需要有新的探讨，更不容许有丝毫的怀疑和批评。这样做的结果，是思想的僵化，教条主义、个人崇拜盛行，造成了严重的危害。经过实事求是思想路线的教育，大家明白了，实践是检验真理的唯一标准，伟大领袖也会犯错误，有了错误也应当批评和纠正。马克思主义也会有时代的局限性，也需要继续探讨和进一步发展。但是，有的人又因此走向另一个极端，认为世界上什么东西都靠不住、都不可信。走向了只承认相对性、不承认绝对性的相对主义。

真理同谬误相比较而存在、相斗争而发展，并且在一定条件下相互转化。

真理是人们对于客观事物的正确反映，谬误则是对于事物歪曲的反映，二者是有原则区别的。但任何真理都是对于特定对象的正确反映，都适用于一定的范围。如果把真理同它的具体对象割裂开来，超越它所适用的范围到处套用，就会把真理变成谬误；反之，当我们克服了把真理绝对化的错误，严格划定它所适用的范围，谬误就能够向真理转化。市场经济体制奉行利益原则、价值原则、竞争原则，实行市场经济体制，会提高经济运行效率；但市场经济也会发生垄断，造成公共性、公平性和宏观性失灵，也有其不可避免的局限性。如果将市场原则加以泛化，将其扩展到社会生活的各个方面，就会导致灾难性的后果；相反，如果我们既充分发挥市场在资源配置中的决定性作用，又为市场经济合理划界，切实履行好政府经济调节、市场监管、社会管理、公共服务的职能，就会回归对于市场经济的正确认识。

懂得相对真理与绝对真理及其相互关系的道理，可以帮助人们正确认识和对待各种认识成果。一方面，对于符合客观实际的正确认识，对于正确认识世界的能力，应当充满信心，奋发有为。另一方面，又应该保持清醒的头脑，时刻意识到人的认识的局限性，并不断克服这种局限性，从而在认识世界、改造世界的征途中不断前进。懂得真理和谬误的辩证法，也可以帮助人们正确对待真理和严格运用真理，不把真理绝对化，不把真理教条化；帮助人们正确对待错误、挫折和失败，善于从挫折、失败的教训中学习；勇于追求真理、坚持真理，承认错误、修正错误，变得聪明、睿智起来，在实践中不断获得真知，在实践中不断取得进步。

五　认识世界是为了改造世界

马克思主义哲学以实践为主题，以改造世界为目的，以改变旧世界与建设新世界为己任。马克思在《关于费尔巴哈的提纲》中旗帜鲜明地表达了他的以实践为基础的新世界观不同于过去一切旧哲学的显著特点，明确宣称马克思主义哲学认识世界的目的在于改造世界。毛泽东指出："无产阶级和革命人民改造世界的斗争，包括实现下述的任务：改造客观世界，也改造自己的主观世界——改造自己的认识能力，改造主观世界同客观世界的关系。"[9]这些论断揭示了人类认识的根本目的，阐明了马克思主义哲学的基本功能，指出了无产阶级改造世界的伟大历史使命，为学习和运用马克思主义认识论指明了方向。

所谓改造客观世界，就是改造自然和社会；改造主观世界，就是改造人们的思维方式、价值观念，提升人们的道德情感、精神境界，增强人们的主体素质和能力。

无论是改造客观世界，还是改造主观世界，都要把理论与实际结合起来，要紧密联系客观实际和思想实际，把理论转化为具有操作性的路线、方针、政策、措施、办法，用于指导人们的实践，达到改造客观世界的目的。同时，还要有锲而不舍、坚持不懈的意志和坚定不移的韧性，有踏石留印、抓铁有痕的干劲。对于领导干部来说，还要有正确的政绩观和高尚的精神境界，正确运用手中的权力增加百姓利益、多谋百姓福祉，既要科学决策规划好发展蓝图，又要有一张蓝图抓到底的恒心。不能只是热衷于搞规划、提口号，而不去通过艰苦细致的工作组织实施。要有高远的志向、深邃的眼光、长远的规划以及“功成不必在我”的胸襟，不能一任领导一个思路，不能做急功近利、杀鸡取卵、竭泽而渔的蠢事。要切实把工作落到实处。一个实际行动胜过一打纲领，一个实际的效果胜过所有空洞的口号。如果只是制订规划，而不能采取切实有效的办法落实规划，只是热衷于提出新的口号，而不能采取实际的行动，就达不到改造世界的目的，就会把改造世界变成一句空话。

改造客观世界与改造主观世界是紧密联系的，人们要正确地认识客观世界，有效地改造客观世界，必须主动自觉地改造自己的主观世界。而要改造主观世界，也必须积极从事对于客观世界的改造。

只有在改造客观世界的实践中，人们才能获得对于自然、社会和人生的本质与规律的认识，形成科学的思维方式和正确的价值观念，才能锻炼自己的胆魄与意志，提升自己的主体素质和能力。要在改造客观世界的过程中改造自己的主观世界，通过改造主观世界促进、推动客观世界的改造。

如果说认识规律、获得真理是认识的直接目的，那么运用规律、改造世界则是认识的最终目的。马克思主义主张理论与实践、知与行的统一。要做一个真正的马克思主义者，就要把理论和实践有机结合起来，既要精通理论，又要运用理论去指导实践；就要把知和行有机结合起来，既要努力求知，又要积极实践，说实话，办实事，求实效。

人类发展进程是认识世界和改造世界、改造主观世界和客观世界辩证统一的过程。

认识世界和改造世界是统一的，认识世界以改造世界为基础，改造世界以认识世界为指导；认识的目的不仅在于认识世界，更在于改造世界。作为彻底的、实践的唯物主义者，更应重视对世界的改造和重建。改造世界的任务是多重的，改造世界包括改造客观世界和主观世界两项基本任务。马克思主义认识论的目的，说到底是为了改造世界，既改造客观世界，也改造自己的主观世界，改造自己的认识能力，改造主观世界与客观世界的关系。客观世界，包括自然界和社会。人们通过实践改造自然，使之发生既合规律又合目的的变化，创造物质财富，满足生存与发展需要。改造自然，就必须改造社会，社会得不到有效的改造，就无法实现改造自然、利用自然，与自然和谐发展的目的。改造社会，要破除阻碍社会进步、束缚人的自由发展、践踏人的权利的制度体制，创新、构建促进社会进步和人的自由发展的制度体制，改造黑暗、落后的旧社会，建设进步、光明的新社会。改造社会，需要克服依附于旧的制度体制的压迫者、专制者、既得利益者的抵抗与反对。因为改造社会的实践，无论对于经济制度和体制的改造，还是对于作为经济利益集中表现的政治制度和体制的改造，都是利益关系的变动和调整，因而也是各个阶级、阶层和利益集团之间的斗争。认识世界和改造世界的主体是人。改造社会就是对人的改造，要改造甚至消灭逆历史潮流而动而又顽固不化、顽强抵抗的人，改造旧人使之为新的社会制度而生产、生活，要教育人使之成为顺应新的历史潮流的人。总而言之，人们在改造客观世界的过程中，认识了客观世界的规律，创造了物质财富，改革、创新、完善了社会制度，满足了自己追求真知、生存发展、自由民主的需要，锻炼、增强、提升了自己的主体能力和素质，因而在改造客观世界的过程中人的主观世界也得到了改造。为了更好地改造客观世界，就要自觉主动地改造自己的主观世界。这就需要有完善的知识结构，有科学的认识方法、思想方法、工作方法，有正确的价值观和高尚的道德情感，有崇高的理想和坚定的信念。

在改造客观世界和主观世界的过程中，主观世界与客观世界的关系也得到了改造。比如在人与自然的关系上，从自然界对人的压迫奴役到人在自然面前主体地位的确立，从对自然片面的征服、攫取、占有到人与自然的和谐共生。而要完成这一转变，是与人的主体能力的提高、思想观念的变化以及人与自然相互作用的方式密切相关的。认识世界和改造世界，不仅是一个求真的过程，也是一个求善、求美的过程。作为主体的人，不仅要有正确的世界观方法论，还要有正确的价值观道德观。

结 语

实践的观点，是认识论的首要的、基本的观点。人的认识经过“两次飞跃”，是一个循环往复、螺旋式上升，以至无穷的过程。真理的形成也是一个过程，是相对真理与绝对真理的统一。中国共产党人高度重视马克思主义认识论的学习、研究与运用。在中国革命、建设和改革的长期实践过程中，在不断反思和总结经验的基础上，创造性地发展和丰富了马克思主义认识论，形成了“从实践到认识，又从认识到实践”“由个别到一般，再由一般到个别”“从群众中来，到群众中去”“物质变精神，精神变物质”“实践是检验真理的唯一标准”和“解放思想，实事求是，与时俱进，求真务实”思想路线等重要思想。人们认识世界的根本目的是改造世界。学习马克思主义认识论，一定要掌握这些基本观点并用于指导自己的言行。

第二节 由个别到一般，再由一般到个别

从实践到认识，又从认识到实践，由特殊到一般，再由一般到特殊，人类认识总是这样循环往复、不断深化的，这就是人类认识的总的秩序和总的过程。

一 个别与一般

“一般”与“特殊”的关系既是辩证法的精髓，也是认识论的关键问题。马克思主义中国化，实质上就是马克思主义的“一般”与具体情况的“特殊”的辩证结合过程。

把马克思主义的一般原理应用于中国的“具体环境”和“特殊条件”，使之发生内容和形态的改变，才能形成适应中国实际需要的、具有中国内容和表现形态的、为中国人民所接受的中国化的马克思主义。中国化马克思主义，就是实现马克思主义的中国化。既要肯定“一般性”，坚持马克思主义一般原理，又要肯定“特殊性”，坚持马克思主义一般原理与中国特殊实际相结合；不能因为强调“特殊性”而否定“一般性”，从而否定马克思主义一般原理；也不能因为强调“一般性”而否定“特殊性”，从而否定马克思主义中国化的必要性。因为强调“特殊性”而否定“一般性”，是拒绝和否定马克思主义的指导作用；因为强调“普遍性”而否定“特殊性”，就会脱离中国的具体国情，脱离中国的历史文化，脱离中国的人民大众。因为强调“普遍性”而否定“特殊性”，就是教条主义；因为强调“特殊性”而否定“普遍性”，就是经验主义。教条主义离开具体实际，生搬硬套马克思主义的结论和词句，拿来指导实践，就会走

弯路，使事业遭受损失。经验主义否定马克思主义的普遍指导作用，拒绝马克思主义指导，离开马克思主义的正确指南，就会迷失方向。总而言之，让马克思主义一般原理与中国特殊国情相结合，这是马克思主义中国化的真谛所在。

马克思主义中国化这个科学命题，深刻包含了人类认识的个别与一般的辩证内涵。从哲学意义上来说，马克思主义中国化问题，实质上就是哲学原理“一般性”与“特殊性”的辩证关系问题，只有从认识路线上解决好这个关键问题，才能解决好马克思主义中国化问题。马克思主义是“一般”，是马克思、恩格斯在科学分析自由资本主义经济的特殊基础上所揭示出来的资本主义发展的一般规律、一般趋势，所概括出来的人类社会发展的一般规律、一般趋势的一般原理，是放之四海而皆准的真理。而马克思主义中国化又是“个别”，是马克思主义一般原理与中国特殊实际相结合的产物。马克思主义中国化就是马克思主义一般原理与中国特殊国情辩证结合的产物。马克思主义中国化的命题深刻说明了人类认识由个别到一般、再由一般到个别的辩证关系和辩证过程。

人类认识的个别与一般的问题既然如此重要，那么，什么是个别、什么是一般呢?

个别就是指单个的、具体的事物。一般则是指不同事物之间在本质上的共同点。个别是具体的、特殊的、活生生的，而一般则是普遍的、抽象的、干巴巴的。

比如，人们所看到的人是一个一个具体的人，或是男人，或是女人，或是黄种人，或是白种人，或是黑种人等，这些一个一个的具体的人就是个别。而人们所说的人的概念则是一般，因为不管是男人还是女人，是黄种人、白种人还是黑种人，这个人还是那个人，都具有人的共同本质，都是人，这一点是共同的。具体的人就是个别的，个别是具体的、生动的、实实在在的；一切个别人的共同的、普遍的本质则是一般。不论男人、女人，黄种人、白种人、黑种人，都是人，都具有人的共同本性，一般则是抽象的。个别与一般是相对而言的，男人相对于人是个别，相对于某个男人又是一般。人的认识过程就是认识个别与认识一般的辩证统一。人类认识的一般规律就是：从个别到一般、从具体到抽象。

个别和一般并不是彼此孤立、互相排斥的，而是具有内在统一性的。一般只能在个别中存在，只能通过个别而存在。认识一般只能通过认识个别而实现。不能把一般作为脱离个别的独立存在，与个别的具体的东西相提并论；否则，就会得出荒谬的认识结论。

在个别的事物中，蕴含着一般的、普遍的、共同的本质和规律；如果离开了个别的、具体的事物，一般就是空洞的、虚幻的、没有内容的东西。不能设想，离开了一个个具体的、个别的、特殊的人，还能存在什么抽象的、一般的、普遍的人；没有了多种多样的、五彩缤纷的具体的、个别的、特殊的树叶，还能存在什么抽象的、一般的、普遍的树叶；在平房、楼房、四合院等具体的、个别的、特殊的房屋之外，还存在着什么抽象的、一般的、普遍的房屋。从这个意义上说，“个别就是一般”，“任何个别（不论怎样）都是一般”〔10〕。

我们说一般只能在个别中存在，那么，能否说个别可以脱离一般而存在呢？也不能。“个别一定与一般相联而存在。”〔11〕因为在个别的、特殊的事物中蕴含着一般的、共同的本质与规律，个别是受一般所规定、所制约的。如果个别、特殊的事物中不存在一般的、普遍的本质和规律，这样的个别、特殊的事物就不会存在。如果张三、李四、王五，不是生活在社会关系之中，没有理性、情感、意志，不进行物质生产实践、社会政治实践、科学文化实践这些物质性的、社会性的能动创造活动，不具有人的一般的、共同的本质，也就不成其为人了。可见，对一般人的认识来自对个别人的认识，对一般事物的认识来自对个别事物的认识。

个别与一般是内在统一、紧密相连的，二者之间没有不可逾越的鸿沟，其区别是相对的而不是绝对的，但二者毕竟还是有区别的。认识一般与认识个别是辩证统一的。

在中国哲学史上，"名"与"实"的关系问题的争论，实质就是关于特殊与一般的关系的争论问题。"名"为一般，"实"为特殊，譬如，桌子是此类物品的统称，为"名"，而人们所看到、接触到的都是一个一个具体的桌子，如长桌、圆桌、木桌、石桌、大桌、小桌等，此则为"实"，即桌子实物。"名"是"实"的共同属性的抽象，"名"存在于"实"之中，"名"离不开"实"，而"实"则有"名"。人的认识则是从"实"到"名"，由名而到实，二者既有区别，又相互统一，是认识"名"与认识"实"的统一、认识个别与认识一般的统一。

一般比个别深刻、概括，个别比一般丰富、生动。个别是千差万别、丰富多彩的，每一个具体的、个别的事物除了具有同类事物的共同点、共性、一般性、普遍性之外，还有自身的个性特点、独特规定性。一般性、共性、普遍性只是大致地概括、包含了具体的、个别的事物的共同点，而不可能包括具体的、个别的事物的一切特点、一切方面；任何个别事物的所有特性、规定性也不可能全部包含在一般之中。比如"人"这一概念，只是反映了人之为人的一般的、普遍的本质规定，即人是一切社会关系的总和。至于说是男人还是女人，古人还是今人，好人还是坏人，每一个人的性别、相貌、品质、性格、担当什么社会角色、从事什么样的职业，这些个性特点则在从具体的人向一般的人的概括提升过程中被"蒸发"掉了。正如列宁所说，"任何一般都是个别的（一部分，或一方面，或本质）。任何一般只是大致地包括一切个别事物。任何个别都不能完全地包括在一般之中”[12]。

那么，某一个别的、特殊的事物是怎样同另一些个别的、特殊的事物相联系呢？从发生学的意义上说，任何一个个别的事物一开始都是独自走着自己的发展、演化之路的。一些特殊的事物在其演变、进化过程中，具有了某种规定性、特点、特殊性，这种规定性、特点、特殊性的产生，一开始是偶然的、不确定的。而经过漫长的演变、进化，这种规定性、特点、特殊性反复出现，日益具有了确定的、必然的性质，并成为一些事物经常的、普遍具有的属性。于是，偶然性便向必然性转化了，个别性、特殊性就向一般性、普遍性转化了。这样，“任何个别经过千万次的过渡而与另一类的个别（事物、现象、过程）相联系”[13]。这是一种自然界的必然性、客观联系，是一种客观的、自然的辩证法。而当我们从一些个别的、特殊的事物中，发现了它们一般的、普遍的、共同的属性，把握了它们一般的、共同的、普遍的本质、规律、联系，从个别中发现一般，从特殊中发现普遍，从个性中发现共性，从偶然中发现必然，将对事物个别属性的认识上升到一般、普遍的认识，则是以客观的辩证法为基础的认识的辩证法。辩证法是客观世界所本来具有的，也是人类的全部认识所固有的。“辩证法也就是（黑格尔和）马克思主义的认识论。”[14]

人的认识由个别、特殊过渡、上升到一般、普遍，需要思维方式的转换，这就是要由形象思维转换到理性思维、抽象思维。

恩格斯说：“先从感性的事物得出抽象，然后又期望从感性上去认识这些抽象，期望看到时间，嗅到空间。经验主义者深深地陷入经验体验的习惯之中，甚至在研究抽象的时候，还以为自己置身在感性体验的领域内。”[15]冯友兰曾经说，在日常生活中，人们常用的思维是形象思维，所以对形象思维比较容易了解。但对于理论思维、抽象思维，即对于一般的了解比较困难。一说到

"红"这个抽象概念、即"红"的一般，总觉得有一个什么红的东西，这还是停留在形象思维。其实，"红"的概念或一般的"红"，并不是什么红的东西，只有认识到"红"的概念或一般的所谓"红"并不红，"动"的概念或一般的所谓"动"并不动，"变"的概念或一般的所谓"变"并不变，这才算是懂得了概念和事物、一般和个别的区别，懂得了认识个别与认识一般的辩证法。

二 由认识个别到认识一般

由个别到一般，再由一般到个别，这一认识秩序和过程的辩证法，是马克思主义认识论的辩证法精髓，是指引人们认识真理并获得实践成功的正确途径。

辩证法是活生生的、多方面的。它既是客观事物的辩证法，也是人的认识、思维和实践的辩证法。马克思主义认识论与形而上学的唯物主义认识论相比之所以具有无比丰富的内容，一个重要区别就在于它把辩证法引入了认识论。

形而上学唯物主义认识论的根本缺陷，是不能把辩证法应用于反映论，应用于认识的过程与发展。它把人的认识看作消极的、直观的、个别的、经验的，不能够实现从个别到一般、从感性到理性的跃迁；唯心主义认识论则是把认识的某一特征、方面、侧面、阶段片面地、夸大地发展为脱离了物质、脱离了自然的、神化了的绝对的东西。

人们认识客观事物，从事实践，应当如何正确处理个别与一般的关系，应当沿着什么样的认识秩序和路数去认识真理并取得实践的成功呢？马克思主义认识论从更高层面和更大跨度上概括了个别与一般的认识辩证法。

由认识个别到认识一般。

人的思维具有从个别上升到一般的本领。但是，如果不加限制，也可能得出荒唐的结论，在实践中招致灾难。被马克思称为“英国唯物主义和整个现代实验科学的真正始祖”的培根（Francis Bacon，1561—1626 年）认为：“决不能给理智加上翅膀，而毋宁给它挂上重的东西，使它不会跳跃和飞翔。”这种说法未免过分，但确实应该为理智制定一定的规则，使其合乎规律地飞翔。为此，培根明确地提出了系统的经验归纳法。培根的归纳法是由个别、特殊推导出一般概念、一般公理的逻辑方法，这种方法就是在大量的经验材料的基础上进行概括，以便“从感觉与特殊事物把公理引申出来，然后不断地逐渐上升，最后才达到最普遍的公理”[16]。培根的归纳方法注重从个别上升到一般过程中的慎重和严密，反对中世纪流行的轻率的推理。

从个别上升到一般的方法是多种多样的。培根的归纳法同“由认识个别到认识一般”不完全是一回事，归纳法有其局限性。恩格斯在《自然辩证法》中多次说明“单凭观察所得的经验，是决不能充分证明必然性的”，“归纳法没有权利要求充当科学发现的唯一的或占统治地位的形式”。[17] 爱因斯坦（Einstein，1879—1955 年）对归纳法也有类似的批评。爱因斯坦的相对论就不是归纳出来的。培根讲的归纳法并没有达到马克思主义认识论“由认识个别到认识一般”的水平。当然，归纳法也有合理的成分。除传统的归纳法以外，还有分析、综合和概率归纳以及类比等方法。现在许多关于人类疾病的病因的结论就是通过统计，了解因某种原因而发生或治愈某种疾病的概率而得出的。类比也是从个别上升到一般的有效方法。例如，有人根据城市消防的经验和方法，推导出大面积防火的一般方法，并有效地运用于森林防火，就是采取了这种方法。

由认识个别到认识一般飞跃的条件。

由个别到一般的认识过程，实际上是在实践基础上实现由感性认识到理性认识的飞跃。要想实现这样的飞跃，需要具备两个条件：一是大量的丰富的感性材料；二是要在此基础上进行科学加工。毛泽东用“去粗取精、去伪存真、由此及彼、由表及里”四句话精辟地概括了科学加工的方法。

与个别相对应的一般有两种含义：一是指事物之间在现象上的共同之点；二是指事物之间在本质上的共同之点。作为“本质”的一般是在第二种含义上使用的。这就必须有“由表及里”的飞跃。这个飞跃非常复杂，往往使人感到迷惑。因为表达“一般”的那些概念、范畴、规律等，并不能从对象中直接产生，是由人赋予的。认识到这一点，人的主体性就得到了高扬，但有人因此否认理性认识是对客观对象的反映，得出了唯心论或不可知论的结论。也有人以神秘的“灵感”“悟性”等来加以形容，反映论似乎被颠覆了。其实，这里只是一个如何反映的问题，而不是能不能反映的问题。正如列宁所说：“认识是人对自然界的反映。但是，这并不是简单的、直接的、完整的反映，而是一系列的抽象过程，即概念、规律等等的构成、形成过程，这些概念和规律等等（思维、科学＝‘逻辑概念’）有条件地近似地把握永恒运动着和发展着的自然界的普遍规律性。在这里的确客观上是三项：（1）自然界；（2）人的认识＝人脑（就是同一个自然界的最高产物）；（3）自然界在人的认识中的反映形式，这种形式就是概念、规律、范畴等等。人不能完全地把握＝反映＝描绘整个自然界、它的‘直接的总体’，人只能通过创立抽象、概念、规律、科学的世界图景等等永远地接近于这一点。”[18]很显然，抽象、概念、规律、科学的世界图景等是需要在一定条件的基础上通过发挥主观能动性创造出来的。没有主观方面的努力不行，没有一定的条件也不行。研究表明，即使是那些具有神秘色彩的灵感、直觉、悟性等，也需要事先有相当的积累才有可能在特定的条件下爆发。神秘感只在于人们对这些条件还缺乏充分的了解，不是违背规律凭空而来。

此外，概念、规律、范畴、图景要受到一定历史条件的制约。恩格斯早就指出，“任何意识形态一经产生，就同现有的观念材料相结合而发展起来，并对这些材料作进一步的加工”[19]。各种意识形态“总要包含某些传统的材料，因为在一切意识形态领域内传统都是一种巨大的保守力量。但是，这些材料所发生的变化是由造成这种变化的人们的阶级关系即经济关系引起的”[20]。人们头脑中发生的由个别到一般的认识思维过程，归根到底是由人们的物质生活条件决定的。这就把坚持唯物论的反映论原则与主观能动性的发挥很好地结合起来了。

三　由认识一般再到认识个别

从个别到一般除了使对特定对象的认识得到深化以外，更重要的是为了“举一反三”，帮助认识新的个别。这就发生了从一般到个别的认识过程。

要实现从一般到个别的飞跃，首先要对一般有深切的了解。

理论，即对于一般的系统化的认识成果，除了自己在亲身实践中获得以外，更多的是要通过学习间接地获得。恩格斯早就说过：“现代自然科学已经把一切思维内容都来源于经验这一命题以某种方式加以扩展，以致把这个命题的旧的形而上学的限制和表述完全抛弃了。它由于承认了获得性状的遗传，便把经验的主体从个体扩大到类；每一个体都必须亲自取得经验，这不再是必要的了，个体的个别经验在某种程度上可以由个体的历代祖先的经验的结果来代替。例如，在我们中间，一些数学公理对每个八岁的儿童来说都好像是不言自明的，用不着通过经验来证明，这只是‘累积的遗传’的结果。想用证明的方法向一个布须曼人或澳大利亚黑人传授这些公理，这可能是困难的。”[21]

随着社会的发展，学习这种间接得来的理性认识具有越来越重要的地位。马克思、恩格斯曾经指出，由于社会化程度低，

“在历史发展的最初阶段，每天都在重新发明，而且每个地域都是独立进行的”[22]。在这种形势下，人类认识的发展十分缓慢，卢梭（Rousseau，1712—1778 年）形容说：“在这种状态中，既无所谓教育，也无所谓进步，一代一代毫无进益地繁衍下去，每一代都从同样的起点开始，许多世纪都在原始时代的极其野蛮的状态中度了过去；人类已经古老了，但人始终还是幼稚的。”[23]

人类社会发展从远古的蛮荒时代一路走来，历经农业社会、工业社会，直到今天的信息社会，状况已经发生了根本改变。今天，借助于电子计算机和网络技术，知识的宝库就在我们手边，只要我们勤于和善于学习，我们就能用人类最先进的认识成果武装自己，要实现从一般到个别的飞跃，首先应当充分利用人类创造的先进手段，充分吸取作为一般而存在的社会知识财富。

从一般到个别的飞跃是通过一般的指导作用帮助认识新的个别，即认识新的具体事物。

这种指导作用体现在可以提供正确的思路，帮助人们的认识沿着正确的方向发展。比如马克思主义的阶级斗争理论就起到了这样的作用。列宁说：“某一社会中一些成员的意向同另一些成员的意向相抵触；社会生活充满着矛盾；我们在历史上看到各民族之间，各社会之间，以及各民族、各社会内部的斗争，还看到革命和反动、和平和战争、停滞和迅速发展或衰落等不同时期的更迭，——这些都是人所共知的事实。马克思主义提供了一条指导性的线索，使我们能在这种看来扑朔迷离、一团混乱的状态中发现规律性。这条线索就是阶级斗争的理论。”[24]

中华民族是历史悠久的伟大民族，有五千年的辉煌历史，但在近代严重落伍了。直至找到马克思主义，才找到一条光明大道。毛泽东生动地描述了自己认识的这一过程。他说：“记得我在一九二〇年，第一次看了考茨基著的《阶级斗争》，陈望道翻译的《共产党宣言》，和一个英国人作的《社会主义史》，我才知道人类自有史以来就有阶级斗争，阶级斗争是社会发展的原动力，初步地得到认识问题的方法论。”但是，这些书里没有讲中国的事情该如何做，“没有中国的湖南、湖北，也没有中国的蒋介石和陈独秀”，因此，毛泽东说，他看这些书，只取了四个字：“阶级斗争。”[25]就是因为它抓住了社会发展的本质，指明了认识和解决中国当时的问题的正确的、有效的方法。

要实现从一般到个别的飞跃，要真正解决问题，固然离不开正确理论的指导，但更重要的还在于，在一般理论的指导下，深入研究具体的认识对象。

毛泽东在得到马克思主义的真理以后，在一般指导下，在个别分析上下功夫，开辟了中国革命的成功道路。毛泽东得到靠阶级斗争解决中国问题的明确结论后，就下功夫认真研究中国当时的阶级状况，写出了《中国社会各阶级的分析》，进一步明确了中国社会各阶级的实际状况和对待革命的态度，明确了中国革命的领导阶级、联合和团结的力量，明确了革命对象以及革命的基本策略。在尔后的革命实践中，逐步形成了指导中国革命的系统理论——毛泽东思想。在正确理论的指导下，中国革命取得了辉煌的胜利。可以说，中国革命取得成功的过程，就是运用马克思主义的一般真理指导中国革命的具体实践的过程。

从一般到个别的飞跃过程，既是一般理论发挥指导作用的过程，也是其正确性得到检验和进一步丰富、发展的过程。

任何理论，都是绝对真理与相对真理的统一，都有它的适用范围。即使是真理性的认识，若超出它的适用范围而到处硬套，也会走向其反面。

把个别和一般结合起来，遵循从个别到一般、从一般再到个别的路数去认识世界，既符合客观事物的辩证法，也符合人类认识的辩证法，是认识世界、获得真知的不二门径。

从人类认识的秩序看，人们总是先认识个别的和特殊的事物，然后逐步扩大到认识一般的事物；总是先认识许多不同事物的特殊本质，然后进行概括工作，认识诸种事物的共同本质，并以关于事物的共同本质的认识为指导，进行新的实践，继续研究尚未研究或尚未深入研究的事物的特殊本质，丰富对事物共同本质的认识。我们既要认识具体事物的一般性、普遍性、共性，以发现事物运动发展的普遍的原因和普遍的根据；还要重视研究事物的个别性、特殊性、个性，以发现事物运动发展的特殊原因与特殊根据。只有通过实践，才能获得感性认识和理性认识；只有深入研究事物的特殊本质，才能充分认识事物的共同本质；而在认识了事物的共同本质之后，还要继续研究那些尚未深入研究的事物或新事物。马克思主义者不但要认识事物的个别性、特殊性、个性，还要认识事物的一般性、普遍性、共性。要懂得普遍性始终寓于特殊性之中，只有真正把握了事物的特殊性，才有可能揭示事物的本质，得出正确的结论；只有真正掌握了事物的普遍性，才有可能认识一个一个具体事物，并指导改变一个一个具体事物。

在个别与一般问题上，要坚持二者统一的辩证法，反对只讲个别不讲一般或只讲一般不讲个别的任何一种片面性。如果只懂得事物的个别性、特殊性、个性，不懂得事物的一般性、普遍性、共性，不能做概括提升的工作，不能把握事物普遍的本质和一般的根据，不能形成一般的、普遍的、共性的理论观点，满足于一孔之见和一得之功，甚至拒斥正确理论的指导，单凭局部的、狭隘的经验办事，就会犯经验主义的错误。如果只懂得事物的一般性、普遍性、共性，不懂得事物的个别性、特殊性、个性，不具体地研究具体的矛盾，不去认识和把握个别事物的特殊本质，这样的认识就是空洞的、抽象的，是不能解决任何问题的。如果机械地、简单照搬反映矛盾一般性、普遍性的理论，不将其与具体实际相结合，就会犯教条主义的错误。

坚持个别与一般、特殊与普遍、个性与共性的认识辩证法，是中国共产党反对主观主义特别是反对教条主义的经验总结。

从认识论上说，教条主义是由于颠倒了理论与实践的关系，一切从本本出发，而不是从具体的实际出发。从辩证法的角度来说，是割裂了事物的普遍性与特殊性的相互联结，只承认事物的普遍性，不承认事物的特殊性，拒绝研究特殊矛盾和特殊规律。

高度重视事物的特殊性，认清中国的特殊国情和中国社会的特殊矛盾，是实现马克思主义与中国实际相结合的关键。共性与个性、绝对与相对的道理，是关于事物矛盾问题的精髓，不懂得它，就等于抛弃了辩证法。认识个别与认识一般的辩证关系的道理，同样是马克思主义认识论的精髓。

结　语

人的认识，是从个别上升到一般，又以一般指导个别的无限循环的辩证过程。个别与一般的结合，是马克思主义认识论的关键，是辩证思维的精髓，也是共产党人的基本思想方法。

第三节　从群众中来，到群众中去

群众观点，既是历史观的根本观点，也是认识论的根本观点。群众路线，既是党的根本工作路线，也是党的根本认识路线。一切为了群众，一切依靠群众，从群众中产生，再回到群众中去贯彻，同从实践到认识，又从认识到实践，由个别到一般，再由一般到个别是一致的，是工人阶级政党必须遵循的马克思主义认识路线。

一　人民群众是实践的主体

人民群众的实践是智慧的源泉，人民群众是推动社会发展的根本动力。坚持群众路线，密切联系群众，是中国共产党的一贯主张和政治优势，是中国共产党领导人民取得革命、建设和改革发展事业胜利的法宝。一切依靠群众，一切为了群众；从群众中来，到群众中去。

人民群众是社会历史的活动主体，一切依靠群众。

马克思主义认为，人民群众是推动社会发展的决定性力量。社会历史发展的规律和趋势，就蕴藏和体现在人民群众的利益、意志、愿望和要求之中，蕴藏和体现在人民群众创造历史的活动之中，大势所趋与人心所向是一致的。马克思主义一贯强调："工人阶级的解放应该由工人阶级自己去争取"[26]，"在世界上，不论哪个地方哪个时候，群众要摆脱压迫和专横获得真正解放，无不是这些群众自己进行独立、英勇、自觉斗争的结果。"[27]人民是历史的创造者，群众是真正的英雄。一切依靠群众、一切来自群众，是我们党永不枯竭的力量源泉。党的领导的任务，就是代表群众、宣传群众、组织群众，调动群众的积极性，依靠群众的力量和智慧，努力把群众的认识提高到党的路线、方针、政策的水平，善于把党的政策变为群众的行动，为实现群众的利益而斗争。

人民群众是社会历史的价值主体，一切为了群众。

共产党人的一切言论行动，必须以合乎最广大人民群众的最大利益，为最广大人民群众所拥护为最高标准。在我国，人民是国家和社会的主人，人民群众是价值主体，全心全意为人民服务是党的价值追求。社会主义的一切价值，归根到底是由人民创造的。中国共产党以全心全意为人民服务为根本宗旨，以立党为公、执政为民为庄严的价值承诺和价值取向。社会主义国家的制度、体制，是中国共产党领导人民并为了人民而建构起来的，其所蕴含和体现的价值属性与人民的愿望、利益、需求是一致的。人民群众作为价值主体，既是价值的享有者，同时也是价值的创造者。社会主义实践、制度所体现、追求的价值，是通过广大人民群众的实践而实现的。

人民群众是实践和认识的主体，从群众中来，到群众中去。

实践是认识的来源，而人民群众是实践的主体，因此，说到底，认识来源于人民群众的实践，一切真知灼见都源于人民群众的实践，群众同样是社会认识的主体。

——**“从群众中来”，从认识论来讲，就是了解群众的实际问题，集中群众的经验和智慧，反映群众的利益、愿望和要求，上升为党的正确理论、路线、方针和政策，即上升为党的正确认识和主张。**“从群众中来”，就是善于深入到群众实践中，发现和总结群众实践经验，就是发扬民主、广开言路，听取群众的意见，包括反面的意见，善于从各种不同意见中、从群众的情绪中发现、总结，上升为正确的主张。有这样一件事，至今仍有启发意义。1942 年 8 月的一天，边区政府正在开征粮会议，天降暴雨，雷电交加，正在参加会议的延川县县长被雷电击死。当地老百姓中有人说怪话，讲雷公为什么不打死毛泽东？保卫部门要追查严办，毛泽东不让，说我们要想一想做错了什么事引起老百姓反感。经调查发现，当时陕北只有一百三十四十万人口，一年却征收公粮 19 万担，老百姓不堪重负，强烈不满。于是，毛泽东提出不能这样办了，决定减少公粮征收，同时在部队开展大生产运动。结果受到群众的热烈拥护。这件事说明，认真听取群众意见，对于发现问题和解决问题，是非常有益的。必须以对群众高度负责的态度，客观反映实际情况，既听成绩也听问题，不能只报喜不报忧，更不能说假话，一切真知皆来自群众。

——**“到群众中去”，从认识论来讲，就是把党的正确认识和主张转化为群众的实践，通过群众的实践达到改造客观世界的目的，同时检验和丰富党的认识和主张**。凡是群众的实践证明是正确的，给群众带来利益、得到群众拥护的，就继续坚持；凡是群众的实践证明是错误的，给群众的利益带来损害、受到群众反对的，就坚决改正；群众的新的实践又积累新的经验，使党的领导者的意见得到进一步丰富和发展。坚持“到群众中去”，要认真听取群众的呼声，本着对群众负责的精神，坚持真理，修正错误，那种认为一经形成领导意见就绝对正确、不需任何修正和发展的想法和做法，是完全错误的。因为那样只能导致思想僵化、脱离群众、脱离实际，给党和人民的事业造成危害。坚持“到群众中去”，必须善于把党的理论、路线、方针、政策和办法转变成群众的自觉行动，动员群众，团结群众，发动群众，同心同德为实现党的主张而一起奋斗，同时要在群众实践中检验、修正、发展党的理论、路线、方针、政策和办法。

二 群众路线就是马克思主义的认识论

1937 年，毛泽东在《实践论》中概括了人类认识发展的一般规律："实践、认识、再实践、再认识，这种形式，循环往复以至无穷，而实践和认识之每一循环的内容，都比较地进到了高一级的程度。"[28]延安整风期间，毛泽东对党的群众路线从哲学认识论角度进行了科学概括，他在 1943 年写的《关于领导方法的若干问题》中指出："在我党的一切实际工作中，凡属正确的领导，必须是从群众中来，到群众中去。这就是说，将群众的意见（分散的无系统的意见）集中起来（经过研究，化为集中的系统的意见），又到群众中去作宣传解释，化为群众的意见，使群众坚持下去，见之于行动，并在群众行动中考验这些意见是否正确。然后再从群众中集中起来，再到群众中坚持下去。如此无限循环，一次比一次地更正确、更生动、更丰富。这就是马克思主义的认识论。"[29]毛泽东的科学概括既是对党的群众路线的全面正确的表述，同时又是党的群众路线成熟的标志。**毛泽东把群众路线提到马克思主义哲学的高度作了理论概括，认为群众路线同时就是马克思主义认识论，这一概括把马克思主义认识论、辩证法、历史观高度地结合起来了，是马克思主义认识论的中国经验的哲学总结和中国表述**。

毛泽东上述两个论断讲的都是认识论，虽然具体表述不同，其实质是一致的。马克思主义认识论反映在认识过程上，表现为实践、认识、再实践、再认识的循环往复，因为一切真知来自实践；反映在认识主体和目标上，表现为从群众中来，到群众中去，因为马克思主义认识论所讲的实践主体、认识主体，都是指人民群众。离开人民群众的实践，不可能获得真知。离开人民群众的实践，党的正确主张也不可能转化为改造世界的行动。群众路线作为马克思主义认识论，体现了理论和实践的统一、过程和来源的统一、主张和效果的统一、方法和目的的统一。

群众路线是实现党的思想路线、政治路线和组织路线的根本工作路线。所谓根本工作路线，是指党的工作必须坚持的根本原则和根本方法，也是实现党的纲领的根本途径。所谓党的思想路线，是党必须坚持的根本思想方法和认识方法。我们党的思想路线是一切从实际出发，理论联系实际，实事求是，在实践中检验真理和发展真理。由党的根本宗旨所决定，实现这条思想路线，必须坚持走群众路线，即从群众中来、到群众中去。

从群众中来，对马克思主义政党来说，群众生产、群众利益、群众生活、群众情绪，以及群众所思、所想、所盼、所愿、所需，任何时候都是最大的实际。党的理论、路线、方针和政策是否正确反映了客观事物的内在联系即规律性，是否符合广大群众的利益、愿望和要求，归根结底要看是否符合群众的实践需要、符合群众的利益要求，是否做到了一切为了人民，一切从人民的利益出发。从群众中来，必须从群众的利益出发，一切想着人民，一切为着人民，而要为了群众，必须依靠群众，一切正确的理论、路线、方针、政策都来自群众的实践。而理论正确与否又要靠群众的实践来检验，要看群众赞成不赞成、拥护不拥护、答应不答应。到群众中去，党的正确的主张一旦产生，必须回到群众中间去，要发动群众、依靠群众，靠群众来检验，靠群众的力量来实现。从这个意义上来看，从群众中来，到群众中去，既是根本工作路线，也是根本的思想路线和认识路线，是马克思主义政党必须遵循的根本认识路线。

三　正确理论转化为群众行动

从群众中来，形成正确的认识，还须回到群众中去，变成群众的自觉行动。**回到群众中去，从认识论上说，就是从认识到实践，从一般到个别的过程。回到群众中去，就是把从群众集中起来的正确的认识，从总结的群众实践经验而上升为理性认识的正确理论，用于指导群众的行动，转化为千百万群众自觉的运动。**

回到群众中去需要解决好两个问题：一个是理论的正确性问题。理论要想征服群众、相信群众，首先必须做到让群众接受这个理论、坚信这个理论。再一个是理论的大众化问题。理论要掌握群众、为群众所接受，还要具有为群众所喜闻乐见的形式。

正确的理论要回到群众中去，必须同时具有群众所能接受的真理取向和价值取向，代表并体现客观规律和群众利益。

从理论上说，人类实践活动是有目的性的，也就是说，是有明确的价值取向的。但一段时间以来，有人却忽视了这一点。改革开放之初，继真理标准大讨论之后，理论界又展开了“目的是否包含在实践之中”的讨论。这个让一般人觉得有点费解的理论问题，却有着很大的理论和实践意义。经过讨论，大家一致地认识到，作为人的有目的的社会实践，实际上体现了客观事物的外在尺度和人的内在尺度的统一，二者是不能分开的。**所谓外在尺度是指人的认识要与外界客观事物相一致；所谓内在尺度则是要符合人的主观方面的价值追求**。对理论正确性的判断，也须体现社会实践的外在尺度和内在尺度的一致性。

正确理论的真理取向，是指正确的理论必须科学地反映客观事物的规律。而正确的理论的价值取向，则是指正确的理论必须代表并体现群众的利益需求。全心全意地为人民服务，一刻也不脱离群众，一切从人民的利益出发，而不是从个人或小集团的利益出发，向人民负责和向党的领导机关负责的一致性，这些就是我们的出发点。从群众的利益出发，一切为了实现群众的利益，这是中国共产党人一贯的立场，这也是党坚持的正确理论的价值取向。共产党人从群众中来、回到群众中去的目的是把党的理论转化为群众的实际行动，以引导群众实现自身的利益，这是由共产党人一切从人民利益出发的价值取向所决定的。

正确的理论要回到群众中去，还必须具有为群众所喜闻乐见的形式。

文章的内容是文章的实质，而文章的表达形式，即文风问题，也很重要。一篇文章内容很充实，但文风不好，引不起读者兴趣，也会影响读者对文章内容的接受。

文风问题在延安整风中受到特别重视。延安整风通过反对主观主义以整顿学风、反对宗派主义以整顿党风，还要通过反对党八股以整顿文风。党八股是主观主义和宗派主义的宣传工具和表现形式。犯有党八股毛病的人，不论是作报告、写文章，还是发指示、搞宣传，都空话连篇，言之无物、装腔作势、借以吓人，不看对象、无的放矢，与过去科举考试使用的八股文有某些相似之处。而它又以党的面孔出现，故而毛泽东称之为党八股。这种文风，窒息革命和创造精神、破坏马克思主义和党的形象，曾经给党的事业造成过很大的危害。

今天，在新的历史条件下，党八股文风又有新的表现，我们可以称之为新八股。新八股的具体内容虽然与过去的党八股有很大不同，但基本特征和危害与过去有相似之处。由于今天的世界处于日新月异的变化之中，新八股尤为引人注目、令人生厌，其危害也更为突出。要使党的理论保持生机和活力，要使党的理论、路线、方针、政策真正为群众所接受、回到群众之中，必须反对新八股文风，真正实现党的理论大众化，以群众能接受的语言风格、话语形式，为群众所接受、所掌握，使党的理论真正入群众之耳、之心、之脑，成为群众的自觉行动。

回到群众中去，发动群众检验和丰富认识。

群众是认识的主体，一个认识是否正确，当然是群众最有发言权。党的理论和主张，只有回到群众中去，由群众判断是否符合实际，是否符合客观规律，是否符合群众的利益，才能证明它是否正确。所以邓小平说，群众满意不满意、群众赞成不赞成、群众高兴不高兴、群众拥护不拥护、群众答应不答应，是判断的标准，也正是在这个意义上说的。

回到群众中去，在群众实践中深化和发展认识。

一个正确的认识，可以在群众实践中变得更加丰满、更加富有创新性。一个好的领导者，应当尊重和善于鼓励、发挥群众的积极性和创造性，而不应当以自己的想法取代甚至压制群众的积极性和创造性。也只有在群众创新性的实践中，才能进一步发展真理，完善真理。

结　语

“从群众中来，到群众中去”既是党的群众路线，又是马克思主义的认识路线。人民群众是认识世界、改造世界的主体。要正确地认识世界、有效地改造世界，必须实行“从群众中来、到群众中去”。从群众中来，才能形成正确的认识；到群众中去，才能将正确的认识转化成群众的行动，才能在群众行动中检验和发展自己的认识。“从群众中来，到群众中去”是我们党形成正确的理论、路线、方针、政策，并在实践中贯彻到群众中去加以实施的唯一正确的认识方法和工作方法。必须坚持“从群众中来、到群众中去”的认识路线，不断学习新的本领，增强新的能力，不断获取新的认识，既不落后于群众认识，又不超越于群众认识，以适应新的形势和新的要求、开创新的局面。

第四节　物质变精神，精神变物质

“物质变精神，精神变物质”的“两变”思想，与马克思主义关于实践与认识辩证关系的基本原理相一致，全面概括了物质与精神的辩证关系，客观地表述了人类认识的辩证发展全过程，既是人类认识的唯物论新表达，又是人类认识的辩证法新表述。

一　马克思主义认识论新的简明概括

1963 年 5 月，毛泽东在修改《中共中央关于目前农村工作中若干问题的决定（草案）》时，加了一大段关于马克思主义认识论的阐述，后来以《人的正确思想是从哪里来的?》为题发表。其中有这样一段话：“一个正确的认识，往往需要经过由物质到精神，由精神到物质，即由实践到认识，由认识到实践这样多次的反复，才能够完成。这就是马克思主义的认识论，就是辩证唯物论的认识论。”〔30〕批评不懂得马克思主义认识论道理的人，“对于物质可以变成精神，精神可以变成物质这样日常生活中常见的飞跃现象，也觉得不可理解”〔31〕。这些论述被概括为“物质变精神，精神变物质”的“两变”思想。

“物质变精神，精神变物质”同“从实践到认识，又从认识到实践”是一个道理两种表述。“两变”思想不仅反映了马克思主义认识论的实质，同时也是马克思主义认识论的新的简明概括，是对中国共产党领导人民进行革命、建设历史经验的哲学认识论总结。端正思想，调查研究，总结经验，克服困难，少犯错误，做好工作，一定要深刻理解辩证唯物论的认识论的“两变”思想，照辩证唯物论的认识论办事。

所谓物质变精神，是指人们通过实践认识客观事物，产生感性认识并进而上升到理性认识，形成关于客观事物的感觉、知觉、表象以及理论、观点、主张，从而以观念的形式认识把握客观事物。

"物质变精神"是一个从客观到主观、从物到感觉和思想、从实践到认识的过程。人们在社会实践中从事各项斗争，有了丰富的经验，有成功的，有失败的。无数客观外界的现象通过人的眼、耳、鼻、舌、身这五个官能反映到自己的头脑中来，开始是感性认识。这种感性认识的材料积累多了，经过大脑的反复加工，就会产生一个飞跃，变成理性认识，这就是思想。人的正确思想不是从天上掉下来的，也不是自己头脑里固有的。人的正确思想，只能从社会实践中来。物质决定精神，社会存在决定思想观念。人类的认识秩序、进程是从客观到主观，从存在到思维，从物到感觉和思想，而不是相反。物质变精神，这是整个认识过程的第一个阶段，即由客观物质到主观精神的阶段，由存在到思想的阶段。承认物质变精神，就坚持了马克思主义认识论的唯物主义反映论。

所谓精神变物质，就是根据对客观事物之本质和规律的认识，在正确理论指导下，制定路线、政策、计划、方案、办法，将思想理论付诸人们的行动，转化成改造客观世界的物质实践，在实践中达到预想的目的，从而改变、改造客观世界，将精神的力量转化为物质的东西，变主观的东西为客观的东西。

毛泽东曾经以大理石为例，说明精神变物质的道理。大理石有许多种，有天然的大理石，有人造的大理石。为什么能够造大理石？是因为认识了大理石的化学构造，认识了大理石生成的化学过程，人就可以造出大理石，精神就可以变为石头。精神变物质的过程，不仅是精神反作用物质、理论指导实践、形成物质成果的过程，而且也是检验认识正确与否的过程。当处在物质变精神的认识过程的第一阶段，这时候的精神、思想、理论、政策、计划、办法等是否正确地反映了客观外界的规律，还没有得到证明，还不能确定其是否正确。只有进到认识过程的第二个阶段，即由精神到物质、由思想到存在的阶段，把第一个阶段得到的认识放到社会实践中去，检验这些理论、政策、计划、办法等是否能得到预期的成功，才能对人们的认识是否正确作出检验和判定。一般说来，成功了的就是正确的，失败了的就是错误的。人们的认识经过实践的检验，又会产生一个飞跃。这次飞跃，比起前一次飞跃来，意义更加伟大。因为只有这一次飞跃，才能证明认识的第一次飞跃，即从客观外界的反映过程中得到的思想、理论、政策、计划、办法等，究竟是正确的还是错误的，此外再无别的检验真理的办法。人们也只有经过由精神到物质的过程，才能最终达到认识的目的。因为人们认识世界的目的，只是为了改造世界，此外再无别的目的。承认精神变物质，就坚持了马克思主义认识论的辩证法。

物质变精神、精神变物质，就是物质到精神、精神到物质，作为人类认识过程，与实践到认识、认识到实践，个别到一般、一般到个别，群众中来、群众中去，是内在一致的，讲的是一个道理。

如果说由实践到认识、由认识到实践，重点展现了认识活动的路径，从个别到一般、从一般到个别，重点展现了认识活动的秩序，从群众中来、到群众中去，重点展现了认识活动的实践主体，那么，物质变精神、精神变物质则重点展现了认识活动的唯物辩证过程、客观内容与根本特征。它与哲学基本问题直接联系起来，从最根本、最实质的意义上表达了认识过程的物质性与精神性的辩证统一，既是对人类认识过程的本质性概括，又是对物质与精神同一性的辩证关系的生动表述。“物质变精神，精神变物质”只是一个哲学概括，并不是简单地说物质的东西可以像变戏法那样变成精神的东西，以及反过来说，精神的东西也可以像魔术那样变成物质的东西，不能这样简单化地、直观化地、庸俗化地理解“两变”问题。

“物质变精神，精神变物质”是一个循环往复以至无穷的过程，是一个不断由低级向高级发展的过程。“物质变精神，精神变物质”又是一个复杂而困难的过程，往往要不断地试错，经历许多挫折、失败，才能最终取得成功。

二　“物质变精神，精神变物质”需要一定的条件

物质可以变成精神，精神又可以变成物质，这是一个日常生活中常见的事实，也是人类长久以来一种不懈的愿望和追求。人的思想是从哪里来的？心里想的能不能变成现实？如何变成现实？做事情怎样才能如意？物质是怎样变成精神的？精神是如何变成物质的？精神本身又是如何形成的？物质变精神、精神变物质需要不需要条件？这些问题，都需要从马克思主义哲学认识论的高度加以回答。

精神依赖于物质，是物质“变”来的，物质决定精神，任何精神的形成都需要一定的条件，离开必要的条件，任何物质都是无法变成精神的。精神变物质也绝对离不开必要的条件，离开一定的条件，任何精神也不可能变成物质。

物质变精神，精神变物质，这个“变”极不容易，除了必要的客观条件外，如必要的物质条件（生产生活资料、认识工具、手段、设施、设备……）、必要的精神条件（前人的思想成果、科学研究成果、经验教训、个人认识水平……）、必要的社会条件（生产力的发展、经济基础的变化、政治变革、群众基础、阶级斗争……），特别要经过人的实践、经过在实践基础上人的头脑的加工改造。物质变精神是人类正确发挥主体能动性的结果，精神变物质也是发挥主体能动性的过程。但有人把物质到

精神、精神到物质的必要条件忽略了，把人的主体能动性夸大了，这就必然得出主观唯心主义的结果。

说到“物质变精神，精神变物质”过程中人的主体能动性问题，必然涉及人的主体性问题。正确发挥人的主体能动性，即主观能动性，同样需要一定的条件。

谈到人的主体能动性，必然涉及对主体性的认识。我们所说的主体性，是指主体在利用、改造、再塑客体的社会实践和认识、评价客体的社会认知过程中，所表现出来的全部特殊属性。主体的主要特性是：

——**自然性**。主体并不是游离于自然界之外的超自然物，而是自然的产物，是自然界中特殊的一部分。主体是物质世界长期发展的产物，主体的肉体是由复杂的物质元素构成的实体，主体的能动性是物质反应性长期发展的结果。主体的心理与生理活动都有其自然物质基础。自然属性是主体的第一天然属性，主体的一切特性都是以自然物质性作为载体、前提和基础的。

——**实践性**。实践是主体的根本特性。人之所以成为主体，就在于人不是消极地、被动地单靠自然提供的条件和材料来维持生命活动，而是通过自身的社会实践活动，能动地改造外部自然以满足自身生存和发展的需要，并且在改造外部世界的过程中不断地改造完善自身。实践是人作为主体活动的基本形式，是主体能动活动的最主要、最集中的表现。

——**社会性**。人作为主体必定是社会主体，其社会认识和社会实践活动无不具有社会性。在阶级社会中，主体具有阶级性。主体的社会性、阶级性决定了主体的思想、决定了主体对客体的态度、决定了主体之间的关系。离开了社会性也就无所谓主体。

——**意识性**。人是有意识的，主体具有意识性。主体的意识以情感、意志、目的、理性思维等形式表现出来，使主体在活动中表现出一定的指向性、目的性和计划性，表现出主体对客体具有主动的反映性、思维性、控制性和创造性。主体的意识性一方面表现在主体的自我意识上，即主体能够认识到主体自身在整个世界中的地位和作用，认识到主体自身素质在认识和实践过程中的重要性；另一方面则表现在主体对客体的意识，即能够认识到客体的条件、规律以及客体涉及的内外诸关系。没有主体的意识性也就没有主体及其主体的活动。

——**主动性**。因为人是有意识、有目的、实践的人，所以主体在思想和行动上表现出一种主动的特性。所谓主动性，就是指主体不是被动地、消极地、无所作为地适应客体，成为客体的奴隶。相对客体来说，主体具有一种自由性、自主性、积极性、选择性和创造性。主体的自由性集中表现出主体对客体必然规律的认识和把握，表现出主体对客体对象的利用、改造和再塑，表现出主体自身自由全面发展的需求。主体的自主性就是指主体具有自我意识、独立思考、自我评价、自我反省、自我批评、自行调控、自我设计、自我规范的自主精神和自主能力。主体的积极性就是指主体在社会认识和社会实践中表现出积极进取、不甘现状的态度和劲头，为了维持和发展自身的需要，主体对客体采取一种积极认识、积极实践的态度和行为。在历史活动中，主体对历史活动、历史事件、历史发展趋向具有一定的选择能力。主体在对客体的认识、实践过程中表现出巨大的创造性，这种创造性突出表现在主体不是直观地、消极地、反射式地反映客体，而是积极地、能动地预见客体的发展趋势，突出表现为主体不是消极地、被动地适应客体，而是积极地、主动地改造、再塑客体，并在改造客体的过程中改造自身。

上述五个主要特性集中起来就是我们通常讲的主体能动性，主体能动性是主体的综合特征，是主体所表现出来的最突出、最集中的品质。恩格斯说："人同其他动物的最后的本质区别"，就是"一句话，动物仅仅利用外部自然界，简单地通过自身的存在在自然界中引起变化；而人则通过他所作出的改变来使自然界为自己的目的服务，来支配自然界”[32]。“如果说动物对周围环境发生持久的影响，那么，这是无意的，而且对于这些动物本身来说是某种偶然的事情。而人离开动物越远，他们对自然界的影响就越带有经过事先思考的、有计划的、以事先知道的一定目标为取向的行为的特征。”[33]这种认识现实世界和支配、利用、改造、创造现实世界的特征，就是主体的能动性。主体能动性是一种自觉的能动性，是人之所以区别于动物的特点。

主体的自觉能动性主要表现为认识的能动性和实践的能动性两个方面。

——**主体认识的能动性是通过人对客观外界的感性活动的能动性、理性活动的能动性而表现出来的**。一方面，主体认识的能动作用表现为“从感性到理性”“从理性到实践”这两个能动的飞跃；另一方面，主体认识的能动作用通过感性活动也可以表现出来，如果仅仅强调了理性认识活动的能动作用，而忽视了作为认识初级形式的感性活动的能动性，那么就是片面地认识主体认识的能动性。现代西方哲学的某些流派歪曲唯物主义反映论，攻击唯物主义认识论主张感性活动的反映特征是消极的机械反映论。实际上，马克思主义认识论主张人的认识活动从始至终包括感性阶段在内都是一个能动的过程。

——**主体能动性一方面通过主体的认识活动表现出来，另一方面，而且更重要的方面则通过人的实践活动表现出来**。实践在本质上是一种创造性活动，主体实践的能动作用首先表现在人对自身生存的自然环境和社会环境的利用、改造上，其次表现为人对自身的改造上。主体实践的能动作用，还表现为它是主体认识的源泉、动力和检验标准。

主体性问题，说到底是主体能动性和客体制约性的关系问题，主体能动性的发挥能不能离开客体的制约和限制，怎样在客

体制约前提下，最大限度地发挥主体能动性的问题。在实际工作中，这就是能不能坚持主观符合客观的唯物主义原则，坚持一切从实际出发、实事求是的思想路线问题。

讨论主体能动性和客体制约性的关系问题，必须反对忽视主体能动性和夸大主体能动性两种倾向，一定要避免走两个极端：一个极端是无视客体的制约性，过分夸大主体能动性，搞“精神万能论”“唯意志论”，跌到主观唯心主义的泥坑里；另一个极端是过分强调客体的制约性，完全排除主体能动性，搞“宿命论”“机械论”，倒退到旧唯物主义的形而上学的立场上。马克思主义哲学坚持主体能动性和客体制约性的辩证统一，坚决反对主体问题上的两个极端的错误倾向。有人错误地理解马克思《关于费尔巴哈的提纲》的精神实质，说《关于费尔巴哈的提纲》表明马克思主义哲学是主体性哲学。事实上，马克思绝无抬高主体能动性、贬低客体制约性的意向。马克思批评旧唯物主义“对事物……只是从客体的或直观的形式去理解……”并没有肯定只从主体方面去理解事物。在主体能动性和客体制约性的关系中，客体的制约性是客观存在的，但在客体制约性面前，主体又不是被动的、消极的、无所作为的，而是积极的、主动的、能动的，即不是被“对象所设定的”“受动的、受制约和受限制的存在物”，而是积极的、主动的，“能创造或设定对象的”“能动的”存在物。当然，主体自觉的能动性是在一定的客体制约基础上才得以发挥。

怎样才能科学地认识、正确地发挥主体能动性呢？这就需要既坚持唯物主义基本原理，反对唯心主义，又坚持辩证的观点，反对把主客体机械地割裂开来、对立起来的形而上学片面性，主张主体能动性与客体制约性的辩证统一。

轻视主体的作用，看不到主体能动性，是机械唯物主义；脱离唯物主义前提，过分夸大主体的作用，是主观唯心主义。这两种倾向不仅会给理论界、学术界带来消极的影响，而且在实践中也会造成指导思想和指导路线上的偏差，从而给实际工作带来巨大的损失。

任意夸大主体能动性，反映到实际工作中，就会犯主观严重脱离客观的主观主义错误。在我们党的历史上，民主革命时期的“左”倾机会主义、冒险主义、盲动主义都是以过分夸大革命的主观条件，轻视革命的客观条件为根本特征的。在我国社会主义建设时期，曾多次出现过一再夸大主观能动性的错误倾向，一度给我们的社会主义经济发展蒙上阴影。“文化大革命”时期，林彪、“四人帮”一伙搞什么大批“唯生产力论”，搞什么“精神万能论”“上层建筑领域革命论”，一度给中华民族带来巨大的灾难。这些教训是极为深刻的。

全部的问题不在于要不要发挥主体能动性，而在于怎样才能正确发挥主体能动性。马克思主义哲学所主张的主体能动性是符合客体的客观条件、客观规律的能动性，是建立在科学认识和正确把握客观条件、客观规律基础上的能动性，这种正确的、科学的主体能动性需要大力提倡。不断提高主体素质，提高主体的认识能力和实践能力，按照客观规律办事，是正确发挥主体能动性的关键。

要实现“物质变精神、精神变物质”，还必须处理好理性的认识与情感、意志等非理性的精神因素的关系。

恩格斯在分析自然界与人类社会的区别时曾指出：“社会发展史却有一点是和自然发展史根本不相同的。在自然界中（如果我们把人对自然界的反作用撇开不谈）全是没有意识的、盲目的动力，这些动力彼此发生作用，而一般规律就表现在这些动力的相互作用中。”“在社会历史领域内进行活动的，是具有意识的、经过思虑或凭激情行动的、追求某种目的的人。”[34]毛泽东在党的八届二中全会上曾经讲过：“人是要有一点精神的。”

这里讲的精神也不仅是指认识，更是指艰苦奋斗的革命精神。没有这种精神，革命就不会成功，在今天的社会主义建设时期，仍然需要这样的精神。可见，影响人的行动的，不仅有思想即人的理性认识活动，还有“激情”即情感、意志等非理性的精神活动，忽视这一部分非理性因素，便无法正确理解复杂的人的活动。

在人的精神领域，理性认识与非理性认识是相互影响的。既能产生积极的影响，也可能产生消极的影响。平时人们常常批评“感情用事”，认为这样可能会失去理智，干出蠢事。在一些重大问题上更不能让感情蒙蔽了理智。然而，我们讲共产党人要站在人民的立场上，要有对人民大众的深厚感情。对人民的感情又是非常重要的，不爱人民、不爱祖国的人不是合格的共产党人。邓小平曾深情地说：“我是中国人民的儿子，我深情地爱着我的祖国和人民。”[35]讲的就是共产党人对人民的感情问题。

三　在改造客观世界的过程中改造主观世界

中国有句俗话：“打铁还需自身硬，绣花要得手绵巧。”意思是说，作为一个铁匠，要打出坚固耐用的铁器，必须有过硬的技术、体力；作为一名绣工，要绣出美丽的图案，必须要有灵活灵巧的手。人类要认识世界和改造世界，实现从物质到精神、从精神到物质的转化，就必须在改造客观世界的过程中改造主观世界，通过改造主观世界推动对客观世界的改造。

人类的认识过程，是认识世界和改造世界、改造主观世界和客观世界辩证统一的过程。

认识世界和改造世界是统一的，认识世界的目的不仅在于能够解释世界，更重要的在于改造世界；认识世界以改造世界为基础，改造世界以认识世界为指导。

人类改造世界的任务是双重的，即“改造客观世界，也改造自己的主观世界——改造自己的认识能力，改造主观世界同客观世界的关系”[36]。哲学讲的客观世界，包括自然界、社会以及作为客体的人自身。人们通过实践改造自然，创造物质财富，满足生存与发展需要；改造社会，破除阻碍社会进步、束缚人的全面发展的权利的制度体制，创新、构建促进社会进步的制度体制，改造黑暗、落后的旧世界，建设进步、光明的新世界；改造作为客体的人自身，人既是改造世界的主体，又是改造世界的客体，人在改造世界的过程中，必须不断地改造自身，提高自身的体质素质，提高自身的认识能力。

改造自然，需要克服自然的抵抗力；改造社会，需要克服依附于旧的制度体制的压迫者、专制者、既得利益者的抵抗与反对；改造人自身，需要克服人自身的惰性和反能量。改造自然的实践，需要不断提高人对自然的认识能力和改造能力；改造社会的实践，无论对于经济制度和体制的改造，还是对于政治制度和体制的改造，都是利益关系的变动和调整，因而也是各个阶级、阶层和利益集团之间的斗争，都需要与逆历史而动的人进行斗争。在改造自然、社会和人自身的实践中，认识世界和改造世界的主体是人。人们在改造客观世界的过程中，认识了客观世界的规律，创造了物质财富，改革、创新、完善了社会制度，满足了自己追求真知、生存发展的需要，锻炼、增强、提升了自己的主体能力和素质，因而在改造客观世界的过程中人的主观世界也得到了改造。人为了更好地改造客观世界，要自觉主动地改造自己的主观世界。在改造客观世界和主观世界的过程中，主观世界与客观世界的关系也得到了改造。

能不能有效地改造客观世界，从一定意义上说，取决于对主观世界的改造。

要想更好地改造客观世界，必须改造好主观世界，提高认识世界、改造世界的本领。人们要改造客观世界，当然要认识客观世界，按照客观规律办事，这就决定人必须具备改造客观世界的素质和能力，并且在改造客观世界的实践中不断提高改造世界的素质、能力和水平，也就是具有良好的主体素质。人的素质包括要有完善的知识结构，有科学的认识方法、思想方法和工作方法，有正确的世界观、价值观和高尚的道德情感、崇高的理想、坚定的信念。

怎样才能提高认识世界和改造世界的本领呢？办法只有一个：学习。

一是向他人学习，通过书本和他人的经验学习；二是向实践学习，亲身参加实践，在实践中提高自身。人们通过学习而获得的道德、知识和本领，也是前人和他人在改造世界的实践中得来的。因此，无论向书本学习、向他人学习，还是向实践学习，归根到底，只有通过改造客观世界的实践，才能使人的主观世界也得到改造。

恩格斯曾经指出："自然科学和哲学一样，直到今天还全然忽视人的活动对人的思维的影响；它们在一方面只知道自然界，在另一方面又只知道思想。但是，人的思维的最本质的和最切近的基础，正是人所引起的自然界的变化，而不仅仅是自然界本身；人在怎样的程度上学会改变自然界，人的智力就在怎样的程度上发展起来。"[37]非凡的人物、非凡的本领往往与非凡的经历联系在一起，对主观世界的改造离不开改造客观世界的实践活动。

人除了生理的基因遗传以外，其后天获得的知识和能力主要是通过社会、通过文化传承下来的。人的个体的差异可以很大，个体一生中的改变也很大。其中的一个决定性的因素就是本人的学习能力及其发挥的差异，决定了知识和本领的巨大差异。随着社会发展的加快和人类知识的大量积累，学习的重要性更加明显。

尽管如此，通过学习获取别人的知识仍不能完全取代亲身实践的直接学习。首先，要想很好地接受别人的知识，也需要一定的亲身实践作为基础。在过去的革命年代，出现过这样的情况："读过马克思主义'本本'的许多人，成了革命叛徒，那些不识字的工人常常能够很好地掌握马克思主义。"[38]就是因为他们的实际生活状况使得他们能够更好地理解和接受革命的道理。今天，在和平建设时期，我们也看到，许多只有书本知识、缺乏亲身实践的年轻人尽管读过许多书，实际的工作能力、管理能力常常显得薄弱，需要经过一段实践锻炼，才能更好地增长、发挥本领和才干。因为人类面对的具体的对象是无比丰富多彩的，再多的间接知识也无法穷尽它。我们都有这样的体验："百闻不如一见。"读了再多的书，听了再多的介绍，实际接触之后，还是会有许多新的感受。因此，学习间接的知识，并不能完全取代亲身实践的学习。

为了更好地改造客观世界，必须努力改造主观世界。而对主观世界的改造只有在改造客观世界的过程中得到实现。我们必须善于把改造主观世界与改造客观世界很好地结合起来。学习、学习、再学习，实践、实践、再实践，就是今天的时代对我们的要求。

结　语

"物质变精神，精神变物质"，是马克思主义认识论的重要观点，既坚持了认识论的唯物论，又坚持了认识论的辩证法，是二者的有机统一。正确的思想来自实践，要用于对实践的指导，要经过实践的检验。人们要在改造客观世界的同时改造自己的主观世界，并且通过主观世界的改造推动客观世界的改造。马克思主义者以改造世界为己任，以改造主观世界为必要条件，努力学习，以提升主体素质，提高主体的认识能力，以全部的智慧和力量，从理论和实践的结合上完成改造世界的根本目的。

第五节　实事求是思想路线

实事求是，是马克思主义认识论的中国特色、中国风格、中国话语的理论概括，是中国共产党的思想路线的核心概念，是中国共产党人思想和行为的基本准则。能否坚持实事求是，关系到党和人民事业的兴衰成败。

一　实事求是是中国经验的哲学总结

中国共产党“实事求是”思想路线是对中国优秀哲学精华的继承和发扬。

在我国，实事求是思想传统源远流长。班固（32—92 年）在《汉书·景十三王传》中，称河间献王刘德（？—前 130 年）“修学好古，实事求是”。这是中国古代文献中第一次出现“实事求是”一词。河间献王刘德，是汉景帝刘启（前 188—前 141 年）的第三个儿子，封河间王，都乐城（今河北献县东南）。汉景帝时吴楚等七国之乱、内宫储位之争，使献王刘德感叹儒道衰微、道德沦丧，于是在封地河间国内收集佚书，修兴礼乐，以期通过汇集并研究儒家典籍来振兴儒学。他每得到一本好书，就令人抄写一份送给原来的藏书主人，而将真本留下，并赐给献书者金帛。于是四面八方学问之士纷纷前来献书。他在河间封国内修建规模宏大的日华宫，内设二十余处馆舍，招待四方饱学之士。齐、鲁、燕、赵、代、魏等地的儒者数百人聚集于此，夜以继日地梳理、校勘收集来的儒家典籍，把整理好的儒家经典及礼乐制度保存下来并献给朝廷。“修学好古，实事求是”是班固对刘德的总评价。

唐代经学家颜师古（581—645 年）把“实事求是”解释为“务得事实，每求真是”。清初唯物主义哲学家王夫之（1619—1692 年）主张即事穷理、即物穷理，认为“有即事以穷理，无立理以限事”[39]，认为要从客观事物中探索规律和法则，而不能先设立一个法则去限制、裁定客观事物。曾国藩（1811—1872 年）把“即事穷理”“即物穷理”与“实事求是”结合起来加以论述，他说：“夫所谓事者非物乎？是者非理乎？实事求是，非即朱子所称即物穷理者乎？”[40]实事求是作为为学做事、治国安邦的格言千古流传。

湖南长沙岳麓书院，创办于唐末五代，为中国四大书院之一。1914 年，从德国留学归来的宾步程（1880—1943 年）出任湖南公立工业学校校长，将学校迁到岳麓书院。他以“实事求是”为校训，激励学生立足客观实际，矢志追求真理，踏实做人做事。

1943 年，延安中央党校修建了一座占地 1200 平方米、可容纳千余人的大礼堂。这座建筑物虽然雄伟宽敞，但大家总觉得少点什么。有人提议在正面挂个题词。一开始，请范文澜（1893—1969 年）题写。但他试着写了几条，都觉得不满意。有人提议去找毛泽东，毛泽东欣然接受了党校同志的请求，挥笔写下了“实事求是”四个雄健潇洒的大字。镶嵌在大礼堂正面的“实事求是”的石刻，使这座建筑物顿添神采、熠熠生辉。“实事求是”遂成为党校的校训，也成为党的思想路线的马克思主义认识论中国化的高度概括。

党的思想路线是马克思主义认识论在中国共产党革命、建设和改革实践中的实际运用，是决定中国共产党事业成败的决定性因素。

党的思想路线就是一切从实际出发，理论联系实际，实事求是，在实践中检验真理和发展真理。实事求是，是党的思想路线的核心；一切从实际出发，是实事求是的前提；理论联系实际，是实事求是的必然要求；坚持在实践中检验真理和发展真理，是实事求是的根本保证。实事求是思想路线要求我们从实际出发，而不是从原则出发；从“实事”中求“是”，而不是自以为是；坚持理论联系实际，而不是理论和实际脱节；在实践中检验真理和发展真理，而不是凭本本、权力或主观的感觉与愿望来判定认识是不是真理。在民主革命时期，党和毛泽东倡导实事求是，反对唯书唯上的教条主义，走出了一条中国革命的正确道路；在社会主义革命和建设时期，党和毛泽东反复强调要坚持实事求是，探索符合中国国情的社会主义改造和社会主义建设道路；在改革开放新时期，我们党坚持和弘扬实事求是，开创了中国特色社会主义道路。当我们在经济建设中发生了急躁冒进、求成过急的失误后，党和毛泽东也是从世界观方法论入手解决问题，号召全党坚持实事求是，大兴调查研究之风；要求真务实，不能弄虚作假；要做老实人，说老实话，办老实事，不能务虚名而招实祸。

1985 年 9 月，加纳国家元首罗林斯（Rawlings，1947 年—　）访问中国，想了解和学习中国改革开放的经验。9 月 18 日，邓小平在人民大会堂接见他时，他当面恳请邓小平谈谈中国改革开放的经验，邓小平对他说，“如果说中国有什么适用的经验，恐怕就是按照自己国家的实际情况制定自己的政策和计划”[41]。罗林斯访问中国受到不少启发，他感慨地说：“西方人总是给你规定一个模式，只能照搬。但你们的邓小平说，千万不要照搬我们的模式，而是要实事求是。有几千年文明的国家才能讲出这样的话，这是一种西方远远不及的智慧。”邓小平对党的实事求是思想路线的极端重要性给予了高度的评价，认为实事求是，“是毛泽东思想的出发点、根本点”[42]，是“毛泽东思想的精髓”[43]，“是无产阶级世界观的基础”[44]，我们所取得的一切胜利，“是靠实事求是”[45]。

思想路线问题实质上就是思想方法问题、认识路线问题。

所谓思想方法，就是想事情、办事情采取什么样的态度、运用什么样的方法问题，是从实际出发，还是从本本出发。思想方法不同，对于理论的态度、对于实际的认识、对于是非的判断、对于善恶的评价、对于路线的选择不同，实践的结果也就不同。思想方法问题，在本质上是哲学问题。在一切工作中，看问题、想问题、解决问题，说到底是坚持唯物论、辩证法，还是坚持唯心论、形而上学，是坚持历史唯物主义，还是坚持历史唯心主义，是坚持辩证唯物主义认识路线，还是坚持唯心主义或形而上学唯物主义的认识路线的问题。思想方法问题就是思想路线问题、认识论问题。

思想路线正确与否，决定着事业的兴衰成败，决定着党的生死存亡。没有正确的思想路线，就不能实现马克思主义与中国实际相结合，不能制定和实施正确的战略策略，党就不能担负起领导人民前进的历史重任。在领导中国革命、建设的过程中，党的所有大的错误、全局性错误、根本性错误之所以发生，就是因为思想路线出了毛病。思想路线错了，政治路线、军事路线乃至组织路线就一定会出问题。中国的主观主义者"不从具体的现实出发，而从空虚的理论命题出发"，"不注意具体特点，妄把主观构成的东西当作特点"[46]。不具体分析事物发展的过程、阶段、条件、可能，用抽象、空洞的理论去指导实践。主观主义的思想路线、思想方法，是一切"左"的和右的错误的总根源。

党的思想路线是毛泽东在中国革命的实践中，在反对主观主义，特别是教条主义的斗争中，科学总结中国革命的经验教训而形成的。

红军长征到达陕北以后，党和毛泽东开始深刻总结党领导政治斗争和军事斗争的经验，批判"左"的政治路线与军事路线，根据时局变化科学解决了党的政治路线和军事路线问题，同时酝酿解决思想路线问题。

1935 年 12 月召开的瓦窑堡会议，提出了建立最广泛的抗日民族统一战线的主张。会后，毛泽东根据会议精神在党的活动分子大会上作了《论反对日本帝国主义的策略》的报告。报告科学总结了政治斗争经验，正确地解决了党的政治路线问题，为党领导伟大的抗日战争作了重要思想准备；批判了“左”的关门主义和冒险主义错误，深刻揭示了其脱离实际、死板僵化的教条主义这一思想方法论根源，标志着党在系统解决政治路线问题的同时，开始从哲学高度解决思想路线问题。

1936 年 12 月，毛泽东在抗日红军大学做了《中国革命战争的战略问题》的演讲。他强调研究战争“应该着眼其特点和着眼其发展”，不但要研究战争规律，而且要研究革命战争规律，还要研究中国革命战争规律，更要研究中国革命各个时期的战争规律。研究战争指导规律，必须做到主观与客观相符合。这就要全面了解、深入分析敌我双方的情况，对各种材料加以去粗取精、去伪存真、由此及彼、由表及里的思索，研究双方的力量对比和相互关系，以构成判断，定下决心，作出计划，执行计划，并在战争实践中检验、调整计划。要做到主观符合客观，学习在战争大海中的“游泳术”，就必须学习、运用马克思主义的科学的思想方法和认识方法。毛泽东关于研究战争规律问题的论述，已超出了军事斗争范畴，而具有了世界观方法论的思想路线的意蕴。

在制定正确的政治路线和军事路线的同时，毛泽东适应中国革命的迫切需要，紧密联系中国革命实际，以很大的精力研究哲学，从哲学高度总结中国革命经验，批判主观主义特别是教条主义，探索中国革命特别是当时抗日战争的战略道路，并提出了关于思想路线的新的哲学见解。他针对主观主义特别是教条主义者脱离实践学习理论、脱离国情照搬理论的错误，强调我们研究哲学、重视理论，是“为着有效地指导实践”[47]。而教条主义者则反对结合中国实际学习和运用马克思主义，反对把马克思主义中国化。针对教条主义的错误，毛泽东强调“共同点与特殊点都是要紧的，而特点尤要”[48]；针对教条主义者不能正确把握中国社会的主要矛盾及其发展变化，导致了政治路线和军事路线的错误，强调“客观世界是发展的，主观认识也是发展的”[49]，“客观形势发展了，主观认识也应跟着发展。认识新形势中的新矛盾与新联结”[50]。要根据主要矛盾的变化，来确定我们的根本任务和战略策略。毛泽东研读哲学的心得与写的笔记，为他系统地创立和建构马克思主义思想路线的新哲学，作了重要的思想与资料准备。

1937 年七八月间，毛泽东在延安抗日军政大学讲了《实践论》和《矛盾论》，论述了主观与客观、理论与实践、知与行的具体的历史的统一，深刻揭示了“左”、右倾错误的认识论根源，指出“唯心论和机械唯物论，机会主义和冒险主义，都是以主观和客观相分裂，以认识和实践相脱离为特征的”[51]。论述了矛盾普遍性与特殊性的辩证关系，深刻揭示了“左”、右倾错误的形而上学实质，指出他们不懂得由特殊到一般，又由一般到特殊的认识过程的辩证法，拒绝对具体事物作任何艰苦的研究工作，把一般真理看成凭空出现的东西，视为人们所不能够捉摸的纯粹抽象的公式；他们也不了解应当用不同的方法去解决不同的矛盾，而只是千篇一律地用一种自以为不可改变的公式到处硬套，这就只能使革命遭受挫折，或者将本来做得好的事情弄得很坏。“两论”对马列主义同中国革命具体实践相结合的必要性作了充分的哲学论证，对否认这种“结合”的主观主义特别是教条主义作了深刻的哲学批判，对如何实现这种“结合”在方法论上作了系统总结，这就为实事求是思想路线的确立奠定了坚实的哲学基础。

“两论”为解决思想路线问题提供了哲学基础。但以正确的哲学路线为指导破除主观主义的思想路线与思想方法，确立马克思主义的思想路线和思想方法，还须付出艰巨的努力。为了彻底清算以教条主义为特征的“左”的错误，使全党同志深刻认识这种错误产生的思想理论根源，学会运用马克思主义的立场、观点、方法观察问题，明辨是非，实现党在指导思想、政治路线、组织路线、军事路线上的高度统一，以毛泽东为代表的中国共产党人在全党范围内发起了一场普遍的马克思主义教育运动即延安整风运动，反对主观主义以整顿学风，反对宗派主义以整顿党风，反对党八股以整顿文风。反对主观主义以整顿学风，则是整风运动的重点。这是一次彻底解决党的思想路线问题的运动。

马克思主义的学风和态度是对周围环境作系统周密的调查研究，就是不割断历史，就是有目的地去研究马克思主义的理论，使马克思主义和中国革命的实际结合起来，就是为了解决中国革命的理论问题和策略问题而从中找立场、观点和方法。主观主义，特别是教条主义，就是对周围环境不作系统周密的调查研究，单凭主观热情去工作；就是割断历史，对中国的过去不求甚解；就是抽象地、无目的地研究马克思主义。无论是右的错误，还是“左”的错误，从思想根源上看，都是由于主观与客观相分裂，理论与实践相脱离。主观主义者，特别是教条主义者没有掌握马克思主义的精髓，不了解中国的国情，无实事求是之意，有哗众取宠之心，只知背诵马恩列斯著作中的若干词句，徒有虚名，并无实学，却以马克思主义者的面目出现，作报告和演说滔滔不绝、引经据典，迷惑文化水平不高的工农干部，吓唬天真烂漫的青年。毛泽东引用明代翰林学士、《永乐大典》总编纂解缙（1369—1415 年）的楹联给教条主义画像：墙上芦苇，头重脚轻根底浅；山间竹笋，嘴尖皮厚腹中空。他指出主观主义特别是教条主义害人害己害革命，是工人阶级的大敌、人民的大敌、民族的大敌，只有打倒它，马克思列宁主义的真理才会抬头，党性才会巩固，革命才会胜利。

毛泽东在《改造我们的学习》的报告中精辟而深刻地阐述了党的实事求是思想路线的丰富内涵。他说："'实事'就是客观存在着的一切事物，'是'就是客观事物的内部联系，即规律性，'求'就是我们去研究。我们要从国内外、省内外、县内外、区内外的实际情况出发，从其中引出其固有的而不是臆造的规律性，即找出周围事变的内部联系，作为我们行动的向导。而要这样做，就须不凭主观想象，不凭一时的热情，不凭死的书本，而凭客观存在的事实，详细地占有材料，在马克思列宁主义一般原理的指导下，从这些材料中引出正确的结论。……这种态度，就是党性的表现，就是理论和实际统一的马克思列宁主义的作风。"[52]在这段文字中，内含着一切从实际出发，实事求是，理论联系实际等基本观点。延安整风教育训练了干部，提高了党的马克思主义水平，确立了实事求是的马克思主义思想路线。

二　只有解放思想，才能实事求是

解放思想与实事求是具有内在一致性。思想是行动的先导，理论是实践的指南；思想的解放，是实事求是的前提，是观念转变、社会变革的先导。

邓小平深刻阐述了思想路线与政治路线、解放思想与实事求是的关系。邓小平说："解放思想，就是使思想和实际相符合，使主观和客观相符合，就是实事求是"[53]，就是"在马克思主义指导下打破习惯势力和主观偏见的束缚，研究新情况，解决新问题"[54]。坚持实事求是之所以要解放思想，是因为长期以来教条主义和个人崇拜盛行，民主集中制受到破坏，造成了思想僵化或半僵化。思想一僵化，条条框框就多起来了，个人迷信、个人崇拜、随风倒的现象就多起来了，不从实际出发的本本主义就严重起来了。"解放思想，开动脑筋，实事求是，团结一致向前看，首先是解放思想。只有思想解放了，我们才能正确地以马列主义、毛泽东思想为指导，解决过去遗留的问题，解决新出现的一系列问题，正确地改革同生产力迅速发展不相适应的生产关系和上层建筑，根据我国的实际情况，确定实现四个现代化的具体道路、方针、方法和措施。"〔55〕没有解放思想，就没有实事求是，解放思想的目的在于实事求是。必须把二者统一起来，而不能对立起来。

在改革开放和现代化建设的整个过程中，都要坚持解放思想、实事求是。解放思想是发展中国特色社会主义的一大法宝。

党的十一届三中全会以来，我们在理论上的重大发展，在政策上的成功调整，在经济建设和社会全面进步上所取得的巨大成就，都是解放思想、实事求是的结果。如果没有解放思想、实事求是，就不可能实现理论上的突破，开辟马克思主义的新境界；就不可能实现思想观念的根本转变，以新的眼光和视野观察新的实践中出现的新问题；就不可能积极推进经济体制改革和政治体制的改革，探索出中国特色社会主义发展的新路子。邓小平说："我们搞改革开放，把工作重心放在经济建设上，没有丢马克思，没有丢列宁，也没有丢毛泽东。老祖宗不能丢啊！"〔56〕同时，他又反复强调，马克思主义一定要同实际相结合，一定要随着实践的发展而发展。邓小平说："绝不能要求马克思为解决他去世之后上百年、几百年所产生的问题提供现成答案。列宁同样也不能承担为他去世以后五十年、一百年所产生的问题提供现成答案的任务。真正的马克思列宁主义者必须根据现在的情况，认识、继承和发展马克思列宁主义。"〔57〕习近平指出："马克思主义必定随着时代、实践和科学的发展而不断发展，不可能一成不变，社会主义从来都是在开拓中前进的。"〔58〕"全党同志首先是各级领导干部必须坚持马克思主义的发展观点，坚持实践是检验真理的唯一标准，发挥历史的主动性和创造性……不断推进理论创新、实践创新、制度创新。”[59]“一定要以我国改革开放和现代化建设的实际问题、以我们正在做的事情为中心，着眼于马克思主义理论的运用，着眼于对实际问题的理论思考，着眼于新的实践和新的发展。”[60]我们一定要坚持马克思主义，但这种坚持不是对马克思主义采取本本主义的态度，而是应当采取把马克思主义同实际相结合的态度。这是因为，马克思主义为我们解决具体问题提供了根本方法和原则，但没有提供现成的答案。在中国建设社会主义这样的事，在马克思的本本上找不到，在列宁的本本上也找不到。每个国家都有自己的情况，各自的经历也不同，所以要独立思考，在干中学，在实践中摸索。实践在发展，情况在变化，我们的思想认识也应当随之发展变化，要研究新情况，总结新经验，创造新理论，把马克思主义不断推向前进。解放思想始终是我们党坚持的一个基本原则，是发展中国特色社会主义的一个基本原则，要把解放思想贯彻到发展中国特色社会主义的始终。

三　与时俱进是马克思主义认识论的理论品格

继承人类优秀哲学思想遗产的马克思主义，是在实践中产生并在实践中发展的理论，与时俱进是马克思主义认识论的理论品质。

坚持与时俱进，是在新的实践中运用和发展马克思主义的需要。

马克思主义引导时代前进又随着时代发展。马克思主义具有科学性，它始终严格地以客观事实为依据。马克思主义具有实践性，它在实践中产生，在实践中发展，在实践中接受检验，在实践中发挥其改造客观世界的巨大力量。马克思主义具有开放性。它总是在把握客观情况的变化、总结人民群众的新鲜经验、吸取当代科学文化的最新成果的基础上，不断丰富和发展。马克思主义是随着时代的变迁、革命和建设主题的转换以及人民群众波澜壮阔的实践的不断深化而不断丰富和发展的。社会实践没有止境，解放思想、实事求是没有止境，马克思主义理论的发展和创新也没有止境。马克思主义经典作家从来不把自己的理论当作教条，从来都是把它当作行动的指南，当作认识问题和解决问题的科学方法。马克思十分厌恶对他的理论的“奴隶式的盲目崇拜”和“简单模仿”。恩格斯认为，马克思的整个世界观不是教义，而是方法。列宁也明确表示，决不把马克思的理论看作某种一成不变的和神圣不可侵犯的东西，马克思主义者必须考虑生动的实际生活，必须考虑现实的确切事实，而不应当抱住昨天的理论不放。马克思主义是最讲科学精神、创新精神的。马克思主义理论的每一次重大突破，社会主义实践的每一次历史性飞跃，都是马克思主义基本原理与具体实践相结合进行理论创新的结果。我们既要坚定地坚持马克思主义的立场、观点和方法，又要坚持与时俱进，尊重实践权威，勇于探索真理，根据历史条件的变化，对我们在前进中遇到的一些重大问题给予符合实际的科学回答，在实践中不断丰富和发展马克思主义。

坚持与时俱进，是中国共产党永葆先进性和创造力的可靠思想保证。

客观事物是不断发展的，人类的社会实践也是不断发展的。与此相适应，人类对于客观事物的规律和人类实践的规律的认识也是不断地发展、上升和深化的。马克思主义的发展史，就是对于自然、社会和人类思维发展的规律的认识不断深化的历史；中国共产党诞生以来九十多年的历史，就是对中国革命、建设和改革规律的认识不断深化的历史。建设中国特色社会主义，是一项全新的事业。马克思主义经典作家只是为我们提供了一些基本原理和原则，没有提供现成的答案；对于别国的经验，我们不能照搬照抄。无论是照搬本本，还是固守过去的经验、照搬别人的办法，都不能解决问题。只有坚持与时俱进，在实践中开拓前进，才能促进改革开放和现代化建设事业的顺利发展。中国共产党要始终保持先进性和生机活力，永远得到人民群众的拥护，就必须与时俱进，根据新的条件、新的时代和新的实践，不断深化对共产党执政的规律、社会主义建设的规律以及人类社会发展的规律的认识，以新的理论丰富和发展马克思主义，用发展着的马克思主义指导新的实践。

坚持与时俱进，就是要使党和国家的全部理论和工作体现时代性，把握规律性，富于创造性。

世界在发生巨大变化，中国在发生巨大变化，人民群众的伟大实践在不断前进。要使党和国家的发展不停顿，首先是思想理论上不能停顿。我们要坚持被实践反复证明了的马克思主义的基本理论，坚持马克思主义立场、观点、方法，否则，就丧失了根本，迷失了方向；同时，又要在新的实践中丰富和发展马克思主义，反对教条主义地对待马克思主义。我们要用实践去发展本本，而不能用本本去束缚实践。坚持解放思想，实事求是，与时俱进，就要用发展的、变化的、前进的眼光看问题，不断深化对共产党执政规律、社会主义建设规律以及人类社会发展规律的认识，在思想上不断有新解放，理论上不断有新发展，实践上不断有新创造。

——**坚持与时俱进，必须适应实践的发展，以实践来检验一切，自觉地把思想认识从那些不合时宜的观念、做法和体制的束缚中解放出来，从对马克思主义的错误的和教条式的理解中解放出来，从主观主义和形而上学的桎梏中解放出来**。与时俱进是在实践中坚持和发展马克思主义的必然要求，是马克思主义与时俱进的理论品质的具体体现。我们要坚持和发展马克思主义，推进中国特色社会主义事业，需要从思维方式、思想理论以及观念、体制、做法等多个层面入手，纠正、革除错误的、不合时宜的思想观念，打破过时的僵化体制和习惯做法，消除对马克思主义的错误的和教条式的理解，破除主观主义和形而上学的思维方式，以马克思主义的科学世界观和方法论为指导，研究新情况，解决新问题，提出新理论，从事新实践，使我们的思想和行动更加符合客观实际，更加符合社会主义初级阶段的国情和时代发展的要求。

——**坚持与时俱进，必须不断根据实践的要求进行理论创新、制度创新、科技创新、文化创新以及其他各方面的创新**。创新是一个民族进步的灵魂，是一个国家兴旺发达的不竭动力，也是一个政党永葆生机的源泉。社会实践是不断发展的，我们的思想认识也应不断前进，应勇于和善于根据实践的要求进行创新。要进行理论创新，使我们党和国家的基本理论在继承的基础上不断吸取新的实践经验、新的思想而向前发展；进行体制创新，不断完善适应发展社会主义市场经济、全面建设中国特色社会主义要求的各方面的体制；进行科技创新，使科学技术成为推动经济社会发展的强大力量。要通过理论创新推动制度创新、科技创新、文化创新以及其他各方面的创新，不断在实践中探索前进。

——**坚持与时俱进，要以科学的态度对待马克思主义**。既要始终坚持马克思主义基本原理，又要坚决反对以教条主义的态度对待马克思主义。如果不顾历史条件和现实情况的变化，拘泥于马克思主义经典作家在特定历史条件下、针对具体情况作出的某些个别论断和具体行动纲领，我们就会因为思想脱离实际而不能顺利前进，甚至发生失误。在对待马克思主义的态度上，要始终做到两个“坚定不移、不能含糊”：一是必须坚持马克思主义的立场、观点和方法，坚持马克思主义基本原理。这一点，要坚定不移，不能含糊。二是必须贯彻解放思想、实事求是的思想路线，坚持勇于追求真理和探索真理的革命精神。这一点，也要坚定不移，不能含糊。既要坚持“不丢老祖宗”，又要做到“讲新话”。

四　求真务实是马克思主义认识论的要义

求真务实，追求真理、服膺真理，重视实践、务求实效，是马克思主义认识论的内在精神。

如果说认识的根本任务是认识本质、把握规律，那么，认识的最终目的则是指导实践、改造世界。理论的基础是实践，又转过来为实践服务。“马克思主义看重理论，正是，也仅仅是，因为它能够指导行动。如果有了正确的理论，只是把它空谈一阵，束之高阁，并不实行，那末，这种理论再好也是没有意义的。”[61]马克思主义是理论与实践、知与行、求真与务实的统一论。马克思主义的认识论是知行统一论，坚持求真与务实、认识世界和改造世界的有机统一，是马克思主义认识论的实质与真谛。

求真务实，对于永葆党的生机活力，对于党和人民事业的兴旺发达，具有决定性的意义。

求真，就是认识事物本质，把握客观规律，求得真理的认识；务实，就是通过实践获得真知，运用真理指导实践，理论联系实际，务求指导改造实践。早在民主革命时期，毛泽东就号召全党把革命气概和实际精神结合起来，实事求是，力戒空谈，要当老实人，说老实话，做老实事。在改革开放和社会主义现代化建设的新时期，邓小平强调要真抓实干，坚决制止热衷于做表面文章、不讲实际效果的形式主义，杜绝说大话、空话、假话的恶习。江泽民反复强调实干兴邦，空谈误国。领导干部要重实际、说实话、务实事、求实效，脚踏实地、埋头苦干，不说空话，不做表面文章，不搞花架子。胡锦涛强调求真务实是马克思主义一以贯之的科学精神，是中国共产党的思想路线的核心内容，也是中国共产党的优良传统和共产党人应该具备的政治品格。党的十八大以来，习近平总书记强调要“讲实话，干实事，敢作为，勇担当，言必信，行必果”，强调“空谈误国，实干兴邦”。求真务实是党的活力之所在，也是党和人民事业兴旺发达的关键之所在。求真务实坚持得好，党和国家就充满朝气与活力，党和人民的事业就能顺利发展；否则，党和国家就缺乏朝气和活力，党和人民的事业就受到挫折。

——**大兴求真务实之风，要牢固树立马克思主义价值观，一切从人民利益出发**。马克思主义的根本价值追求，是为了争取工人阶级和最广大人民的自由、解放，为了促进和实现人的自由而全面发展。共产党人的一切言论行动，必须以合乎最广大人民群众的最大利益，为最广大人民群众所拥护为最高标准。增强党的宗旨意识，坚持全心全意为人民服务，摆正同人民群众的关系，是坚持求真务实的根本准则。只有始终牢记党的宗旨，坚持一切从人民的利益出发，坚持以最广大人民的根本利益为最高标准，才能从根本上做到求真务实。坚持立党为公、执政为民，坚持权为民所用、情为民所系、利为民所谋，把最广大人民的根本利益放在首位，自觉用最广大人民的根本利益来检验自己的工作和政绩，做到凡是为民造福的事情就一定要千方百计办好、凡是损害广大群众利益的事情就坚决不办。

——**大兴求真务实之风，要牢固树立马克思主义的真理观，一切从实际出发**。正确认识国情，按照国情制定路线方针政策和开展工作，是坚持求真务实的根本依据。我们想问题、作决策、办事情，要坚持从基本国情出发，老老实实地艰苦创业，踏踏实实地艰苦奋斗。认识规律、把握规律、遵循和运用规律，是坚持求真务实的根本要求。要认清我国的基本国情，深化对共产党执政规律、社会主义建设规律和人类社会发展规律的认识。要在推进各项工作时更好地把握规律性、增强主动性、减少盲目性、克服片面性。只有从实际出发，按照客观规律办事，才能真正牢固树立和深入贯彻落实科学发展观，促进经济社会全面发展和人的全面发展。

——**大兴求真务实之风，要牢固树立马克思主义的实践观，一切从实践出发**。一切从实践出发，就要在实践中认识人类社会发展规律、社会主义建设规律和执政党建设规律，在实践中推进科学发展、促进社会和谐，在实践中坚持和发展中国特色社会主义，在实践中实现国家富强、民族振兴和人民福祉。一定要紧密联系全面建成小康社会的实践，坚持讲实话、出实招、办实事、务实效，把工作的着力点真正放到研究解决改革发展稳定中的重大问题上，放到研究解决群众生产生活中的紧迫问题上，放到研究解决党的建设中的突出问题上。

结　语

以毛泽东为代表的中国共产党人将马克思主义的理论与中国革命的实际相结合，并将马克思主义的科学理论与中国传统文化相结合，提出了“实事求是”的思想路线，开创了理论与实际相结合的光荣传统，此后一代又一代中国共产党人在马克思主义科学理论的指导下，紧密结合各个时期的中国国情和在实践中遇到的新问题，不断丰富实事求是的思想路线，为中国的革命和建设事业提供了重要的思想保证，也为后人留下了宝贵的精神财富。贯彻实事求是思想路线，必须解放思想、与时俱进、求真务实，这是新时期贯彻实事求是思想路线的基本要求。

注　释

〔1〕《列宁专题文集·论辩证唯物主义和历史唯物主义》，人民出版社2009年版，第49页。

〔2〕《马克思恩格斯文集》第4卷，人民出版社2009年版，第266页。

〔3〕《毛泽东选集》第1卷，人民出版社1991年版，第287页。

〔**4**〕《马克思恩格斯文集》第 1 卷，人民出版社 2009 年版，第 503—504 页。

〔**5**〕《邓小平文选》第 3 卷，人民出版社 1993 年版，第 156 页。

〔**6**〕《邓小平文选》第 3 卷，人民出版社 1993 年版，第 382 页。

〔**7**〕《列宁专题文集·论辩证唯物主义和历史唯物主义》，人民出版社 2009 年版，第 139 页。

〔**8**〕《列宁专题文集·论辩证唯物主义和历史唯物主义》，人民出版社 2009 年版，第 135 页。

〔**9**〕《毛泽东选集》第 1 卷，人民出版社 1991 年版，第 296 页。

〔**10**〕《列宁专题文集·论辩证唯物主义和历史唯物主义》，人民出版社 2009 年版，第 150 页。

〔**11**〕《列宁专题文集·论辩证唯物主义和历史唯物主义》，人民出版社 2009 年版，第 150 页。

〔**12**〕《列宁专题文集·论辩证唯物主义和历史唯物主义》，人民出版社 2009 年版，第 150 页。

〔**13**〕《列宁专题文集·论辩证唯物主义和历史唯物主义》，人民出版社 2009 年版，第 150 页。

〔**14**〕《列宁专题文集·论辩证唯物主义和历史唯物主义》，人民出版社 2009 年版，第 151 页。

〔**15**〕《马克思恩格斯文集》第 9 卷，人民出版社 2009 年版，第 500 页。

〔**16**〕北京大学哲学通讯员外国哲学史教研室编译：《西方哲学原著选读》上卷，商务印书馆 1981 年版，第 358 页。

〔**17**〕《马克思恩格斯文集》第 9 卷，人民出版社 2009 年版，第 484、492 页。

〔**18**〕《列宁专题文集·论辩证唯物主义和历史唯物主义》，人民出版社 2009 年版，第 136—137 页。

〔**19**〕《马克思恩格斯文集》第 4 卷，人民出版社 2009 年版，第 309 页。

〔**20**〕《马克思恩格斯文集》第 4 卷，人民出版社 2009 年版，第 312 页。

〔**21**〕《马克思恩格斯文集》第 9 卷，人民出版社 2009 年版，第 539 页。

〔**22**〕《马克思恩格斯文集》第 1 卷，人民出版社 2009 年版，第 560 页。

〔**23**〕卢梭：《论人类不平等的起源和基础》，商务印书馆 1962 年版，第 106—107 页。

〔**24**〕《列宁专题文集·论马克思主义》，人民出版社 2009 年版，第 15 页。

〔**25**〕《毛泽东文集》第 2 卷，人民出版社 1993 年版，第 378—379 页。

〔**26**〕《马克思恩格斯文集》第3卷，人民出版社2009年版，第226页。

〔**27**〕《列宁全集》第20卷，人民出版社2017年版，第143页。

〔**28**〕《毛泽东选集》第1卷，人民出版社1991年版，第296—297页。

〔**29**〕《毛泽东选集》第3卷，人民出版社1991年版，第899页。

〔**30**〕《毛泽东文集》第8卷，人民出版社1999年版，第321页。

〔**31**〕《毛泽东文集》第8卷，人民出版社1999年版，第321页。

〔**32**〕《马克思恩格斯文集》第9卷，人民出版社2009年版，第559页。

〔**33**〕《马克思恩格斯文集》第9卷，人民出版社2009年版，第558页。

〔**34**〕《马克思恩格斯文集》第4卷，人民出版社2009年版，第301—302页。

〔**35**〕这是邓小平为英国培格曼出版公司出版的《邓小平文集》英文版写的序言，1981年2月14日。

〔**36**〕《毛泽东选集》第1卷，人民出版社1991年版，第296页。

〔**37**〕《马克思恩格斯文集》第9卷，人民出版社2009年版，第483页。

〔**38**〕《毛泽东选集》第1卷，人民出版社1991年版，第111页。

〔**39**〕王夫之:《续春秋左氏传博议·士文伯论日食》。

〔**40**〕《曾国藩全集·诗文》，岳麓书社1986年版，第166页。

〔**41**〕《邓小平年谱（1975—1997)》（下卷），中央文献出版社2004年版，第1080—1081页。

〔**42**〕《邓小平文选》第2卷，人民出版社1994年版，第114页。

〔**43**〕《邓小平文选》第3卷，人民出版社1993年版，第10页。

〔**44**〕《邓小平文选》第2卷，人民出版社1994年版，第143页。

〔**45**〕《邓小平文选》第2卷，人民出版社1994年版，第143页。

〔**46**〕《毛泽东哲学批注集》，中央文献出版社1988年版，第9、432页。

〔**47**〕《毛泽东哲学批注集》，中央文献出版社1988年版，第152页。

〔**48**〕《毛泽东哲学批注集》，中央文献出版社1988年版，第176页。

〔**49**〕《毛泽东哲学批注集》，中央文献出版社1988年版，第14页。

〔**50**〕《毛泽东哲学批注集》，中央文献出版社1988年版，第14—15页。

〔**51**〕《毛泽东选集》第1卷，人民出版社1991年版，第295页。

〔**52**〕《毛泽东选集》第3卷，人民出版社1991年版，第801页。

〔**53**〕《邓小平文选》第2卷，人民出版社1994年版，第364页。

〔**54**〕《邓小平文选》第2卷，人民出版社1994年版，第279页。

〔**55**〕《邓小平文选》第2卷，人民出版社1994年版，第141页。

〔**56**〕《邓小平文选》第 3 卷，人民出版社 1993 年版，第 369 页。

〔**57**〕《邓小平文选》第 3 卷，人民出版社 1993 年版，第 291 页。

〔**58**〕《习近平谈治国理政》第 1 卷，外文出版社 2018 年版，第 23 页。

〔**59**〕《十八大以来重要文献选编》（上），中共中央文献出版社 2014 年版，第 115 页。

〔**60**〕习近平：《紧紧围绕坚持和发展中国特色社会主义　学习宣传贯彻党的十八大精神》，人民出版社 2012 年版，第 5 页。

〔**61**〕《毛泽东选集》第 1 卷，人民出版社 1991 年版，第 292 页。

第五章　历史观：人类思想史上的新历史观

历史唯物主义即唯物主义历史观，简称唯物史观，是人类思想史上全新的历史观。它揭示了人类社会历史发展的客观规律，是关于社会发展一般规律的科学，也是“关于现实的人及其历史发展的科学”。它既为人们提供了认识社会历史问题的根本看法，又为人们提供了处理社会历史问题的基本方法，是正确认识人及人类社会，改造人及人类社会，推进人与社会自由全面发展的锐利思想武器。

第一节　历史观总论

马克思和恩格斯把辩证唯物主义推广到对人类社会的认识，从而把唯心主义从社会历史领域驱逐出去，建立了完备的唯物主义哲学。马克思主义的唯物主义历史观即唯物史观，第一次科学地揭示了社会发展的一般规律，从而为人们认识社会历史、创造社会历史提供了科学的世界观和方法论。

一　唯物史观的创立

恩格斯《在马克思墓前的讲话》中认为，马克思对整个人类思想发展作出两个最伟大的贡献：一是发现唯物史观；一是发现剩余价值学说。

马克思发现了人类历史的发展规律，创立了唯物史观；运用唯物史观分析资本主义社会，发现了现代资本主义生产方式和它所产生的资产阶级社会的特殊运动规律，创立了剩余价值学说；指明了资本主义必然灭亡的历史趋势和人类社会发展的共产主义前途，揭示了无产阶级的历史使命，找到了工人阶级这一实现深刻社会变革的主体力量，从而使社会主义从空想变成了科学。

唯物史观的创立是马克思对人类思想史的划时代贡献。恩格斯把唯物史观看作马克思的第一个伟大发现。列宁认为，马克思的历史唯物主义是科学思想中的最大成果。

与以往的唯心主义历史观相反，马克思在考察社会历史、寻找社会发展的真实动因时，不是从主观意识、客观精神、上帝、神意或抽象的人性出发，而是从现实的人及其活动出发，从现实的人的物质生活条件出发。在马克思看来，“有生命的个人的存在”是全部人类历史的第一个前提。人们为了创造历史，必须能够生活。为了生活，就必须进行物质生活资料的生产。物质生产是人类的第一个历史活动，是一切历史的基本条件。追求生存发展需要的满足，是人们的一切思想动机背后最深刻的物质根源；人们所从事的物质资料生产，是社会发展的根本原因。人类社会的经济关系，及其派生的政治关系、思想文化关系等一切社会关系都是在物质生产基础上建构起来的，并随着物质生产的发展变化而发展变化；必须从人类生存发展的物质经济基础出发，来说明人类社会的发展变化，来说明一切人类社会历史现象。

唯物史观的创立，是人类思想史上的一场伟大革命，它将唯心主义从社会历史领域中彻底清除出去，从而彻底地改变了历史观领域唯心主义占统治地位的状况，实现了自然观上的唯物主义与历史观上的唯物主义的统一，使马克思主义哲学成为彻底的和

完备的唯物主义学说。

马克思的思想照亮了历史的时空，使在黑暗中摸索的人们豁然开朗。他所创立的唯物史观作为关于社会发展的根本动因、总体进程、一般规律和必然趋势的学说，反映了社会历史发展规律，一扫笼罩在社会历史领域的神秘的雾霾，为人们提供了认识社会发展规律、求解社会历史之谜的锁钥；代表了工人阶级和广大人民群众的利益，为工人阶级推翻资本主义社会，实现阶级解放和全人类解放，指明了前进的方向和道路。在当时，马克思是最遭忌恨和最受诬蔑的人，各国政府——无论专制政府或共和政府都驱逐他，资产者——无论保守派或极端民主派都竞相诽谤他、诅咒他；同时，马克思又是当代和后世最受尊重、爱戴和敬仰的人，他是全世界工人阶级的精神导师，他的理论成为世界社会主义运动的指南。

马克思主义哲学是由辩证唯物主义和历史唯物主义组成的，是马克思主义政治经济学和科学社会主义的思想基础。

——**从马克思主义哲学产生的过程来看，历史唯物主义和辩证唯物主义是同时产生的**。马克思在 19 岁时是青年黑格尔派的唯心主义者，大学毕业以后，参加了当时德国的政治斗争。通过实际工作，接触到了当时贫苦的农民和工人，发现了农民和工人的物质利益同统治阶级的物质利益的矛盾关系，而物质利益关系是由生产关系决定的，生产关系最终是由生产力所决定的。历史观的重大突破使马克思从唯心主义转向了彻底的唯物主义，同恩格斯一道创立了辩证唯物主义和历史唯物主义哲学体系。

——**从马克思主义哲学整个理论体系的完整性来看，历史唯物主义是整个体系中不可缺少的部分**。从整体上看，如果没有历史唯物主义，也就没有完整的马克思主义哲学世界观。有人对马克思主义哲学有一种误解，认为辩证唯物主义解决自然观问题，历史唯物主义解决历史观问题，历史唯物主义只不过是辩证唯物主义在社会历史领域的推广和应用。这实际上贬低了历史唯物主义的地位和作用。列宁认为，**辩证唯物主义和历史唯物主义是一块整钢，密不可分，紧密结合在一起，互为前提而存在，构成马克思主义哲学的整个理论体系**。人要认识历史，必须运用辩证唯物主义的基本观点和方法分析社会历史现象，辩证唯物主义为历史唯物主义提供了基本的方法和理论前提。没有唯物辩证法作为理论、方法的前提，就不可能有对社会历史的科学说明，不可能有唯物主义历史观；反过来，没有对社会历史过程的唯物的、辩证的理解，特别是对人类物质实践活动意义的认识，就不能彻底解决物质与精神、存在与意识的关系问题，就不能形成辩证唯物主义的科学理论。辩证唯物主义是自然、社会、人类思维一般规律的概括，既涵盖自然观，又涵盖历史观和认识论。在这个意义上说，如果没有历史唯物主义的创立，也就没有辩证唯物主义的最终形成。历史唯物主义和辩证唯物主义的区分只是相对的，它们作为统一的世界观方法论发挥作用，一起构成马克思主义统一而严整的哲学世界观方法论，成为人类认识世界、改造世界的最锐利的思想武器，成为工人阶级及其政党全部活动的哲学基础。历史唯物主义作为马克思主义哲学的组成部分，一方面同辩证唯物主义是一个完整的整体；另一方面，它又具有相对的独立性，具有相对独立的研究对象、研究范畴和理论体系，具有非常重要的意义。

在马克思主义哲学中，历史观与自然观是有机统一的。马克思主义哲学在自然观中坚持物质第一性的唯物主义基本观点；在历史观中，把唯物主义物质第一性的基本观点贯彻到社会历史领域，运用唯物辩证法，指出人们的生产劳动实践创建了人类和人类社会，揭示了人及人类社会发展的根本原因在于社会的生产方式，发现了人类社会发展的客观规律，从而把唯心主义彻底逐出历史唯心主义的避难所。如果只在自然观中坚持唯物主义立场，而在历史观中仍然坚持唯心主义立场，就不是彻底的唯物主义者，只能是半截子的唯物主义者，上半截是唯物主义，下半截是唯心主义。马克思主义哲学是辩证唯物主义和历史唯物主义的统一。

二 旧历史观的根本缺陷

在马克思主义新历史观产生之前，对人类历史之谜不外乎有两类答案：

——**一类是唯心主义的回答**。或是把历史发展归结为神、天命的作用；或是归结为精神的作用。如孔子（前551—前479年）的得意门生子夏（前507年—?）说“死生有命，富贵在天”。

如归之于人的理性、情感、动机、意志的主观唯心主义的主观精神决定论，归之于在自然界和人类社会产生之前就存在的、无人身的客观精神的客观唯心主义的客观精神决定论。

在近代哲学史上，德国产生了一批杰出的哲学家，代表人物有康德（Kant，1724—1804年）、费希特（Fichte，1762—1814年）、谢林（Schelling，1775—1854年）、黑格尔（Hegel，1770—1831年）和费尔巴哈（Feuerbach，1804—1872年）。在历史观上，他们虽然坚持了唯心主义立场，但有某些突破性进展，构成了马克思主义哲学的理论来源之一——著名的德国古典哲学流派。他们一方面主张辩证法或唯物主义，另一方面又坚持唯心主义。这在德国古典哲学三个代表人物——康德、黑格尔、费尔巴哈身上尤其体现得淋漓尽致。康德、黑格尔坚持唯心主义，费尔巴哈则是形而上学唯物主义的代表。

德国古典哲学创始人康德一生都在企图调和唯物主义和唯心主义，使二者妥协。一方面，他勉勉强强地承认人们之外存在着“自在之物”；但另一方面，他又认为人们对“自在之物”的认识永远停留在表象上而达不到本质，认为“自在之物”是不可能认识的。那么人的认识是从哪里来的？康德主张在人的头脑中存在着一种先于“自在之物”的“先天的认识形式”，认为正是“先天的认识形式”决定了“自在之物”。而这种“先天的认识形式”在伦理道德领域表现为“善良意志”，它是先验的、普遍适用的、永世不变的、至高无上的，从而决定人类社会历史。康德认为历史过程中的一切事件和现象，人们的道德选择和道德行为，都决定于人的理性为道德行为颁布的道德律令，即“绝对命令”。他反对意志他律，主张意志自律，认为人应当完全按照理性为自己订立的法则即道德律令而行动。他说：“有两样东西，人们越是经常持久地对之凝神思索，它们就越是使内心充满常新而日增的惊奇和敬畏：我头上的星空和我心中的道德律。”[1]这就是康德的主观唯心主义先验论的历史观。

德国古典唯心主义辩证法大师黑格尔坚持客观唯心主义的“绝对精神决定论”。尽管他已经意识到了人类社会历史的辩证运动规律，但认为在万事万物之上有一个绝对精神，这个绝对精神是自然界和人类历史发展的第一推动者。黑格尔将客观的理性、绝对精神作为世界的本原和历史的主体，认为自然的、历史的和精神的世界的不断运动、变化、转化和发展，都是绝对精神追求自我实现的过程。绝对精神在其发展过程中，经历了逻辑阶段、自然阶段和精神阶段。在逻辑阶段，体现为纯粹概念，具有抽象性的片面性；在自然阶段，体现为自然界，具有物质性的片面性；在精神阶段，体现为人类历史，克服了逻辑阶段和自然阶段的片面性，获得了最全面、最具体、最复杂和最真实的表现。自由是精神的本质，精神的全部发展就是通过自己的活动扬弃外在性而获得自由的过程。在黑格尔看来，理性或绝对精神是社会历史的主体、动力和决定性力量，人不过是理性或绝对精神实现自身的工具和手段。

——**另一类是旧唯物主义的回答**。唯心主义历史观的答案显然是荒谬的，这就导致一些旧唯物主义哲学家试图从直观的物质上寻找历史的最终原因。一些旧唯物主义者虽然在自然观上坚持了唯物主义立场，但从直观的物质原因上又无法说明历史的最终原因，故在考察社会历史时，总被社会领域和历史过程的特殊性所迷惑，只是看到了人们从事历史活动的思想动机，而没有进一步探究隐藏在思想动机背后的最终原因；只是看到了在社会历史领域中起作用的精神动力，而没有发现动力的动力是什么，没有看到隐藏在精神动力背后的物质动因，将精神动力看成社会发展的终极原因，从而在历史观上重新陷入了唯心主义的泥沼。

18 世纪法国资产阶级启蒙思想家、资产阶级社会学地理学派创始人孟德斯鸠（Montesquieu，1689—1755 年），提出“地理环境决定论”，断言一切民族的道德、政体、法律是由气候、土壤、土地面积大小决定的。他举例说，热带地方的民族缺乏精力与勇气，往往变成奴隶；寒带地方的民族坚韧耐劳，容易保持独立；幅员广大，产生专制；小国寡民，导向民主。他认为，地理环境决定人的理性，人的理性又决定政治、法律制度。孟德斯鸠的地理环境决定论从唯物主义命题出发，又返回到人的理性决定社会存在的唯心主义老路上了。

18 世纪法国形而上学唯物主义者爱尔维修（Helvetius，1715—1771 年）提出“人是环境的产物”的唯物主义命题，然而他所说的环境不是自然环境，不是社会生产方式，而是政治法律制度。他认为制度是由人的理性所决定，从而环境是由人的理性决定的。爱尔维修从唯物主义原则出发，又回到了人的意见决定一切、理性支配世界的唯心主义历史观立场上，陷入了认识“悖论”的恶性循环。

19 世纪德国人本唯物主义者费尔巴哈提出“感性的人”决定论。他看到了神造论的荒谬，看到了唯心主义和形而上学唯物主义的缺陷，提出感性的人、肉体的人决定了历史的发展，似乎他的历史观由神、由纯粹理念回到了人，由唯心主义回到了唯物主义。但费尔巴哈是直观的唯物主义者，他只看到了感性的、肉体的、被动存在的、生物学意义上的人，不懂得物质与精神的辩证法，不懂得人的社会性，不懂得实践的人的能动作用。对于感性的人怎样创造历史说不清楚，提出了人类永恒之“爱”决定人的行动，从而决定人类历史的论断。费尔巴哈看似回到肉体的物质存在的人，但结果又回到了“爱”决定一切的空洞无物的唯心主义历史观。

综观一切旧历史观，有两个根本缺陷：一是从思想原因而不是从物质经济根源，来说明人类历史活动的动因和社会发展的动力，这就是旧历史观的思想动机论。二是只看到少数历史人物的作用，忽视人民群众是真正的历史主人，抹杀了人民群众在历史发展中的决定作用，这就是旧历史观的英雄史观。英雄史观看不到人民群众创造人类历史、推动社会进步的动力作用，将历史发展的根本原因归之于帝王将相、英雄豪杰的个人意志。英雄史观说到底还是唯心史观。

要走出唯心史观的认识怪圈，既要把唯物论贯彻到历史领域，彻底解决物质第一性和精神第二性的哲学基本问题，又要把辩证法贯彻到历史领域，科学地解决精神对物质的反作用问题，认识到人的主观能动性，认识到社会历史是一个物质与精神相互作用的辩证发展过程。把唯物论和辩证法有机地结合起来，彻底贯彻到历史领域，才能克服旧历史观的根本缺陷，把唯心史观逐出社会历史领域。

有些杰出的旧唯物主义者在历史领域坚持了物质第一性的观点，却不懂得历史辩证法，不懂得精神的能动的反作用，从直观的唯物主义立场出发来分析人类社会历史，把历史动力归结为某种僵硬的、被动的自然物，最终又返回到唯心主义的历史观点上。孟德斯鸠、爱尔维修和费尔巴哈就是如此。19 世纪法国复辟时代的历史学家梯叶里（Thierry，1795—1856 年）、基佐（Guizot，1787—1874 年）、米涅（Minie，1796—1884 年）和梯也尔（Thiers，1797—1877 年）等人虽看到了阶级斗争在社会发展中的作用，并试图探讨阶级斗争的经济根源。但只认识到财产关系是一个国家政治制度的基础，而财产关系是由人的本性中的征服欲决定的。这样一来，他们又退回到精神决定历史发展的老路上了。

三 社会历史观的基本问题

哲学基本问题，即思维与存在，也就是精神与物质的关系问题，源于远古时代人类关于人死之后灵魂是否存在的思考。人死了，灵魂是否还存在？“灵魂不死”的问题，是有了人和人类思维开始，就一直在思索的问题，这就引出了关于“灵魂与外部世界的关系”问题的人类原初之问。随着人类认识的发展，这个问题逐渐由灵魂崇拜的原始迷信演化为社会意识与社会存在的关系问题，同时已构成了思维与存在、精神与物质的关系问题。历史观的基本问题与哲学的基本问题是一致的。只有破解了社会历史观的基本问题，才能战胜唯心史观，成功地创立唯物史观。

社会意识和社会存在的关系问题是社会历史观的基本问题，是哲学基本问题——精神与物质的关系问题在社会生活领域的体现。

社会意识和社会存在的关系包括两层含义：一是谁决定谁，谁是第一性的问题。唯物史观的回答是，社会存在决定社会意识，而不是社会意识决定社会存在，唯心史观则恰恰相反。二是社会意识与社会存在的同一性问题。唯物史观认为，社会意识反

映和认识社会存在，社会意识具有相对独立性，并在一定条件下，对社会存在有一定的反作用；社会存在与社会意识可以依一定条件相互转化。

形形色色的不可知论否定社会意识与社会存在的同一性，认为社会意识不可以反映并指导人们能动地改造社会存在。在社会历史领域，任何不可知论的最终结局都是陷入唯心史观的泥沼。庸俗唯物论则不认为社会意识具有相对独立性，否认社会意识对社会存在的反作用，不承认社会意识可以转化为物质力量。

社会意识和社会存在关系问题的科学解决，奠定了历史唯物主义大厦的理论基础，是历史唯物主义理论体系的总纲。

“物质可以变成精神，精神可以变成物质”[2]，讲的就是社会存在与社会意识的同一性问题。社会存在决定社会意识的原理，为揭开人类社会历史之谜，科学认识人类社会发展规律，破除旧历史观的一切错误观点，建立全新的历史观，打下了第一块牢固的基石。恩格斯指出，“人们的意识取决于人们的存在而不是相反，这个原理看来很简单，但是仔细考察一下也会立即发现，这个原理的最初结论就给一切唯心主义，甚至给最隐蔽的唯心主义当头一棒。关于一切历史的东西的全部传统的和习惯的观点都被这个原理否定了。政治论证的全部传统方式崩溃了”[3]。唯物史观关于社会存在和社会意识关系原理的确立，宣告了历史唯心主义旧历史观的彻底破产。

社会存在和社会意识是唯物史观最基本的范畴，是对人们的物质生产和生活过程、精神生产和生活过程两个方面的最一般的概括。

社会存在是人们的物质生产、生活条件和过程，主要是物质资料的生产条件和过程，以及人们在这种过程中结成的物质的社会关系。地理环境、人口和物质生产方式是社会存在的三大要素。

——地理环境包括地理条件、气候条件、生态环境、自然资源等，它提供生产和生活资料的来源，是人类社会存在和发展的必要的物质前提。人们通过劳动创造财富，但如果只有劳动，而没有劳动对象，没有地理环境所提供的各种资源，劳动也无法创造出财富来。正如马克思所说："劳动不是一切财富的源泉。自然界同劳动一样也是使用价值（而物质财富就是由使用价值构成的！）的源泉，劳动本身不过是一种自然力即人的劳动力的表现。"[4]地理环境通过影响生产布局和产业结构，而对社会发展起着加速或延缓作用。

——人是社会生产和社会生活的主体，是人类社会历史发展能动的自然要素，人口的数量、密度、素质、结构等对于社会的发展具有重要作用。

——物质资料的生产方式则对社会的存在和发展具有决定性的作用。人们在物质生产过程中，一方面，要运用劳动资料作用于自然界，与自然界进行物质变换，从而形成现实的生产力。而为了进行物质生产，就必须进行分工协作，形成人与人之间的经济关系即生产关系。而一定的生产力和一定的生产关系的有机统一，就构成了作为社会存在和发展的决定力量的生产方式。物质资料的生产方式决定着社会的结构、性质和面貌，有什么样的生产方式便有什么样的社会形态；物质资料的生产方式发展变化决定整个社会历史的发展变化和社会形态的更替。

社会意识是人们的精神生产和生活过程，是社会存在的反映。

从意识的主体性质来说，包括个人意识和社会意识；从意识的内容特征来说，包括低级形式的意识，即社会心理，还有高级形式的意识，包括观点、思潮、思想、学说等意识形态的内容。社会心理是人们的感情、态度和欲望，这是一个心理状态的东西，不是理性状态的东西。社会心理又包括个体心理和群体心理两方面。个体心理就是个人的心理态度，群体心理就是群体的共同的心理态度。高级形式的意识实际上是观点、思潮、思想、学说等上升到理性高度的意识，即上层建筑中的意识形态部分，以及自然科学、语言学、逻辑学等非意识形态部分。哲学属于意识形态。社会意识是由社会存在决定的，是社会存在的反映。社会意识的全部内容都是由社会存在决定的，人类社会意识的发展变化，归根结底是由社会存在的发展变化决定的。在阶级社会中，每一种阶级意识都是特定阶级、阶层、集团等的地位和根本利益的反映。

社会存在与社会意识关系的原理告诉我们：

——**社会存在是唯物史观的基本出发点**。社会存在决定社会意识，只能从社会存在，主要是从社会生产方式出发，从经济基础出发，来说明上层建筑，来说明社会意识，来说明社会历史，而不是相反。

——**生产的观点是历史唯物主义的核心要点**。人类的社会生产创造了人和人类社会，既是促进社会形成的决定性力量，又是社会有机体赖以存在的基础。

——**社会基本矛盾理论是历史唯物主义的基本原理**。马克思提出了科学的生产关系范畴，把生产关系的发展归结为生产力的最终作用，把生产关系总和概括为社会经济基础，又形成了基于经济基础之上的、为一定经济基础服务的上层建筑范畴，内在地发现了它们之间的全部运动关系，从而找到了说明全部社会问题的科学基础。生产力与生产关系、经济基础与上层建筑，构成了社会有机体的基本框架和要素，它们之间对立统一的矛盾运动，是社会历史的基本矛盾，推动着人类社会不断地向前发展。

——**阶级和阶级斗争、国家和社会革命理论，是唯物史观的重要思想**。在阶级社会中，社会基本矛盾在人与人的关系上表现为阶级矛盾。有阶级必然就有阶级差别、阶级矛盾和阶级斗争。

阶级斗争的结果是统治阶级建立军队、法庭和监狱，于是国家便出现了，国家是阶级统治的工具。社会革命是革命阶级夺取国家政权，推翻旧的国家制度，建立新的国家政权的社会变革。阶级、阶级斗争，国家和社会革命的理论是历史唯物主义对阶级社会的科学解读。

——**群众观点，是唯物史观的主要观点**。人民群众是历史的创造者。一切从人民群众的利益出发，一切为了群众，一切依靠群众，从群众中来，到群众中去，是从唯物史观得出的必然结论。

历史唯物主义坚持社会存在决定社会意识，同时也重视社会意识的相对独立性及其对社会存在的反作用。

唯物史观认为，社会存在是第一性的，决定社会意识，并不等于否定社会意识的能动性。社会意识的能动性表现为社会意识的相对独立性，可以超前或落后于社会存在。比如，我国虽然处在社会主义初级阶段，但我们共产党人所遵循的马克思主义世界观、共产主义远大理想，已经超越社会主义初级阶段，具有一定的先进性和前瞻性。

社会意识的能动性还表现为对社会存在的反作用力，这种反作用力有积极作用和消极作用两个方面。正确的社会意识指导是社会发展的正能量，错误的社会意识指导是社会发展的负能量。社会意识的积极作用表现为先进的社会意识可以指导人们的社会实践，社会意识的消极作用表现为落后的社会意识可以误导人们的社会实践。在实际工作中，忽视或否认社会意识的积极作用，不重视理论的指导作用，不重视思想道德的作用，就会陷入形而上学、机械论，而否认社会存在对社会意识的决定作用，片面地夸大社会意识的作用，则会陷入唯意志论、唯我论。在“文化大革命”期间，“四人帮”反党集团在哲学上片面夸大社会意识的反作用，大肆鼓吹“天才论”“精神万能论”和“上层建筑决定论”等，从根本上颠倒了社会存在与社会意识的关系，造成唯心主义泛滥，严重破坏了我国社会主义建设事业。

在马克思主义产生之前，不论唯心主义还是唯物主义，一切旧历史观都不能解决历史领域社会存在与社会意识的关系问题。

列宁在揭露唯物史观产生之前旧历史观的重要缺陷时，揭示了旧历史观的认识根源。列宁指出：“发现唯物主义历史观，或者更确切地说，把唯物主义贯彻和推广运用于社会现象领域，消除了以往的历史理论的两个主要缺点。第一，以往的历史理论至多只是考察了人们历史活动的思想动机，而没有研究产生这些动机的原因，没有探索社会关系体系发展的客观规律性，没有把物质生产的发展程度看做这些关系的根源；第二，以往的理论从来忽视居民群众的活动，只有历史唯物主义才第一次使我们能以自然科学的精确性去研究群众生活的社会条件以及这些条件的变更。”[5]旧历史观正是利用和夸大了人类社会历史中人的主观能动性的特殊作用，从而把意识、精神当作历史发展的决定性力量，把少数英雄豪杰说成历史的真正主人，进而把神力、精神力量说成历史的终极动力，没有看到物质生产和生活过程的决定作用、物质生产力对人及其社会发展的决定意义，没有看到人民群众在历史发展中的作用。

唯心主义之所以在历史观上占据统治地位，不仅有认识根源，还有社会历史的、阶级的原因。无限夸大人的主观能动性无疑是一切唯心主义旧历史观的认识根源，而剥削阶级的偏见是旧历史观不可能客观地观察社会历史现象的阶级局限。从社会客观条件来说，生产规模的狭小也限制了人们观察历史现象的眼界。

19 世纪 40 年代，世界社会历史条件发生了根本变化，资本主义大生产的迅猛发展引起社会生活的深刻变化，把社会历史的因果联系、重大历史事件的经济根脉暴露出来，使得资产阶级和无产阶级两大阶级关系简单化、明朗化，这就为彻底揭开历史之谜提供了客观可能性。工人阶级作为独立的、代表先进生产力和先进世界观的先进阶级登上政治舞台，对历史的考察必然采取科学的态度。这些主客观条件的具备，使唯物主义新历史观代替唯心主义旧历史观成为可能。

四 社会生活的实践本质

人和人类社会是从哪里来的？是怎样产生、变化和发展的？怎么解释说明人类社会的一切现象和问题？一句话，如何揭开人类社会历史之谜？这就要找到打开人类历史秘密之门的金钥匙。这把金钥匙就是马克思所创立的实践（首先是生产劳动实践）范畴，正如恩格斯所说，“在劳动发展史中找到了理解全部社会史的锁钥的新派别”[6]。

马克思主义新历史观正是在解决社会历史基本问题的前提下，揭示了实践在人类产生及人类社会的形成、发展过程中的地位和作用，才得以创立。

马克思主义唯物史观突破旧历史观的禁锢，面临的第一个认识问题是：必须首先解决在社会历史领域怎样坚持存在决定意识这个唯物主义原则的问题。然而，解决了存在第一性、意识第二性的问题，并不等于解决了对全部历史的科学认识问题。这就要同时解决第二个认识问题：必须找到在社会历史领域存在与意识相互作用的结合点和突破口。

一切旧历史观，包括旧唯物主义的历史观，都是唯心主义历史观。法国18世纪唯物主义的历史观认为“人是环境的产物”，然而又陷入“意见支配世界的矛盾”；空想社会主义历史观看到了生产因素在社会发展中的作用，然而逃脱不了人类历史是理性进化的历史唯心主义结论；法国复辟时代历史学家发现了阶级斗争在社会发展中的作用，并试图探讨阶级斗争的经济根源，然而却用征服欲来说明经济关系，并且用历史之外的人性来证明征服的起源；黑格尔把绝对精神说成是社会历史的动力，在唯心主义前提下，纠正意见支配世界的观点，企图从历史本身，而不是从历史之外去寻找历史发展的动因，但最终回归到绝对精神上；费尔巴哈表面上把历史归结为人的历史，但由于他讲的人是抽象的人，因而历史也不过是抽象的人的本质的历史，还是陷在唯心史观的老圈子里。尽管他们都在力图找寻历史的动因，但终又回到精神动因的解释上。这说明有一个基本认识问题需要解决，只有解决了这个认识问题，才能克服旧历史观徘徊不前的状况。也就是说，要找到既体现社会历史发展规律的客观物质性，又体现出人的历史活动的能动性，二者统一于一体的社会历史范畴，才能最终摆脱唯心史观的束缚。

旧唯物主义的历史观坚持物质存在第一性的原则，但为什么在历史观上却仍然是唯心主义的呢？马克思在《关于费尔巴哈的提纲》中指出："从前的一切唯物主义——包括费尔巴哈的唯物主义——的主要缺点是：对对象、现实、感性，只是从客体的或者直观的形式去理解，而不是把它们当做人的感性活动，当做实践去理解，不是从主体方面去理解。"[7]

马克思创造性地提出了社会实践观点，彻底破解了由旧历史观，特别是旧唯物主义的历史观向新历史观转变的理论难题，第一次从根本上批判了一切旧历史观的局限性，第一次把社会实践当作历史（辩证）唯物主义的基本范畴提出来，说明实践是社会生活的基础，是人类社会生活的本质，从而把社会历史的第一前提看作现实的个人所从事的物质生产活动实践，把社会发展更看成人的物质生产实践的活的历史，看成进行物质生产资料生产的劳动群众实践史，从而找到了说明社会历史现象的逻辑起点，揭示了社会历史的客观规律。

马克思主义哲学认为，旧的唯物主义的历史观，包括费尔巴哈人本主义历史观的认识缺陷是：看不到社会实践的作用，离开社会实践去理解客观事物、理解人，因而只能形而上学地把人与环境对立起来。他们把客观世界仅仅看成了人的认识对象，而不是人的改造对象；把人看成单纯的、被动的感性客体，而没有看成是从事实践活动的人，忽视了人对客观外界的能动的改造活动；看不到人们对客观世界的认识是在改造客观世界中形成的。他们在认识上，对人类社会历史现象只是从客体的或者直观的方面去理解，而不是从主体方面、从主客体对立统一方面来认识人及人类社会，没有把人类社会历史当作人的感性活动，当作人的社会实践来理解。一切旧历史观，无论唯心主义的，还是旧唯物主义的，无论是从客体方面来认识人与社会，还是从主体方面来认识人与社会，之所以在社会历史问题上陷入历史唯心主义的泥坑，逃脱不了唯心主义的厄运，认识论上的一个重要原因，就是在人与外部环境的关系上，在存在与意识的关系上，不能从主—客体统一的角度来考察、来说明；之所以不能从主—客体统一的角度来说明问题，就是没有找到人的社会实践这个联结主—客体的关键环节。马克思确立了实践在社会生活中的地位，跳出一切旧历史观的认识怪圈，开启了正确认识人及人类社会之谜的大门。

马克思新历史观的革命意义在于把革命实践理解为“改变世界”的物质的能动的活动，认为“社会生活在本质上是实践的”[8]**。实践是人的有意识、有目的、物质的能动活动，是人积极改造世界的能动的物质活动。**

坚持实践的观点，也就在社会历史领域坚持了物质第一性的唯物主义原则。**人既是实践的主体，又是实践的客体。人是能动的实践活动的主体，人自身、其活动内容都是客观的、物质的，人同时又是社会实践的客体，即实践对象，人本身就是社会实践的产物，是社会实践改造并创造的客体，人的实践过程就是人与物质世界的物质、能量、信息的交换过程。**人既是自然和社会环境的产物，又是自然和社会环境的创造者。人们所生活的物质生活环境（包括人们生活于其中的现成的自然环境，经过人们改造的自然环境，以及人们所创造的社会环境）是人们实践的结果，人类社会历史的发展过程就是人类社会实践的过程；人不断地改造客观环境，客观环境也不断地改造人。人的社会实践过程既有主体性质，又有客体性质，人的实践过程就是能动的主客体统一的发展过程，人们在改造客观世界的实践活动中，不断地改造作为客体的自身，这就在社会历史领域坚持了唯物主义辩证法的原则。

马克思主义新历史观认为，人要满足自身生存的生命需要，必须从事物质的生产劳动活动，通过生产劳动改造自然，从大自然中获取生活资料，人的生产劳动实践是人类第一个历史活动，是人类的最基本的实践活动。

只有从劳动实践入手，才能找到人及人类社会何以产生的真正原因。人是劳动的产物，劳动创造人、改造人。人既是劳动的客体和对象，同时又是劳动的主体。劳动实践既是社会的客观物质力量，又高于一般物质力量，是有精神活动的、有意识的、能动的主体力量的客观运动。劳动充分体现出物质与精神、存在与意识、主体与客体、客观规律的物质性与人的主观能动性的辩证统一，充分体现出人民群众的物质力量。

恩格斯在《劳动在从猿到人转变过程中的作用》一文中，运用马克思主义的实践观科学地说明了劳动使猿变成人的作用，从劳动实践概念入手，认识到人类的劳动实践活动创造了人和人类社会，科学地说明了人类及其社会的起源和发展。

全世界的考古学家在世界各地对猿人化石的不断发现，从实证的角度证明了马克思主义劳动实践使猿变成人的科学论断，确凿无误地证明了新历史观的科学性。1901 年，荷兰籍医生、解剖学家杜布瓦（Dubois，1858—1940 年）在爪哇梭罗河边发现了一种已灭绝了的生物的遗骨化石，它具有人和猿的两重生活构造特征。杜布瓦把它命名为“直立猿人”，认为这是从猿到人的过渡阶段的中间环节之一。这一发现和命名立即在全世界引起了一场关于人类起源的激烈争论，这场争论一直到1929年12月发现了北京猿人才宣告结束。

1921年8月，瑞典地质学家安特生（Andersson，1874—1960年）、美国古生物学家格兰阶（Granger，1872—1941年）和奥地利古生物学家师丹斯基（Zdansky，1894—1988年），在北京周口店龙骨山发现了北京人遗址。从1921年起，中国考古学家对遗址进行发掘，陆续发现了不少古人类化石，还有大量的石器和石片，共十万多件。特别是1929年12月2日，发掘到第一个头盖骨，后来又发掘了5个北京猿人头骨化石。经过研究，确认这是50万年前猿人的头盖骨，定名为“中国猿人”或“北京猿人”，在人类分类学上叫直立人。北京猿人身材粗短，男性身高约156厘米，女性身高约144厘米。前额低平，眉骨粗大，颧骨高突，鼻子宽扁，嘴巴突出，头部微微前倾，脑量平均仅有一千多毫升。当时的北京猿人已经学会制造骨角器以及使用火和保存火种。北京猿人尚属直立人，还存有古猿的特征。遗憾的是，中华人民共和国成立之前所发现的北京猿人化石材料，特别是其中5个完整的头盖骨，在1941年12月太平洋战争爆发的时候，被弄得下落不明了。中华人民共和国成立后，经过我国科学工作者的努力，又在周口店发掘到许多北京猿人的材料。特别是在1966年，又挖掘出一个头盖骨。北京猿人的整体发现，揭示了从猿到现代人转化的中间状态。科学家将同一进化程度的人类统称为猿人，猿人是从猿到人的过渡阶段的中间环节之一，恩格斯称之为“完全形成了的人”。猿人分为早期猿人和晚期猿人。属于早期猿人的人类的化石，有1960年在东非坦桑尼亚西北部发现的“能人”，1972年在东非坦桑尼亚特卡纳湖发现的knmer1470 号人等，他们生活在距今 170 万年至 300 万年之间。属于晚期猿人的有印度尼西亚的爪哇直立人、莫佐克托人，欧洲的海德堡人，中国的元谋人、蓝田人、巫山人和北京猿人等，生活在距今 50 万年至 200 多万年之间。

后来中国考古工作者又在北京猿人遗址顶部洞中发掘了山顶洞人，山顶洞人则属于晚期智人，比北京猿人智商更高。虽然山顶洞人仍用打制石器，但已掌握了磨光和钻孔技术。他们靠采集、渔猎为生，已学会人工取火，用骨针缝制衣服，并能走到很远的地方同别的原始人群交换生活用品。女性在社会生活中起着主导的作用，按母系血统确立亲属关系。一个氏族有几十个人，由共同的祖先繁衍下来。他们使用共有的工具，共同劳动，共同分配食物，没有贫富贵贱差别。山顶洞人的体质已有很大进步，脑量已达 1300—1500 毫升，男性身高约为 174 厘米，女性身高约为 159 厘米。这些特征和现代人已基本一致了。从北京猿人和山顶洞人可以看出，即使在原始社会，人与社会的生存与发展也是以制造和使用工具、进行物质资料生产为基础的，它决定着人类体质和脑力的发展状况，决定着人类的生存与社会的发展状况。以生产工具为主的劳动资料不仅是人类劳动力发展的测量器，也是劳动借以进行的社会关系的指示器。原始社会与现代社会在发展程度上是不可比拟的，但在物质生产的决定性与社会发展的规律性问题上，原始社会与现代社会又是相通的。我们要研究社会发展的历史，探究社会发展的规律，就不能不从物质生产劳动入手，从人们的经济关系开始。

自然界是人与人类社会产生、存在和发展的先在条件，没有自然界，人类就不能产生，也不能生存和发展。但人类并非自然界自然而然的产物，而是劳动的产物；人类并非靠本能被动地适应自然，而是自觉能动地改造自然；社会发展的最终决定力量不是精神、意志、神灵，而是作为人类改造自然、满足自身生存与发展需要的能力的生产力，是人的劳动实践。

劳动是人类自我创生的方式。人是自然界长期进化的最高产物，又是生产劳动的产物。制造和使用生产工具进行物质生产劳动，一方面改造了自然，获得了生存发展的物质资料；另一方面也改造了人自身，成为有别于动物的有目的、有意识的社会性的存在物。

劳动是人类社会产生与发展的根据。现实的人的存在是人类历史的经常性的前提，也是劳动以及其他历史活动的经常性的结果。马克思正是在劳动发展史中，才找到理解全部社会史的锁钥，这样也才能理解“整个所谓世界历史不外是人通过人的劳动而诞生的过程”[9]。人们为了创造历史，必须能够生活，而为了生活，必须进行物质生产。为了进行物质生产，就必须结成一定的经济关系，进而结成政治关系、思想文化关系等一切社会关系，以交换其活动、实现其利益。

——**劳动实践是人的生命存在和全部社会活动的前提和源泉**。马克思说过：“任何一个民族，如果停止劳动，不用说一年，就是几个星期，也要灭亡，这是每一个小孩子都知道的。”[10]作为生命存在的人首先必须解决吃、穿、住的问题，因此只有生产生活资料的劳动，才能解决人的生命存在的问题。劳动创造了人类生活所必需的全部物质条件和精神条件。

——**劳动实践是人类全部社会关系形成和发展的基础**。劳动不仅生产出为人们社会生活所必需的全部生活资料，而且同时也生产着人与人之间的社会关系。人们首先在劳动中结成一定的生产关系，由此才产生人们之间其他的生活的、思想的、伦理的、家庭的关系，人的复杂的社会关系就是在劳动的基础上形成的。

——**劳动实践是人类历史发展的基始推动力**。在劳动这个人类最初的最基本的社会实践形式中，从一开始就包含有机体未来发展的一切萌芽，预示着社会物质生活和精神生活从低级向高级的发展。人的劳动实践创造是促使社会历史发展的根本推动力量。

五　阶级和阶级斗争

自原始共产主义社会解体以来，迄今为止的社会都是阶级社会，阶级、阶级矛盾与阶级斗争的存在是阶级社会的客观事实，阶级斗争是阶级社会发展的直接动力，阶级和阶级斗争理论是马克思主义哲学的基本原理。

阶级是客观存在着的一种社会现象，阶级与阶级斗争理论是马克思主义的一个基本观点，然而最早发现阶级和阶级斗争的，并不是马克思和恩格斯。马克思主义的伟大之处不在于承认不承认阶级与阶级斗争，而在于在阶级与阶级斗争问题上提出了超越资产阶级思想家的唯物主义历史观的科学认识。坚持马克思主义阶级和阶级斗争理论是一个基本立场和基本方法问题。

自从人类社会进入奴隶社会，经过封建社会，到资本主义社会，在这漫长的历史长河中，一直存在阶级、阶级差别、阶级矛盾和阶级斗争。在奴隶社会和封建社会，阶级和阶级斗争事实被纷杂的社会矛盾、森严的等级制度等表面的社会现象所掩盖，再加上统治阶级的欺骗宣传，不易被人们所认识。到了近代资本主义社会，随着大工业发展，阶级关系变得越发简单明了，各个阶级同经济活动的联系更直接、更明显。正如《共产党宣言》所指出的那样："资产阶级撕下了罩在家庭关系上的温情脉脉的面纱，把这种关系变成了纯粹的金钱关系。"[11]这就为人们正确认识阶级与阶级斗争提供了客观条件。

在马克思之前，资产阶级思想家已经发现资本主义社会中有阶级的存在，发现了各阶级之间的斗争。

马克思曾说过："无论是发现现代社会中有阶级存在或发现各阶级间的斗争，都不是我的功劳。在我以前很久，资产阶级历史编纂学家就已经叙述过阶级斗争的历史发展，资产阶级经济学家也已经对各个阶级作过经济上的分析。”[12]英国资产阶级古典经济学的重要代表人物亚当·斯密（Adam Smith，1723—1790年）和大卫·李嘉图（David Ricardo，1772—1823年），第一次从经济上揭示了资本主义社会的阶级结构和阶级分野。他们认为，资本主义社会有三大基本阶级：地主阶级、工人阶级和资产阶级，他们分别以土地地租、劳动工资和资本利润为其经济收入；同时，揭示并说明了阶级以及阶级之间的经济对立。梯叶里、基佐、米涅等已经叙述了中世纪以来阶级斗争的历史发展，指出这是理解中世纪以来法国历史的钥匙，是当时历史发展的动力。19世纪空想社会主义者也意识到了阶级与阶级斗争，恩格斯认为圣西门（Saint-Simon，1760—1825年）“认识到法国革命是贵族、资产阶级和无财产者之间的阶级斗争，这在1802年是极为天才的发现”[13]。但由于他们都是站在唯心史观的立场上，并不认识资本主义生产方式的内在矛盾，不可能揭示阶级产生的根源和消灭的途径。

马克思主义的功劳仅仅是科学地说明了阶级和阶级斗争问题。

资产阶级思想家既不能科学揭示阶级产生的根源，当然也不可能指出消灭阶级的正确途径。对阶级进行科学认识，这一任务是由马克思来完成的。在资产阶级思想家已有的思想成果基础上，马克思在给约瑟夫·魏德迈（Jose-pheyde meyer，1818—1866年）的信中谈到，关于阶级和阶级斗争，“我所加上的新内容就是证明了下列几点：（1）阶级的存在仅仅同生产发展的一定历史阶段相联系；（2）阶级斗争必然导致无产阶级专政；（3）这个专政不过是达到消灭一切阶级和进入无阶级社会的过渡”[14]。

——“阶级的存在仅仅同生产发展的一定历史阶段相联

系”，指出了阶级的产生和消亡的历史条件。阶级是一个历史范畴，它的产生和消亡是一个历史过程。阶级的产生只是社会生产力发展到一定历史阶段，出现了剩余产品，有了旧式分工和私有制，才出现的。阶级随着生产力的发展也会走向消亡。当生产力发展到一定程度，旧式分工和私有制消灭时，阶级也就消亡了。可见，阶级的产生和消亡是和生产力发展状态与私有制的存亡完全连在一起的，阶级仅仅同生产发展的一定历史阶段相联系，阶级不是永恒的。

——**“阶级斗争必然导致无产阶级专政”，指出了阶级斗争的前途**。在资本主义社会，整个社会分裂为无产阶级和资产阶级两大对立阶级，在发展现代生产力的同时，也造就了资本主义的掘墓人。由于资本主义社会的国家政权是资本借以压迫劳动的专制机器，因而无产阶级在阶级斗争中不能简单地掌握现成的国家机器，并用以达到自己的目的。而是要开展社会革命，乃至暴力革命，打碎资产阶级旧的国家机器，使自己上升为社会的统治阶级，建立无产阶级专政。只有运用无产阶级专政，无产阶级同时使整个社会摆脱一切剥削压迫、阶级差别和阶级斗争，才能使自己从资产阶级的奴役下解放出来。

——**“这个专政不过是达到消灭一切阶级和进入无阶级社会的过渡”，指出了阶级消亡的途径**。无产阶级专政是要达到无阶级社会必须经过的唯一途径。阶级的产生是个自发过程，但阶级的消亡不是自发的。不能说生产力发展起来以后，阶级自然就没有了。阶级消亡必须经过无产阶级专政的途径。无产阶级专政是为了达到消灭阶级的目的而必须采取的阶级专政的形式，是由阶级社会向无阶级社会过渡的一个桥梁，人类社会必定走向无阶级的社会。在我国，人民民主专政是无产阶级专政的表现形式，是对人民实行民主和对敌人实行专政的有机统一，承担着消灭一切阶级和进入无阶级社会的历史使命。

——**阶级是一个经济范畴，阶级的划分依据经济原因，经济关系是衡量阶级的根本标准**。马克思主义认为，“社会阶级在任何时候都是生产关系和交换关系的产物，一句话，都是自己时代的经济关系的产物”[15]。阶级是特定历史时代经济关系的产物，人们对生产资料的占有关系，在社会生产中的地位和作用，是划分阶级的根本标准。列宁按照马克思主义的基本观点给“阶级”下了明确的定义：“所谓阶级，就是这样一些大的集团，这些集团在历史上一定的社会生产体系中所处的地位不同，同生产资料的关系（这种关系大部分是在法律上明文规定了的）不同，在社会劳动组织中所起的作用不同，因而取得归自己支配的那份社会财富的方式和多寡也不同。所谓阶级，就是这样一些集团，由于它们在一定社会经济结构中所处的地位不同，其中一个集团能够占有另一个集团的劳动。”[16]阶级的本质是经济关系，是由人们对生产资料的占有不同而决定的。一是对生产资料的占有不同；二是在劳动组织中所起的作用不同；三是在生产体系中所处的地位不同；四是领得自己支配的那份社会财富的方式和多寡也不同。人们在社会经济结构中所处的地位不同，其中一个集团能够占有另一个集团的劳动，正是这样的经济关系决定了阶级划分的标准。可见，划分阶级最根本的依据只能是经济标准，即看人们在劳动中以什么方式占有生产资料，在劳动中的地位和作用如何，以什么样的方式分配劳动成果。

——**阶级是一个历史的范畴**。阶级不是永恒的，人类社会经历无阶级社会——原始共产主义社会，阶级对立社会——奴隶社会、封建社会、资本主义社会，再到共产主义社会的第一阶段——社会主义社会，经过阶级逐步消亡的过渡，最后将达到更高阶段的无产阶级共产主义社会。阶级有一个产生、发展到消亡的过程。阶级是历史的，因而也是具体的。在不同的历史阶段，人类社会产生并存在不同的阶级：奴隶主阶级与奴隶阶级、地主阶级与农民阶级、资产阶级与无产阶级。每个阶级因经济地位不同、具体条件不同，还可分为不同的阶层，如中国半殖民地半封建社会的资产阶级，分为官僚资产阶级和民族资产阶级。在对立的阶级之间，还存在一些中间的阶层，如旧中国的知识分子阶层，既可能隶属于资产阶级，也可能隶属于工人阶级。在人类历史上，从来不存在永恒的、不变的阶级。

——**阶级成熟的政治标志**。阶级一旦形成，必然会在政治上表达自己的态度与愿望，形成一定的阶级意识，并建立相应的政治组织。一个阶级有无自己的阶级意识和政治组织，是判断其是否成熟的重要标志。马克思主义的阶级观点要求，在衡量阶级属性问题上，最根本的是把握各阶级的经济地位，在此基础上进一步考察相应的政治立场和意识形态，全面分析不同阶级的历史与现状，善于观察阶级力量对比的变化，从而正确处理阶级矛盾和阶级斗争问题。

——**在阶级社会，人的社会性首先是阶级性**。人是一切社会关系的总和，人具有社会性。在阶级社会，人不是超阶级的、抽象的人。没有抽象的、超阶级的人性，只有具体的、历史的、阶级的人性。人的社会性就是阶级性，阶级社会中的每一个人无不打上阶级的烙印。

承认不承认阶级和阶级斗争，并不是马克思主义与资产阶级思想体系关于阶级与阶级斗争思想的根本区别。马克思主义阶级和阶级斗争理论的关键点，也是马克思主义不同于资产阶级思想体系的根本区别，就在于说明了阶级和阶级斗争产生、发展和消亡的历史条件与必然规律；提出了科学划分阶级的标准；说明了阶级斗争在社会历史发展中的作用；指出了无产阶级专政的必然性和必要性，指明了无产阶级的历史使命和阶级消亡的正确途径。

正如列宁在《国家与革命》中所说：“只有承认阶级斗争、

同时也承认无产阶级专政的人，才是马克思主义者。”[17]这是马克思主义阶级和阶级斗争理论不同于资产阶级思想家阶级和阶级斗争理论的一个鲜明特点。

六 分析社会现象的基本方法

马克思主义经典作家历来十分重视唯物史观的方法论意义。

恩格斯晚年多次指出：“如果不把唯物主义方法当做研究历史的指南，而把它当做现成的公式，按照它来剪裁各种历史事实，那它就会转变为自己的对立物。”[18]列宁指出：“历史唯物主义也从来没有企求说明一切，而只企求指出‘唯一科学的’（用马克思在《资本论》中的话来说）说明历史的方法。”[19]怎样分析和认识社会历史问题呢？应当掌握唯物史观的唯物的、辩证的、具体的、历史的分析方法。

所谓唯物的、辩证的分析方法，就是一定要从社会存在、从物质经济原因、从社会经济基础、从社会经济关系出发，从社会实践出发，从人民群众出发，来观察、分析、认识社会现象；就是要运用辩证法的基本规律、基本范畴，如社会矛盾分析方法，联系的、发展的、全面的分析方法等，来观察、分析、认识社会现象。所谓具体的、历史的分析方法，就是要把任何一种社会现象都放在具体的、特殊的历史环境、历史条件下来分析，具体地分析具体的问题；就是要把任何社会现象看作一个发展变化的过程，既要看它的过去，又要看它的现状，还要看它的未来。

唯物地、辩证地、具体地、历史地分析社会现象和社会问题，就要把经济分析、阶级分析和利益分析作为分析社会现象的基本方法。

认识社会现象必须从经济分析入手。

是从物质的、经济的因素出发，还是从精神、思想的原因出发说明社会历史问题，这是历史唯物主义和历史唯心主义在方法论上的根本区别。物质的、经济的因素是全部社会生活的基础，是推动社会发展的决定性力量，一切社会问题都根植于最深厚的经济事实之中，一切社会现象最终都受一定的经济原因的制约和影响，因此，认识社会问题，必须从经济入手进行分析。

——**从经济分析入手，必须注意把握社会的经济的、物质的整体结构**。马克思从社会有机结构整体这一基本观点出发，首先把社会作为一个完整的系统来看。从这个系统整体中分离出最基本的构成要素，深入分析这些要素之间的对立统一关系，揭示构成社会结构的最基本要素之间的关系及矛盾，从而全面把握社会有机体，把握各个要素之间相互制约的决定环节；并从这些相互制约的环节入手，展开环环相连的考察，揭示一个因素是如何在另一个因素的作用下发生变化的，而这个因素的变化又如何导致另一个因素的改变，从而引起社会形态的改变，进而揭示社会发展的客观规律，科学认识社会历史现象。

马克思对社会历史进行社会结构分析，最重要的是从社会经济结构矛盾分析方法引申出社会基本矛盾分析方法。他把物质资料的生产及其方式作为社会有机体的物质基础，从物质生产中进一步区分出生产力和生产关系这两个方面，并揭示了二者之间的辩证关系，把生产关系（经济基础）作为既受生产力制约，又制约上层建筑的中间环节，从生产力、生产关系（经济基础）和上层建筑这三个基本构成要素的相互联系、相互矛盾中分析社会。他从根本上抓住了生产力这个社会历史发展的决定性因素，又从生产力的高度分离出生产关系，从生产力和生产关系的矛盾运动入手，揭示出经济基础和上层建筑的矛盾运动规律，发现了社会形态发展的自然历史过程的基本秘密。生产力、生产关系（经济基础）和上层建筑是社会整体结构的三个基本构成要素，正是三者之间的矛盾关系，构成了社会结构最基本的内在矛盾，正是这个基本的内在矛盾决定了社会有机体的基本特征、基本功能、基本性质和基本运动规律。

马克思正是从社会生产力和生产关系、经济基础和上层建筑的矛盾作为社会有机结构的内在基本矛盾分析入手，建立了唯物史观分析社会历史规律的根本观点和基本方法。

——进行经济分析，必须坚持生产力标准。生产力是社会发展最终的物质决定力量。人类社会发展和历史的进步，归根到底是生产力发展的结果，这是认识和说明社会历史现象的一个基本出发点。所谓生产力标准，实际上就是要把是否有利于生产力的发展，作为衡量社会进步和一切工作成败的根本标准，作为认识和说明社会历史问题的根本办法。运用生产力标准来认识社会历史问题，就必须把是否有利于生产力的发展看作衡量一个社会形态的生产关系、上层建筑及其具体体制是否适合的根本标准；把生产力作为决定社会的性质、衡量社会发展阶段的特征，评价社会进步的主要标准；把生产力作为评价一个政党的路线、方针、政策、措施及其工作好坏和成败的最高标准；把是否有利于生产力的发展作为判断一个人、一个阶级、一个政党的言行是非的基本标准。

当然，我们在运用生产力标准分析社会历史问题时，必须科学地、全面地、正确地把握生产力标准，要把坚持生产力标准同考核社会发展的整体利益和局部利益、长远效益和暂时效益、物质效益和精神效益、经济效益和生态效益结合起来；要把根本标准同考察具体工作的具体标准统一起来，不能用生产力标准来代替其他一切具体标准。在实践中，不能把生产力标准当作标签到处乱贴，切忌绝对化、简单化、庸俗化。生产力标准只是我们认识社会现象的总的原则、总的标准。

——进行经济分析，必须坚持物质关系决定思想关系，经济关系决定非经济关系的原则，从物质的、经济的关系出发来说明思想的、政治的及其他的关系。人们在生产过程中结成的经济关系就是生产关系，生产关系就是人们的经济关系，它从本质上来说是一种物质的关系。生产关系包括生产资料所有制关系，人们在社会生产中的地位作用和相互联系，劳动产品的分配关系这三个方面。这三个方面又贯穿于人类社会生产、交换、分配和消费四个环节之中。在这里，所有制关系是生产关系中的主要内容，它是判断社会性质和社会进步的直接标准。在人类社会生活中，社会的生产关系，即社会的物质、经济关系是第一性的社会关系，决定思想的、伦理的、家庭的、政治的等一切其他社会关系，它决定社会的上层建筑及其具体形式。因此，从一定生产力基础上的一定的生产关系出发分析社会现象，也是一个重要的方法。

坚持从物质的、经济的关系出发说明社会问题，就要把生产关系的性质和状况作为衡量上层建筑是否适合经济基础的直接标准；把生产关系的性质和状况作为判断社会形态及其发展阶段的性质和特征的直接标志；把生产关系作为分析一切社会关系发展变化规律的基点；把人们对生产资料占有的形式和多寡，把人们在生产中的地位及其作用，把人们在产品分配上的形式，作为判断一个人、一个社会团体、一个政党的阶级属性、政治态度、社会行为和思想表现的重要标准。

——坚持经济分析，必须避免把“经济因素”看作“唯一的决定性因素”，把经济分析看作分析社会现象的唯一方法的庸俗化倾向。社会意识对社会存在具有相对独立性，具有能动的反作用；思想关系对物质关系、政治关系对经济关系具有相对独立性，具有能动的反作用；上层建筑对经济基础具有相对独立性，具有能动的反作用；生产关系对生产力具有相对独立性，具有能动的反作用。社会生活是极其复杂的，在社会生活中起作用的因素也是复杂多样的。从经济出发分析社会问题，否认其他社会因素的作用，会陷入庸俗唯物主义的泥沼，同样无法正确说明复杂的社会历史现象。改革开放之前，曾一度过分强调社会意识的反作用，过分强调人的主观能动性，过分强调精神思想的作用，大批所谓的唯生产力论、唯条件论，结果忽视了人民群众的物质利益要求，忽视了物质的、经济的生产力的决定作用，导致社会主义建设一度走了弯路。改革开放以来，一方面，我们以经济建设为中心，以发展生产力为根本任务，以最大限度满足人民的物质文化需求为最终目的，实现了经济的快速发展，人民生活水平迅速提升，综合国力极大增强；另一方面，在一定程度上，对思想意识的反作用有所忽视，在快速发展进程中出现了思想道德滑坡的问题。因此，在加强经济建设的同时，要大力加强思想文化道德建设，真正实现“两手抓，两手都要硬”。

——坚持经济分析，必须全面把握生产关系一定要适应生产力状况、上层建筑一定要适应经济基础状况的客观规律，既要防止生产关系超越生产力发展的现状，又要反对生产关系落后于生产力发展的需要，既要防止上层建筑超越经济基础发展的状况，又要避免上层建筑落后于经济基础发展的要求。

认识阶级社会现象必须坚持阶级分析方法。

所谓阶级分析方法，就是用唯物史观关于阶级和阶级斗争的观点去分析阶级社会的社会历史现象的方法。

阶级分析方法是坚持用经济方法分析社会历史现象的必然延伸，是矛盾分析方法在阶级社会领域中的具体运用，是社会基本矛盾分析方法对人与人之间阶级关系分析的具体运用，是工人阶级及其政党研究阶级社会现象的科学方法。列宁指出：“马克思主义提供了一条指导性的线索，使我们能在这种看来扑朔迷离、一团混乱的状态中发现规律性。这条线索就是阶级斗争的理论。”[20]阶级斗争理论，既是分析阶级社会历史现象的根本方法，也是对阶级社会进行分析的基本方法。

为了正确掌握和运用阶级分析的科学方法，必须坚持唯物论、辩证法，反对主观主义和形而上学。

——**进行阶级分析，必须坚持实事求是的原则**。

——**进行阶级分析，必须坚持全面性，力戒片面性**。

——**进行阶级分析，必须要坚持具体问题具体分析这一马克思主义活的灵魂**。

阶级分析方法是科学严谨的方法，必须运用唯物辩证法对阶级和阶级斗争现象进行具体的、历史的、现实的、全面的分析。如果把阶级分析当作固定的思维模式到处乱套，就会背离历史唯物主义阶级分析方法的正确原则。

利益分析方法是有普遍意义的重要方法。

利益支配人们的社会历史活动，一定的经济关系必然表现为一定的利益关系，这是一条重要的历史唯物主义原则。

列宁指出："如果你们没有指出哪些阶级的利益，哪些在当前占主导地位的利益决定着各政党的本质和这些政党的政策的本质，那么事实上你们就没有运用马克思主义……"〔21〕根据利益原则，对复杂的经济、政治、思想、文化等社会生活及其关系进行利益分析，这是洞察社会历史奥秘的重要方法。

所谓利益分析，就是依据利益原则，揭示出人们社会活动背后的利益动因，找出利益关系所赖以表现出来的生产关系，然后从这种利益动因和利益关系出发来说明各种社会关系和社会历史现象。

在历史唯物主义的方法论体系中，经济分析、阶级分析和利益分析是一致的、互相补充的，而不是互相排斥、互相对立的。无论是经济分析、阶级分析还是利益分析，都是建立在历史唯物主义"生产力和生产关系"是全部社会的前提这一基本原理基础之上的。经济分析坚持从物质的生产及其关系出发来分析社会历史现象，阶级分析方法是经济分析方法观察阶级社会的社会生活现象的进一步具体应用，利益分析方法同阶级分析方法是一致的，在阶级社会中，利益分析方法以分析阶级社会中阶级利益的矛盾和冲突为基本线索。然而，利益分析方法又具有自己特殊的意义。

——**利益分析方法比阶级分析方法和经济分析方法更加具体化**。经济分析方法着重于从经济关系出发来分析社会历史发展的根本原因，阶级分析方法侧重于从阶级关系出发来划分阶级和分析阶级斗争的基本线索，而利益分析方法则着重于从利益关系出发来分析具体的社会历史问题。在阶级社会中，生产关系表现为一定的经济关系，一定的阶级关系表现为一定的利益关系，利益分析则从更直接和更具体的利益关系中来剖析阶级斗争的对象。

——**利益分析方法可以作为阶级分析方法的补充**。在阶级社会中，并不是一切社会现象都是阶级斗争现象，也不是一切社会关系都是阶级关系。这样，在非阶级斗争领域，就可以运用利益分析的方法。在阶级社会中，不同阶级之间存在阶级利益的差别，在同一阶级内部又存在不同的阶层和利益集团，利益分析可以在该阶级内阶层和利益集团的划分上发挥作用。在非阶级社会，阶级关系不存在了，阶级斗争现象不存在了，但一定的利益差别和利益矛盾依然存在。比如，原始社会部落之间的利益矛盾。这时，利益分析方法就具有普遍性的意义了。

——**在社会主义社会的一定发展阶段上，利益分析具有特殊的意义**。在我国社会主义社会的现阶段，剥削阶级作为一个阶级整体已经被消灭了，阶级、阶级差别、阶级矛盾和阶级斗争，只是在一定范围内存在。在阶级矛盾和阶级斗争都不占主导地位的条件下，如何认识人民内部矛盾呢？在这里，利益分析方法就具有特殊的方法论意义了。

——**进行利益分析，关键是运用利益分析方法，科学地划分利益群体，进一步考察利益群体在利益关系中的地位和作用，分析不同的利益群体之间的矛盾，从中找出规律性的东西**。所谓利益群体，就是指以一定社会关系为基础的具有大体相同的利益要求，对共同利益持相对一致态度而结合在一起的个体的集合体。不同的利益群体具有不同的甚至相互矛盾的利益要求。个人必须通过一定的社会联系才能实现自己的利益，利益群体具有追求和维护本共同体成员利益的强大力量。在利益冲突和利益角逐中，它具有比个体更为强大的竞争力与追逐力，个人往往是以参与利益群体的方式来参加利益竞争，并通过利益群体来实现个人利益的。不同的利益群体之间的矛盾是社会利益矛盾的主线。

必须坚持从人们在社会经济关系中对生产资料的占有不同、在生产过程中所起的作用不同、在分配中的收入多少不同等这些基本的经济关系出发，同时考虑到其他社会因素的影响，来作为划分利益群体的标准。

关于社会利益群体的基本划分标准表明，马克思主义以生产资料所有制的不同来划分阶级的理论，仍然具有方法论意义，它同社会利益群体的基本划分标准是一致的。不同的利益群体具有不同的利益要求，不同的利益群体之间存在着一定的利益差别和利益矛盾，这是分析社会现象的一条重要线索。

运用利益分析方法分析社会历史现象，绝对不能排斥和否定经济分析和阶级分析的基本方法，要善于在唯物史观的指导下，把三者有机地结合起来，有效地运用到对社会历史现象的观察、分析和说明中去。

七　群众史观

群众观点是唯物史观的根本观点，唯物史观主张群众史观。是否承认人民群众是历史的创造者，是历史唯物主义与历史唯心主义的根本分歧点。

由于人民群众是历史创造者的问题涉及历史的本质和历史发展的主体，必然成为新历史观的创立者马克思和恩格斯最为关注的核心问题。那么，马克思和恩格斯是怎样层层深入地揭示了“历史的人民性”这一本质的呢？

——**从马克思和恩格斯关于物质生活资料的生产是一切历史的前提的观点中，来把握人民群众是历史创造者的思想**。人类要生存，首先要吃、穿、住、行。人类生活所必需的物质资料，正是由广大民众生产的，民众是人类社会赖以存在和发展的物质资料的主要生产者。正如恩格斯所说，“自从阶级产生以来，从来没有过一个时期社会可以没有劳动阶级。这个阶级的名称、社会地位有过变化，农奴代替了奴隶，后来本身又被自由工人所代替……然而有一点是很清楚的，无论不从事生产的社会上层发生什么变化，没有一个生产者阶级，社会就不能生存。可见，这个阶级在任何情况下都是必要的”〔22〕。

——**从马克思和恩格斯关于历史事变的个人动机与群众动机关系的论述中，来理解人民群众在人类历史发展中的作用**。恩格斯指出，要探索历史事变的真实的原因，应当注意的“与其说是个别人物，即使是非常杰出的人物的动机，不如说是使广大群众、使整个整个的民族，并且在每一民族中间又是使整个整个阶级行动起来的动机；而且也不是短暂的爆发和转瞬即逝的火光，而是持久的、引起重大历史变迁的行动。……这是能够引导我们去探索那些在整个历史中以及个别时期和个别国家的历史中起支配作用的规律的唯一途径”〔23〕。这一论断对于我们自觉地把握人类历史发展的走向，具有极为重要的方法论意义。

——**从马克思和恩格斯关于思想动因和经济动因关系的论述中，来认识人民群众在历史发展中的地位和作用**。马克思主义经典作家多次指出，由于人们已经习惯于以他们的思想而不是他们的需要来解释历史的活动，因而传统的历史理论至多是考察了人们历史活动的思想动机，却没有考察产生这些动机的原因，没有看出物质生产发展要求是这种动机的根源。人们的思想动机归根到底是由人们物质生活资料生产的实践所决定的。只要承认物质生产实践在人类社会发展中的决定作用，就必然承认作为物质生产实践主体的人民群众在社会历史发展中的主导作用。

是否承认人民群众既是物质财富的创造者，又是精神财富的创造者，也是历史唯物主义与历史唯心主义的一个根本分歧点。

在质疑"人民群众是历史的创造者"的声浪中，主要的困惑都集中在"人民群众是精神财富的创造者"这个命题上。有人认为，不能说所有历史都是物质资料生产者创造的，物质生产仅仅是创造历史的前提，至多是搭建了历史剧的舞台，它本身还不是戏，演戏的并不是人民群众。还有人说，源泉并不等于创造；历史上一些精神财富的创造，连源泉也不是来自人民群众；五代十国时南唐国君李煜（937—978 年）的词"来自宫廷生活和亡国之恨，一些著名的美术作品来自湖光山色的自然界。如果说，李煜和明朝著名画家唐寅（1470—1523 年）也要先吃饭，然后才能填词和画画，从而将他们的词、画说成是人民群众创造的，那就未免太牵强了，也决不是唯物史观的原意"[24]。

上述说法听起来振振有词，似乎主张人民群众是历史的创造者，就必然否认文化精英在人类精神文化发展中的地位和作用。其实，历史唯物主义和质疑者的分歧，既不在于否认李煜的诗词和唐寅的绘画作品，也不在于比拼人民群众和文化精英在历史上各自创造了多少作品，正如他们所说这绝不是唯物史观的原意。真正的分歧在于，历史研究还要不要探讨历史发展的根本动力和根本规律？研究人文科学（包括文学和艺术）要不要关注它们产生的历史条件？所有这些其实都是有关历史发展的必然性研究。历史偶然性是历史必然性的表现形式，历史上伟大的文学家和艺术家以其特有的风格和才情创作出千古名篇，但是，"个人的性格只有在社会关系所容许的那个时候、地方和程度内，才能成为社会发展的'因素'"[25]。唯物史观关于社会存在决定社会意识的原理对于理解人民群众和文化精英创造精神财富的关系问题具有重要的方法论意义。恩格斯曾专门论述过哲学和宗教作为更远离物质经济基础的意识形式与社会生活的本质联系，他指出，尽管“观念同自己的物质存在条件的联系，越来越错综复杂，越来越被一些中间环节弄模糊了。但是这一联系是存在着的。从15世纪中叶起的整个文艺复兴时期，本质上是城市的从而是市民阶级的产物，同样，从那时起重新觉醒的哲学也是如此”[26]。恩格斯这里着重强调的是文艺复兴时期出现的文学、艺术和哲学等精神产品与城市市民阶级的内在联系，对两者之间必然性的揭示是在承认文化精英个性化创作贡献基础上的深层探索，也是在更高层面揭示了文化精英创作所赖以形成的时代条件。

人民创造历史，还是英雄创造历史，又是历史唯物主义与历史唯心主义的一个根本分歧点。

从表面上看，对“人民群众是历史的创造者”这一命题的质疑者摆出不偏不倚的姿态，声言只讲英雄创造历史固然不对，只讲人民群众是历史的创造者也有片面性，但内心深处却想把二者调和起来，使两个命题平分秋色，各打五十大板，其目的在于兜售英雄史观的合理性。所以，他们在否定两个命题之后又立即表示：“事实是英雄创造自己的历史，不能创造一切历史；人民群众也一样，尽管在历史上作用很大，但不能创造一切历史。”[27]他们反复强调：“不能说，所有的历史全都是物质资料生产者、劳动群众、各国人民创造的，而非物质资料生产者、非劳动群众、各国统治者是不参与历史创造的。”[28]他们的手法是先把马克思主义经典作家提出的“人们自己创造自己的历史”引申为帝王将相和人民群众“各自创造各自的历史”，然后再推销“在承认人民群众是自己历史创造者的同时，也承认人民群众以外的社会历史力量也是自己历史的创造者”的观点，他们认为，只要有了这两个承认，“那么，争论双方就没有太大分歧了”[29]。果然，图穷匕首现，鼓吹英雄创造历史的尾巴终于露出来了。

其实，这种“各有各的历史”观才会导致把人民群众和杰出的个人割裂开来、对立起来。上面所提到的否认人民群众是精神文化创造者的思路正是根源于这里的“各有各的历史”观念。按照质疑者的思路，要把完整的历史或如他们所言“一切历史”区分为人民群众自己创造的历史和帝王将相创造的历史。研究人民群众的历史就要研究物质资料生产的历史；研究政治、军事、教育、艺术和宗教的历史，就不能离开帝王将相和其他剥削阶级上层人物的活动。[30]在他们看来，这两个互不相干的历史是由两个相互分离的主体创造的。英雄人物创造的历史和人民群众创造的历史可以并存，英雄史观和民众史观自然也可以并存。“并列史观”其实是羞羞答答的英雄史观。我们不禁要问，研究政治史、军事史、教育史等，可以绕开人民群众及其作用孤立地研究帝王将相在历史上的作用吗？难道说，在解放战争期间，中国人民前赴后继的革命斗争，只是创造了人民群众自己胜利的历史，而没有同时创造蒋介石反动派失败的历史，后者失败的历史只是他们自己创造的吗？很显然，这种“并列史观”将统一的历史分割为互不相干的两块，就必然为神秘主义留下地盘，导致不可知论。

其实，马克思主义从来没有否认杰出个人在历史上的作用，也从来不否认还有其他因素是推动历史前进的动力。唯物主义历史观在阐明历史发展的客观规律时，不仅论证了人民群众创造历史的作用，同时也论证了个人的历史作用，既反对历史唯心主义，又反对形而上学的机械决定论。恩格斯在《论权威》一文中举了一个形象的例子，他说，一条大船在暴风雨中航行，这只船最重要的是保持船长的权威。唯物史观认为处于特定历史条件和地位的历史人物，对历史发展有比较突出的促进作用或延缓作用。代表先进阶级的杰出人物，顺应历史的发展，顺应人民的需要，在社会生活中对历史发展起到重要的促进作用；代表腐朽阶级的反动人物，逆历史潮流，反对人民，在社会生活中对历史发展起一定的阻缓作用。不能抹杀个人的作用，更不能夸大个人的作用。正是在这个意义上，唯物史观承认领袖人物的权威作用，但反对片面夸大个人作用，更反对个人崇拜。既要反对个人迷信，又不能搞无政府主义。不承认一定的权威，就是无政府主义。

那么，提出“人民群众是历史的创造者”的本质内涵是什么？在历史观层面它的独特价值在哪里呢？**首先，**这个命题的实质在于，它认为物质生活资料的生产活动是人类最基本的实践活动，是决定其他一切活动的活动。因此，人类历史首先应当是直接从事生产实践的人民群众的历史，就此而言，人民群众与其他参与历史创造的人们相比，他们所起的作用是历史的原创力，即原初动力或基础动力的作用。**其次，**推动人们创造历史的思想动机归根到底是由人们物质生活资料生产的实践所决定的。因此，考察人们历史活动的思想动机，从根本上说主要是考察人民群众的思想动机，考察人民群众的思想动机背后的根本动因。**最后，**人民群众是推动历史进步的最终决定力量，即帝王将相等少数人物固然能推动或延缓历史前进的脚步，但最终决定历史格局或决定历史发展趋势的力量则是人民群众。

结　语

历史唯物主义彻底地克服了旧历史观对人类社会认识的一切谬误观点和根本缺陷，创立了科学的历史观，唯物地、辩证地说明了社会意识与社会存在的关系，说明了劳动实践创造人和人类社会，主张一切从物质生产基础出发说明社会历史，找到了揭示现实的人及其历史发展秘密的钥匙。

历史唯物主义理论体系的内容十分丰富，涉及的问题非常广泛。马克思在《〈政治经济学批判〉序言》中对历史唯物主义基本思想作了精辟论述，论证了历史唯物主义的基本范畴和规律，大致勾画出了历史唯物主义理论体系的基本框架和主要理论观点，如生产观点、群众观点、阶级和阶级斗争观点，还有社会存在和社会意识相互关系理论，社会经济形态演变规律理论，社会基本矛盾理论，国家、社会革命和无产阶级专政理论，社会意识形态理论，社会利益理论，人和人的自由全面发展理论……学习历史唯物主义，贯彻少而精的原则，最重要的是理解和掌握唯物史观的基本观点和基本原理，理解和掌握其中所贯彻的科学世界观方法论，并运用到认识社会、改造社会的社会实践中去。

第二节　社会历史运动的规律性

唯物史观肯定社会历史的发展存在不以人的意志为转移的客观规律，认为在社会历史发展中物质生产力起着最终决定性的作用。当然它也从来没有否认历史活动中存在人的有意识的主体能动性，坚持认为要揭示社会历史秘密，必须揭示既体现人的有意识的能动活动，又不以人的意志为转移的客观规律。唯物史观是历史决定论与历史选择论的统一。

一　社会发展是一个自然历史过程

人类社会是自然界的一部分，社会规律也是整个自然规律的一部分，社会规律服从自然规律。自然规律是不以人的意志为转移的一个客观过程，是固定的、反复出现的、长期起作用的自然界的普遍联系。**作为自然规律的一部分，社会规律也是不以任何人的意志为转移的，固定的、长期起作用的社会的普遍联系**。

在《〈政治经济学批判〉序言》中，马克思对人类社会发展的客观规律作了经典阐释："人们在自己生活的社会生产中发生一定的、必然的、不以他们的意志为转移的关系，即同他们的物质生产力的一定发展阶段相适合的生产关系。这些生产关系的总和构成社会的经济结构，即有法律的和政治的上层建筑竖立其上并有一定的社会意识形式与之相适应的现实基础。物质生活的生产方式制约着整个社会生活、政治生活和精神生活的过程。不是人们的意识决定人们的存在，相反，是人们的社会存在决定人们的意识。社会的物质生产力发展到一定阶段，便同它们一直在其中运动的现存生产关系或财产关系（这只是生产关系的法律用语）发生矛盾。于是这些关系便由生产力的发展形式变成生产力的桎梏。那时社会革命的时代就到来了。随着经济基础的变更，全部庞大的上层建筑也或慢或快地发生变革。”〔31〕

每一历史时代的生产方式是该时代之政治的和精神的历史赖以确立的基础，经济条件归根到底具有决定性的意义，构成了一条贯穿于全部人类社会发展进程并唯一能使我们理解这个发展进程的客观规律的红线。生产力是社会发展的最终决定力量。生产关系一定要适应生产力的发展，上层建筑一定要适应经济基础的发展，这是社会发展不以人的意志为转移的根本规律。

这是马克思主义观察、分析、认识社会规律，把握、顺应社会规律的唯一正确的世界观和方法论——唯物史观的最基本的科学认识。

马克思、恩格斯为了与唯心史观论战，常常不得不强调经济因素是历史发展的决定性因素这一主要原则。但在肯定经济因素的最终决定作用的前提下，又承认其他因素在社会发展中的作用。

人类社会的历史，就是物质资料生产的历史。但马克思主义唯物史观并不认为经济因素是唯一起作用的因素，社会发展是由多种因素交互作用的结果。在一个社会内部，既要看到经济因素的决定性作用，也要看到政治的、思想的上层建筑之间的相互作用及其对于经济基础、物质生产的影响，还要考虑到自然基础、历史条件、文化传统以及各个国家相互交往所形成的世界历史背景。

如果只是承认经济因素的决定性作用，并将经济视为社会历史中唯一决定性的因素，否认社会中其他因素的交互作用及其对于经济的影响；只是从一个社会内部寻求其发展变迁的原因，而忽视了周围环境、外部条件以及时代特点对于该社会的影响，就不能对社会发展客观规律作出科学的说明。

从整个社会历史发展来看，有一个各个民族、各个国家都共同遵循的普遍规律，但是，它们各自又具有自己的特殊性，体现为社会发展的多样性。

列宁曾经指出："世界历史发展的一般规律，不仅丝毫不排斥个别发展阶段在发展的形式或顺序上表现出特殊性，反而是以此为前提的。"[32]人类社会由低级向高级发展，并由各个国家和民族的地域性发展向世界历史性的发展转变，这是社会发展的普遍性、共性。由于社会发展不仅由经济必然性所决定，而且受政治的、文化的、历史的、传统的因素以及自然环境、时代条件和其他国家与民族的影响，因而社会发展又呈现出复杂性和多样性的特点。

人类社会的历史是一个由低级形态向高级形态不断演进的过程。但这种发展的大趋势在各个民族、国家发展进程中的表现却是千差万别的，人类社会的发展道路是多种多样的。

马克思在《〈政治经济学批判〉序言》中将当时所知道的几种生产方式按照其发展程度和水平排列为亚细亚的、古代的、封建的和现代资产阶级的这样的发展序列；在《资本论》中，通过研究西欧资本主义的起源和发展进程，梳理出了从原始公社经奴隶制、封建制向资本主义制度过渡的典型的社会发展的阶段性序列。这种发展序列作为社会发展总趋势的逻辑再现，并未囊括各个国家、民族社会发展道路和阶段的全部丰富性，并非任何国家和民族都要毫无例外地经过原始社会、奴隶社会、封建社会、资本主义各种社会形态的依次更替而走向未来社会，没有任何变异性和独特性。从人类社会的发展历史来看，必然经过原始社会、奴隶社会、封建社会、资本主义社会，最后通过社会主义到共产主义社会，这是整个人类历史发展的普遍逻辑。但具体到某一民族、某一国家、某一地区，其发展的阶段可以有跨越、有偶然、有特殊。如美国没有经历封建社会的发展阶段，其资本主义发展道路与西欧资本主义国家所经历的发展过程与阶段不同，却是“资产阶级社会的最现代的存在形式”[33]。

社会历史发展的多样性、差异性与统一性、普遍性是有机统一的，有时体现为社会发展的有条件的跨越性。

近代以来，由于生产力的巨大发展、资本主义生产方式的兴起以及世界市场的开辟，“各个相互影响的活动范围在这个发展进程中越是扩大，各民族的原始封闭状态由于日益完善的生产方式、交往以及因交往而自然形成的不同民族之间的分工消灭得越是彻底，历史也就越是成为世界历史”[34]。各个国家和民族超越了地域性的狭隘界限而在广阔的世界历史背景上相互作用。在这种普遍交往关系之中，多样的每个国家和民族都有可能从其他国家和民族中吸取有利于自身发展的因素，从而在这种内在的、紧密的、统一的交互作用中发生前所未有的根本性变化，特别是在落后国家和民族的多种多样的发展中，实现社会的跨越性发展又带有一种普遍性。如中国跨越了资本主义的完整社会形态，直接进入了社会主义社会初级阶段。我国一些少数民族地区，甚至跨越了封建社会和资本主义社会，由原始社会、奴隶社会直接进入了社会主义初级阶段。

人类社会的发展模式是多样化的，表现为一定条件下的跨越性；同时又呈现统一性、普遍性，但尽管如此，社会历史发展是一个自然历史过程，表现为不以人的意志为转移的客观规律。

列宁指出：“只有把社会关系归结于生产关系，把生产关系归结于生产力的水平，才能有可靠的根据把社会形态的发展看做自然历史过程。”[35]马克思主义唯物史观认为，尽管社会历史是人的有意识的活动的历史，但人类社会的发展仍然是“一种自然史的过程”[36]，有其内在的必然性，是遵循着一定的客观规律向前发展的。马克思主义唯物史观将全部社会关系归结于生产关系，把生产关系归结于生产力，从而为将社会形态的发展看作自然历史过程提供了可靠的根据。在一定的历史条件下，人类对社会制度可以作出一定的选择，可以实现一定的超越，但是从整体上来说，社会生产力发展、社会经济发展的自然历史过程却是要经历的，因为社会发展是一个自然历史过程，遵循其自身固有的客观规律。当然，生产力发展、经济发展的自然历史进程可以有快有慢，可以缩短或延长。

二 历史是追求自己目的的人的活动

人是社会条件的产物。但是，这不等于说人在社会、自然面前是无所作为、完全被动的。社会发展是一种自然历史过程，同时又是人的能动创造过程。人类社会就是在客观条件、历史际遇、时代大势以及人的主体活动的交互作用中前行的。

在如何理解社会历史客观规律和社会历史发展最终动力的问题上，存在历史决定论与历史非决定论的区别，存在着唯物主义与唯心主义的区别。

历史决定论认为社会历史发展是有其历史必然性的，是有客观规律的，是由某种力量最终决定的。历史非决定论恰恰相反，认为历史发展是偶然的、无规律可循的，因而历史发展并不存在终极原因。历史非决定论实质是唯心主义历史观。历史决定论可以区分为唯物主义决定论和唯心主义决定论。唯物主义决定论又分为旧唯物主义机械决定论和辩证唯物主义辩证决定论。唯心主义决定论也有主张辩证决定论的，如黑格尔就是唯心主义辩证决定论者。马克思主义哲学是唯物主义的、辩证的决定论。神创论、天命论、客观精神决定论和主观精神决定论都是唯心主义决定论。一切旧唯物主义决定论由于其在社会历史认识上的形而上学片面性，终将导致机械决定论，而机械决定论最终依然逃脱不了唯心史观的窠臼。机械决定论者认为社会历史有规律可循，社会历史是决定性的，而不是非决定性的，但否认了社会历史的特殊性，否认人的主观能动性。

社会历史事件的确独一无二、不可重复，但社会历史规律并非社会历史事件，它是隐藏在社会历史事件背后的深层规律。尽管社会历史事件不可重复，但社会历史规律及其作用具有可重复性，并通过不可重复的、偶然的历史事件表现出来。无论是英国的工业革命、法国的大革命、美国的独立战争、日本的明治维新，还是中国的辛亥革命，都是不可重复的社会历史事件。但正是透过这些社会历史事件，体现了资本主义社会代替封建社会的历史规律性与必然性，体现了社会历史发展进步的潮流。

社会历史过程即人的活动过程，社会历史规律即人的活动规律。若离开人的社会实践活动，社会历史过程就无从展开，社会历史规律就无从生成。但人的社会实践不是纯粹主观任意的行为，而是要受到社会历史条件制约的，其选择与创造活动是在社会历史发展的“可能性空间”中进行的。人类社会的发展是既合规律性，又具有主体选择性的历史过程。承认人的主体能动性、选择性与创造性同承认社会历史过程的规律性与必然性并不矛盾。在社会历史领域，人们的预见能够引发其行动，因而能够主动地消除、避免、延缓或者加速所预言的事件的出现。从表面上看，似乎社会历史由人的主观愿望任意造成，因而不可能对社会历史的未来发展与走向作出预见。实际上，人们能够根据预见采取相应的行动，以消除、延缓、避免不利的发展趋势，促使事物有利的发展趋势变成现实，正是社会历史可以预见的明证。这不仅证明社会历史领域存在着客观规律，而且证明人们可以根据对于客观规律的认识而自觉活动、趋利避害。

社会规律是在社会领域中形成和发挥作用的客观规律，是社会“本身运动的自然规律”[37]。承认社会规律的客观性和必然

性，并不意味着把这种规律看作外在于人的活动而独立存在和发挥作用的。

历史是人们通过自己的活动而实现自身发展的历史，是追求着自己目的的人的活动的历史。社会规律是通过人们的活动实现的，是“人们自己的社会行动的规律”[38]。在自然界中，没有任何事情是作为预期的自觉的目的发生的。而在社会历史领域内进行活动的，全是具有意识的、经过思虑或凭激情行动的、追求某种目的的人；任何事情的发生都不是没有自觉的意图、没有预期的目的的。虽然历史是像一种自然过程一样进行的，“历史进程是受内在的一般规律支配的”[39]，但是，历史的过程及其一般规律是通过人的有目的、有意识的活动形成和实现的，唯物史观是承认人的历史选择性的。

人是社会历史活动的主体。社会的物质生产实践和其他实践，都是人们为了满足自身的生存和发展需要而进行的。

在人与历史的关系中，人是历史的创造者、是历史的目的，而不是历史用来达到自己目的的工具。马克思和恩格斯在《神圣家族》一书中指出：“历史什么事情也没有做，它‘不拥有任何惊人的丰富性’，它‘没有进行任何战斗’！其实，正是人，现实的、活生生的人在创造这一切，拥有这一切并且进行战斗。并不是‘历史’把人当做手段来达到自己——仿佛历史是一个独具魅力的人——的目的。历史不过是追求着自己目的的人的活动而已。”[40]

人既是历史的剧中人，又是历史的剧作者；既受客观规律和客观条件的制约，又以自己的实践活动创造了历史。社会发展规律本质上是人的实践活动规律，是通过人的实践生成和实现的。而人的实践是具有选择性和创造性的、有目的有意识的、自觉能动的感性物质活动。

社会历史的规律性和必然性是在人的有选择的实践活动中

生成和实现的。人们的社会活动并非只有一种可能性，社会规律作为普遍的、必然的联系并非只能通过一种方式表现出来。人类社会由于受主体与客体、历史与现实、内部与外部诸多因素的影响，其发展的趋势、方向、道路、方式是多样性的。在历史发展过程中，特别是在重大历史转折时期，由于各种因素的相互作用，人们的活动、社会发展的走向，总是具有多种可能性。而社会历史将朝着哪一个方向、通过什么道路、采取什么方式前进，哪一种可能性将变为现实，在一定客观条件下，也在于人的选择。选择作为人的主体能动性和创造性的表征，便成为社会发展的重要环节。

在历史面前，人不是无所作为的，人对历史是有选择性、有主观能动性的。**但这种选择又是有条件的，要按照历史发展规律来选择，这是历史选择论**。

孙中山讲：世界潮流，浩浩荡荡，顺之则昌，逆之则亡。“世界潮流”是讲历史决定论，谁也不可违背；“顺之则昌，逆之则亡”是讲历史选择论。符合历史规律的选择是正确的，是可以成功的，是有利于人的生存和发展的；违背历史规律的选择是错误的，是必然遭到失败并受到历史惩罚的。唯物史观就是历史决定论和历史选择论的结合。**人的主体选择在社会发展中起着重要作用，但人的选择绝非主观任意的行为**。人的选择是有条件的，是受不依人的意志为转移的必然性和规律性制约的。

人的选择，从根本上来说，是人民的选择。

历史的活动是人民群众的事业，人民群众是历史的创造者。民心民意反映了社会发展的客观规律和人类历史的必然趋势。社会发展的规律与人民群众的活动是紧密相连的，大势所趋与人心所向是高度一致的。研究社会发展规律，就必须研究人民群众的活动；预见社会发展趋势，就必须关注人民群众的愿望诉求；尊重社会发展规律，就必须顺应人民群众的历史选择。杰出人物之所以能够引领时代，影响历史，建功立业，就在于反映了人民群众的愿望，代表了人民群众的利益，从而遵循了社会发展规律，把握了历史必然趋势。若脱离人民，违背规律，自视甚高，任意妄为，不仅一事无成，而且必遭历史的惩罚。

三 社会有机体的基本结构和演化

马克思主义认为，社会是社会关系的总和，是“一切关系在其中同时存在而又互相依存的社会机体”[41]。生产关系是最主要的、最基本的社会关系，是社会形态的基础。我们要“用生产关系来说明该社会形态的构成和发展，但又随时随地探究与这种生产关系相适应的上层建筑，使骨骼有血有肉”[42]。具体而言，社会形态主要是由社会经济结构、社会政治结构和社会意识结构构成的有机体。恰如一个细胞是由细胞核、细胞质、细胞膜的相互联系构成的有机体。

——社会经济结构是社会形态存在和发展的基础和前提，是社会有机体的坚实“骨骼”。社会经济结构指与一定的生产力发展水平相适应的生产关系的总和，是社会政治结构和社会文化结构赖以存在和发展的基础。马克思指出，“每一历史时代主要的经济生产方式和交换方式以及必然由此产生的社会结构，是该时代政治的和精神的历史所赖以确立的基础，并且只有从这一基础出发，这一历史才能得到说明”[43]。

社会经济结构是不断发展的，在特定社会形态的量变过程中存在着部分质变。社会经济结构与生产力之间的矛盾尖锐到不可调和的程度时，就会发生质变。高级社会形态的经济结构取代低级社会形态的经济结构就属于这种质变。某一社会形态中的社会经济结构也存在着部分质变。从自由竞争的资本主义阶段发展到垄断资本主义的阶段，就是资本主义社会形态内部经济结构的部分质变。

——社会政治结构是社会形态存在和发展的保证，是社会有机体的“器官”。社会政治结构是建立在社会经济结构之上的政治法律设施、制度及其相互关联的方式，维护社会经济结构的正常运行。如果说社会经济结构是社会有机体的“骨骼”，那么社会政治结构恰如社会有机体的“器官”，社会有机体主要通过这一“器官”来保证社会有机体的正常运行。在特定的社会形态下，人们往往是分散地进行物质生产活动，不可能自发地形成较大范围的统一的活动。这就需要一种超经济的力量来有效地组织和协调社会关系的方方面面，保证社会经济活动的正常运行。这种超经济的力量集中体现为政治的力量，体现为社会政治结构。正是由于社会政治结构对社会经济活动的规范、引导，社会经济活动才能在较大范围内协调起来。资本主义经济危机爆发之后，资本主义政府往往运用、发挥社会政治结构的强制性，调整社会经济结构，保证社会经济结构的正常运行。

社会政治结构不像社会经济结构那样通过物质利益的引导，也不像社会意识结构那样通过思想文化的说服或感化影响，而是把人们的政治交往限制在一定的范围内，甚至直接依赖于暴力。凭借这种暴力，就可以通过强迫的方式使人们服从特定的政治制度。社会政治结构中的各种政治法律制度都有与之相适应的机构与设施，比如国家政权、军队、法庭、监狱、警察，等等。这些机构和设施是为了维护现有的社会形态，压制之前的社会形态和将要出现的新的社会形态。新的社会形态的力量只有强大到超过当前社会形态的力量时，才有可能实现新的社会形态取代旧的社会形态。

——社会意识（文化）结构是社会形态存在和发展的精神基础，是社会有机体的“血肉”，渗透到社会形态的各个领域。社会意识（文化）结构指由各种意识形态、非意识形态，包括文化形态组成的有机系统，是具有确定规范的意识、文化的联结方式。这些意识（文化）实际上代表着和反映了社会各个集团的利益和要求，起主导作用的还是统治阶级的意识形态。在特定社会形态中，统治阶级往往会借助自身所掌握的政治结构来宣传自己的阶级意识、自己的文化，以维护本阶级的利益。即便是在当今全球化时代也不例外。美国等西方资本主义国家凭借自己先进的科学技术传播资产阶级的思想文化，企图通过各种思想文化手段颠覆社会主义国家。20 世纪 90 年代，西方资本主义国家通过意识形态力量进行的颠覆，是苏联解体的一个重要外部原因。我们不仅要阐明自身社会形态的合理性和正确性，而且要反对破坏自身社会形态的思想理论观点。社会意识（文化）结构对社会经济结构、社会政治结构的反作用主要体现为，一方面是帮助形成、巩固和发展自身的社会经济结构、政治结构；另一方面是同对自己社会经济结构、政治结构有害的因素作斗争。

——**社会经济结构、社会政治结构和社会意识（文化）结构构成社会有机体**。社会经济结构决定着社会政治结构、社会意识（文化）结构。更为准确地说，社会经济结构决定社会政治结构、社会意识（文化）结构的可能性的范围，即社会政治结构、社会意识（文化）结构只能在社会经济所蕴含的可能性范围内进行选择和发挥。现实的社会政治结构、社会意识（文化）结构只是诸多可能性之中的一种必然选择。随着社会经济结构的变化，拥有先进生产力的社会集团势必要求调整社会政治结构来维护新的社会经济结构，这就引起社会政治结构的变更。社会政治结构一旦确立，就用各种方式为社会经济结构服务，保护和促进新的经济结构。社会经济结构的变化反映到人们的思想上会形成新的政治观点、文化氛围、文化产品、思想理论、伦理道德，也就会引起社会意识（文化）结构的变化。社会意识（文化）结构的变化，也会反作用社会政治结构，并通过社会政治结构，反作用社会经济结构。

社会形态是一个不断变化的社会有机体。在这个有机体内，社会经济结构、政治结构、意识（文化）结构自身是不断变化的，经历着从量变到质变的过程。在量变的过程中，社会有机体的各部分会发生部分质变。生产力的变化，必然导致生产关系的变化，引起社会经济结构变化，产生社会经济结构与社会政治结构和社会意识（文化）结构之间的矛盾。最初，这种矛盾通过政治结构和意识（文化）结构的调整得到一定程度上的缓解，但是由于生产力的变化，社会经济结构与社会政治结构和社会意识（文化）结构之间的矛盾逐渐加大，直至不可调和的程度，就会出现新的阶级反对旧的阶级，最终建立新的社会形态来取代旧的社会形态，使人类社会表现为不断地从低级向高级的发展过程。因而，要研究某种经济社会形态，还必须“研究该社会形态的活动规律和发展规律”[44]。

按照经济社会形态演变规律理论，人类社会在总体上必然经过原始社会、奴隶社会、封建社会、资本主义社会、共产主义社会五个历史阶段，社会主义社会作为共产主义社会的第一阶段，是过渡性的。每一个社会形态都经历着产生、发展和灭亡的过程。社会形态的发展在总体上呈现出不断地从低级向高级的发展过程。

新事物必然战胜旧事物，因为新事物既要否定旧事物中的消极因素，继承旧事物中的积极因素，还要增加一些旧事物所无法容纳的新内容。新的社会形态必将代替旧的社会形态，因为新的社会形态是从旧的社会形态中产生出来的，克服了旧的社会形态中的弊端，继承了旧的社会形态中的积极的、仍然适合新的历史条件的东西，增加了旧的社会形态所不能容纳的新内容，代表着先进的生产力，符合绝大多数人的根本利益，反映着社会进步的要求，最终会得到绝大多数人特别是有远大前途的先进社会阶级的支持。以上任何一个新的社会形态代替旧的社会形态的上升时期，该社会形态总是表现出高于旧的社会形态的解放和发展生产力的优越性。邓小平指出，“封建社会代替奴隶社会，资本主义代替封建主义，社会主义经历一个长过程发展后必然代替资本主义。这是社会历史发展不可逆转的总趋势”[45]。

对社会历史发展不可逆转总趋势的科学认识，关键在于正确理解和把握“两个必然”和“两个决不会”及其相互关联的思想。

“两个必然”是“资产阶级的灭亡和无产阶级的胜利是同样不可避免的”[46]。也就是说，资本主义社会必然灭亡，社会主义社会必然胜利。

“两个决不会”是“无论哪一个社会形态，在它所能容纳的全部生产力发挥出来以前，是决不会灭亡的；而新的更高的生产关系，在它的物质存在条件在旧社会的胎胞里成熟以前，是决不会出现的”[47]。这也就是说，社会形态的发展过程要受社会历史条件的制约，最终取决于生产力的发展水平。生产力是社会形态更替的最终决定要素，只有当旧的社会形态完全无法容纳生产力的发展时，旧的社会形态才能最终走向灭亡。而新的社会形态是从旧的社会形态中发展而来的，最终要取代旧的社会形态。

目前我国正处于社会主义初级阶段。这包含两层含义：第一，我国已经建立了社会主义制度，是社会主义社会，必须坚持和发展社会主义；第二，我国的社会主义社会正处于并将长期处于初级阶段。我们必须正视而不能超越这个初级阶段。如果把共产主义比作长大了的青蛙，那么，我国的发展还处于“蝌蚪”的发展状态，需要一个相当长的历史时期才能过渡发展到共产主义社会。社会主义初级阶段的发展前途是走向发达的、成熟的社会主义社会，并最终走向共产主义社会。

“星星之火，可以燎原。”在世界范围内，同发展了几百年的、比较成熟的资本主义社会形态相比，社会主义社会形态是一种崭新的社会形态，社会主义的力量还比较弱小。但是，社会主义社会形态是在扬弃资本主义社会形态的基础上建立的，是符合社会形态发展必然趋势的，是具有远大的发展前途的社会形态。共产主义社会是符合历史发展规律的社会形态。尽管共产主义的实现是一个长期的历史过程，需要经过若干历史阶段才能实现，在没有完成各个历史阶段的特定目标和任务时，完成共产主义只能是空谈。但是，共产主义的理想和信念为我们指明了未来前进的道路，鼓舞我们战胜社会主义建设过程中的种种困难，最终进入共产主义社会。

四　社会基本矛盾是历史发展的根本动力

透过纷杂的社会历史现象，抓住广大群众持久的、引起伟大历史变迁的行动，然后找到触发这些行动的思想形式的动机，再去寻找思想动机背后的推动历史发展的最终的动力，即“最后动力的动力”，战胜旧历史观，这是马克思主义新历史观所完成的伟大使命。

为了探寻“最后动力的动力”，黑格尔哲学提出了许多合理的思想，成为唯物史观得以创立的直接理论来源。列宁指出，黑格尔的见解“接近历史唯物主义”[48]，“有历史唯物主义的胚芽”[49]。马克思认为，黑格尔的历史观是历史唯物主义的“直接的理论前提”[50]。黑格尔认为：人类历史不是一成不变的，是由低级向高级发展的辩证过程；任何一个历史阶段都有产生、发展和消亡的过程；在社会历史领域，似乎有一个不以人的意志为转移的客观法则（“理性的狡计”）在起作用；历史人物的表面动机和真实动机都不是历史事变的最终动因，在这些动机后面，还应有其他动力，历史动力不在人性之中，而在人性之外；历史活动存在“最后动力的动力”。

到底“最后动力的动力”是什么？马克思给予了唯一正确、

科学的回答。自然界中低级动物的活动是盲目的、无意识的、被动的活动，而在历史领域内进行活动的全是有意识、追求一定目的的人。人类社会历史就是人的有意识的创造活动的历史，社会历史是由人的有目的的活动创造的。人们从事的一切社会活动，必须通过大脑，通过思维，才能有意识地进行。这样一来，考察社会历史进程，必须要考察人的活动，考察社会历史的动力，必须要考察人的历史活动的动因；考察人的历史活动的动因，必然首先涉及人的意愿、欲望、目的等思想动机。于是，从表面上看，似乎是思想动机促使人们去参加社会活动。在自然界里纯粹是盲目的客观力量在起推动作用；在社会、人的活动领域，又好像是人的意愿、目的、情欲等思想动机在起决定作用。这样，就很容易得出精神是人类历史发展的最后动力的唯心主义结论来。历史唯物论和历史唯心论的区别，不在于是否承认思想动机，即精神动力的作用，而在于是停留在精神动力的结论上，还是进一步寻找精神动力背后的动力。

探讨历史发展的终极原因，必须首先抓住使整个阶级、整个民族行动起来的思想动机，然后，进一步去探讨使整个阶级乃至整个民族行动起来的思想动机背后的动力，发掘思想动机背后物质的、经济的动力。

关于思想动机背后的最终动因的探求，马克思和恩格斯为此花费了毕生的心血。在《路德维希·费尔巴哈和德国古典哲学的终结》一书中，恩格斯论证了四个非常重要的思想：**一是需要和利益是人们进行社会活动的具体动因；二是人类历史发展的最后动力或终极原因是物质经济因素；三是阶级斗争是阶级社会历史发展的直接动力；四是社会基本矛盾是历史发展的根本动力，归根结底生产力是最终决定性因素**。

恩格斯指出，“如果要去探究那些隐藏在——自觉地或不自觉地，而且往往是不自觉地——历史人物的动机背后并且构成历史的真正的最后动力的动力，那么问题涉及的，与其说是个别人物，即使是非常杰出的人物的动机，不如说是使广大群众、使整个整个的民族，并且在每一民族中间又是使整个整个阶级行动起来的动机"[51]。在这里，他提出了"最后动力的动力"的概念。"最后动力的动力"指的就是使个人乃至整个民族、整个阶级行动起来的动机背后的起最终决定性作用的力量或终极的原因。

恩格斯以西欧资本主义社会历史发展为例，说明土地贵族、资产阶级和无产阶级"这三大阶级的斗争和它们的利益冲突是现代历史的动力"[52]。随后他又进一步剖析了阶级斗争背后的经济原因，认为这些阶级斗争"首先是为了经济利益而进行的，政治权力不过是用来实现经济利益的手段"，"这些阶级是怎样产生的呢？……显而易见，这两大阶级的起源和发展是由于纯粹经济的原因"。[53]历史发展"归根到底，是由生产力和交换关系的发展决定的"[54]。从恩格斯的理论推导可以看出，在阶级社会中，阶级斗争是历史发展的直接动力，而阶级斗争是由经济利益决定的，经济利益构成了人们从事历史活动的动因，但经济利益又是由一定的生产力和生产关系的发展所决定的。"生产力和交换关系"，这就是社会历史发展的最后动力的动力或终极原因，社会历史发展的"最后动力的动力"是纯粹的物质经济因素。由此可见，利益是使人们行动起来的动因，在阶级社会中，阶级间的利益冲突，即阶级斗争，构成了历史发展的直接动力。认识历史发展的"直接动力"，必须探究"终极原因"或"最后动力的动力"，最后动力的动力或终极原因与直接动力相比，前者更根本，后者是派生的。

物质经济因素是历史发展的最终决定性力量，从这个意义上来说，生产力和生产关系的矛盾运动是历史发展的根本动力，生产力是最终决定性的因素。

生活需要和利益要求是隐藏在人们动机背后的内在动因。

探讨历史发展的动力，必须首先探讨推动人们进行历史活动的动因。而人们的一切活动都要经过人的意识，也就是说，人的活动必须经由思想动机的形式。思想动机是一种心理现象，凡是反映在人们的头脑中并促成人的活动，引导人的活动去满足人的某种需要的欲望、念头、想法、意向，就叫作思想动机。它是激励人们去行动以达到一定目的的内在原因，即行为的心理动因。在思想动机中，经济活动的动机是人们从事经济活动的原因，它是人类活动的基本动机，决定其他一切思想动机。人的衣食住行是最基本的生活要求，它是直接推动人们行动起来进行生产斗争和其他社会实践的第一位的动机和念头。人的衣、食、住、行等基本的需求是由人的基本生活需要所触发的。人的消费需要和利益要求引发了思想形式的动机，引发了人们的生产活动，从而引起了人们的全部社会活动。

在阶级社会中，阶级斗争成为历史发展的直接动力。

人们正是在生产活动中实现自己的利益需要，首先是物质利益需要的。在生产关系中处于不同地位的人有着不同的物质利益，生产关系实质上是人们之间的物质利益关系。代表旧的既得利益的阶级总是固守旧的生产关系，利用旧的生产关系来保护自身的既得利益。代表新的生产力的阶级总是通过改变旧的生产关系，反对维护旧的生产关系的统治阶级的既得利益，获取本阶级的应得利益。生产力与生产关系的矛盾运动通过利益的动力传递，而展现为人与人之间的阶级矛盾。

——**阶级斗争的动力作用首先体现为实现社会形态的更替**。当旧的生产关系变成生产力发展的桎梏时，维护旧生产关系的落后阶级同代表生产力发展要求的先进阶级必然形成激烈的对抗。当矛盾达到尖锐化的程度，统治阶级无法照旧统治下去，被压迫阶级也不能照旧生活下去，就具备了发生社会革命的客观形势。在这种情形下，先进阶级用先进思想发动和组织群众，就为社会革命提供了主观条件。只有通过先进阶级反对落后阶级的社会革命，才能推翻反动阶级的统治，建立新的社会形态，从而促进生产力的解放与发展。

——**阶级斗争的动力作用也体现为推动同一社会形态发生量变**。从历史上看，被统治阶级反对统治阶级的斗争，在不同范围内都打击了剥削阶级的统治，迫使其调整某些经济关系与社会政策，由此就会减轻劳动群众的赋税负担，或使劳动群众获得休养生息的机会，进而必将在一定程度上缓和社会矛盾，或多或少地推动了生产力的发展与社会的进步。在我国封建社会，曾经爆发了多次农民起义，每一次农民起义都推动着封建社会的量变过程：受到打击的封建统治者不得不吸取血的教训，不得不调整统治政策，不得不缓和阶级矛盾，由此在一定程度上促进了生产力的解放和社会的发展。

社会基本矛盾是推动社会历史发展的根本动力。

——**生产力与生产关系、经济基础与上层建筑之间的社会基本矛盾，是贯穿人类社会始终的、决定性的、基础性的社会矛盾**。生产力是人们在物质生产活动中通过利用和改造自然来获取物质资料的力量。生产力是历史唯物主义的基本范畴之一，它表示的是生产中人与自然的关系。生产力是作为系统而存在的，它包括参与社会生产和再生产过程的各种要素，其基本要素包括以生产工具为主的劳动资料、劳动对象、从事物质资料生产的劳动者。劳动资料与劳动对象结合起来构成生产资料。生产资料是生产力中物的要素。具有一定生产经验和劳动技能的劳动者是生产力中人的要素，劳动者是生产力中最活生生的、起主导作用的因素。当然，科技、管理等也是生产力的重要因素。

在生产过程中，人们不仅同自然界发生关系，人们之间也必然发生一定的社会关系。生产关系就是人们在物质生产与再生产活动中所结成的经济关系。生产关系也是历史唯物主义的基本范畴之一。生产关系主要包括生产资料的所有制关系，人们在生产中的地位、作用及人与人的相互关系，以及产品分配关系。生产关系各要素之间互相联系、互相制约、互相作用，共同构成生产关系系统。一定的生产力和一定的生产关系的统一构成生产方式。生产资料所有制关系，即生产资料归谁占有、由谁支配的问题，所有制形式是生产关系的基础，决定生产关系的性质，是区别不同生产关系的主要标志。

经济基础是指与一定生产力状况相适应的、在特定社会中占据统治地位的生产关系的总和；上层建筑是建立在一定经济基础之上的制度设施及思想体系，包括政治上层建筑和思想上层建筑。国家机构、军队、法院、监狱、警察等属于政治上层建筑，哲学、理论、宗教、文学、艺术等观点属于思想或意识形态上层建筑。经济基础与上层建筑的统一构成社会的经济形态，从而决定社会形态的性质和类型。在这里，经济基础与生产关系是两个术语、同一内容：相对于生产力而言叫生产关系，相对于上层建筑来说占统治地位的生产关系则是经济基础。

生产力与生产关系、经济基础与上层建筑的矛盾体现了社会结构诸要素的本质的必然的联系，构成了人类社会的基本矛盾。这两对矛盾存在于一切社会形态中，决定和制约着其他社会矛盾的产生与解决，影响着整个社会的总体面貌，并推动着社会发展的历史进程。

——生产关系一定要适合生产力状况，上层建筑一定要适合经济基础状况，是适用于整个人类历史的基本规律。生产关系一定要适合生产力状况包括三项基本内容：生产力决定生产关系；生产关系反作用于生产力；生产力和生产关系之间的矛盾运动。在一种生产关系产生和确立后的一段时间内，它与生产力的性质与发展要求是基本适合的，对生产力发展起到积极的推动作用；而当生产力发展到一定程度时，原来的生产关系就逐渐变得过时与保守，成为生产力进一步发展的桎梏，客观上要求实现生产关系的推陈出新；新生产关系一旦确立起来，就在新的基础上出现了生产关系与生产力在矛盾运动中的基本适合。生产关系由适合生产力的状况到不适合再到新的适合这一矛盾运动，是一个具体的历史的过程，从而也是推动人类社会不断向前发展的过程。

上层建筑一定要适合经济基础状况体现为，经济基础决定上层建筑、上层建筑反作用于经济基础、上层建筑和经济基础的不断的矛盾运动。经济基础要求上层建筑同自己相适合，这本身就以它们之间某种不适合为前提；同时，对这种不适合状况，或迟或早地变为相适合的条件是，通过社会革命或通过社会改革来解决上层建筑与经济基础的不适合，使之适合。上层建筑与经济基础之间的适合是相对的，其矛盾始终处于不断产生和不断解决的历史过程中。

人类社会从低级向高级发展，是由生产力和生产关系、经济基础和上层建筑的矛盾运动推动的，是生产关系一定要适合生产力状况、上层建筑一定要适合经济基础状况规律发生作用的结果。

革命是解放和发展生产力，改革也是解放和发展生产力。

当社会基本矛盾处于部分、局部不适应状况时，要通过不断的改革以使不适应的生产关系的一些环节和方面适应生产力的发展，使上层建筑的一些环节和方面适应经济基础的发展。在阶级社会中，当这种不适应性初步展现或不太尖锐时，统治阶级可以通过采取改良措施，调整社会政策，在一定程度上缓和阶级矛盾，促使上层建筑和生产关系更好地适应生产力的发展，巩固和维护经济基础。

由此看来，天下兴亡的终极原因，历史发展的根本动力，不是神力，不是天命，也不是个别英雄豪杰的作用，更不是思想动机所促成，而是由唯物史观所揭示的最终的物质经济原因所决定的。古罗马帝国之所以盛极一时，因为它实行的是与当时生产力相适应的、比原始社会公社制度进步的奴隶制度，可以创造更多的物质财富。但随着生产力的发展，奴隶制度严重束缚了生产力的发展。生产力与生产关系的矛盾表现为奴隶与奴隶主之间的，由物质的、经济的利益所引发的阶级斗争。奴隶们反对奴隶主的压迫剥削，不断进行反抗，如古罗马著名的斯巴达克起义。奴隶自身的解放实际上就是生产力的解放，在奴隶们反抗奴隶主统治的斗争中，逐步形成了农民阶级和地主阶级，自给自足的封建经济关系逐渐发展起来，越发显示其比奴隶制优越，奴隶制度越发成为生产力进一步发展的桎梏。于是顽固坚持奴隶制度、不作任何改革的古罗马帝国便不可避免地走向灭亡。

五 历史发展的合力作用

在历史进程中，每个人都有自己的行动愿望，可是历史发展又不是完全按照每个人的愿望实现的。除了顺应历史发展趋势的进步意愿，许许多多的个人意愿恰恰实现不了。每个人的有意识的行为最终受不以个人意志为转移的、支配人的某种规律的支配，这种客观规律表现为一种合力作用。

德国古典哲学家黑格尔是唯心主义的辩证法大师。他站在唯心主义立场上，提出“理性的狡计”说，从辩证法的高度揭示了人类社会历史的客观辩证运动的合力作用过程，超越了旧唯物主义历史观的认识局限。黑格尔在《精神现象学》等著作中认为，在社会历史领域，人们尽管抱着一定的目的去行动，但是很少如愿以偿，似乎有一个不以人的意志为转移的客观法则在起作用。黑格尔断言，人的有意识的活动背后肯定隐藏着更深刻的原因，这些原因是未曾被人们意识到而又支配人们行动的最终原因。遗憾的是，黑格尔并没有沿着这一正确的认识深入下去。他认为，人的有意识的活动背后是“世界精神”起作用，“世界精神”统治着历史。每一个人固然都在追求和满足自己的目的，但这只是“世界精神”为满足自己的目的的手段或工具，每个人虽然都进行有目的的活动，但最终结果往往事与愿违，人们都中了理性（世界精神）的计谋，理性（世界精神）实现了自己的目的。

为什么历史是由人的有意识的活动创造的，而社会历史发展的总趋势又表现为不以人的意志为转移的客观规律的合力作用呢?

黑格尔虽然对人的主观能动性同客观规律的辩证关系，对社会历史发展不以人的意志为转移的客观法则的揭示和论证，是非常深刻的，但最终还是归结为“理性的狡计”。唯物史观彻底破解了这个认识难题。**恩格斯从唯物史观出发，在1890年9月21日致约·布洛赫的信中提出了著名的历史合力理论**。他说：“历史是这样创造的：最终的结果总是从许多单个的意志的相互冲突中产生出来的，而其中每一个意志，又是由于许多特殊的生活条件，才成为它所成为的那样。这样就有无数互相交错的力量，有无数个力的平行四边形，由此就产生出一个合力，即历史结果，而这个结果又可以看做一个作为整体的、不自觉地和不自主地起着作用的力量的产物。因为任何一个人的愿望都会受到任何另一个人的妨碍，而最后出现的结果就是谁都没有希望过的事物。所以到目前为止的历史总是像一种自然过程一样地进行，而且实质上也是服从于同一运动规律的。但是，各个人的意志——其中的每一个都希望得到他的体质和外部的、归根到底是经济的情况（或是他个人的，或是一般社会性的）使他向往的东西——虽然都达不到自己的愿望，而是融合为一个总的平均数，一个总的合力，然而从这一事实中决不应作出结论说，这些意志等于零。相反，每个意志都对合力有所贡献，因而是包括在这个合力里面的。”〔55〕

历史合力论表明：

——**人的思想意识及其活动是受人所生活的社会物质条件制约的**。社会物质条件不仅决定人的思想意识及其活动是这样而不是那样，而且还决定人的思想实现程度、活动的成败得失。个人乃至阶级的意志及其活动，可以加快或延缓社会历史的进程，但不能根本改变历史的总进程、总趋势。个人是作为社会整体联系、整个过程中的一个因素、一个原子而有机地加入社会整体运动之中的。个人的自觉活动不过是社会整体运动的一个环节、一个因素、一个部分，要受社会复杂系统的诸要素、诸过程、诸关系的相互作用，要受相互联系的社会有机体机制的制约。

——**人的思想动机背后隐藏着不以人的意志为转移的客观物质力量**。历史活动是由人创造的，社会关系是由人所建立的，但个人往往是无法预料，或者不能完全意识自己的活动及其创造物会有什么样的结果。比如，蒸汽机的创造者就不曾料到他的创造物会给社会带来这么巨大的影响。人的思想意识背后隐藏着不以人的意志为转移的社会物质经济原因。

——**社会历史合力表现为不以人的意志为转移的客观的发展规律**。在历史活动中，每个人都有自己的目的和愿望，但每个人的有意识的活动在总的历史发展过程中，互相交错、互相协助、互相矛盾、互相抵消，融合成一个不以任何一个人的愿望为转移的历史合力。

马克思主义合力理论告诉我们，在社会历史领域活动的都是一个一个现实的人，每个人的活动都是有意志的活动，而每个人的意志都受其存在的社会条件所制约与影响。无数有意识活动的个人之间都有冲突，并且相互抵消，最后形成一个总的历史的合力。这个总的历史力量是不以任何个人的意志为转移的客观力量，历史发展的最终结果是由历史的合力促成的。这个历史合力既包含有历史活动中每个人的有意识的行为作用，又表现为受最终物质经济原因支配的，不以个人的意志为转移的客观合力规律作用。

结　语

唯物史观肯定，在一定的历史条件下，人对历史的发展有一定的主体能动性，从而有一定的选择性。当然，过分夸大人的主观选择性，必然导致唯意志论，滑到唯心史观的泥坑。而否认人的主观能动作用，只承认不可抗拒的客观规律性，必然导致历史宿命论。人的选择性是在一定客观条件限度内，通过发挥人的主观能动性，顺应社会客观规律的必然趋势的主动选择。历史唯物主义坚持历史决定论基础上的历史选择论，与历史决定论有机统一。

历史唯物主义科学论证了社会规律的客观性质，也指明历史是人们的活动创造的，历史过程就是社会历史的客观规律的作用和人的主体活动的统一，是客观必然性与主体能动性、辩证决定与主体选择的统一。要处理好发挥人的主观能动性和尊重客观规律的关系，不仅要承认人类社会发展规律的客观必然性，还要看到人的主体能动性；不仅要承认社会发展的历史决定性，还要看到人的历史选择性。既要尊重客观规律，顺应历史潮流，又要充分发挥人的认识、选择、创造能力，在多种多样的可能性空间中，选择符合历史发展规律、符合人民根本利益的发展道路。要尊重历史规律，发挥主体选择能力，自觉地走历史必由之路。

第三节　马克思主义利益观

利益问题一直是人们关注的焦点问题，人类的全部社会活动都与利益密切相关，利益是社会发展的基础、前提和内在推力。利益是历史唯物主义的一个重要范畴，一切从人民的利益出发，是马克思主义利益观的基本点。

一　马克思主义利益理论的形成及其基本观点

利益问题贯穿人类社会始终，普遍存在于人类社会生产、生活之中。正是人们对“利益”的追求，才促进社会不断地发展进步。马克思认为，“人们为之奋斗的一切，都同他们的利益有关”[56]。列宁认为，利益是“人民生活中最敏感的神经”[57]。古今中外许多思想家都曾从不同角度讨论过“利益”问题，但他们对利益问题的看法，即利益观各不相同。

许多古代思想家都把利益问题作为自己研究和论述的重要议题。

孔子强调“重义轻利”，多次讲到“君子喻于义，小人喻于利”“见利思义”“因民之所利而利之”等重要命题。他站在维护当时统治阶级整体利益的立场上，也提出过“不与民争利”的思想。

中国古代有相当多思想家肯定“利”的积极作用。荀子（约前313—前238年）从“性恶论”的角度出发，认为人的本性是追求利的。墨子（前468—前376年）提出“兼相爱，交相利”，把“利”作为社会生活的基本内容。后期墨家继承墨子的思想，指出“义，利也”，以功利作为衡量社会行为的标准。韩非子（约前280—前233年）将“利”作为人的行为的动力。

中国进入封建社会后，朱熹（1130—1200年）等宋明理学家对孔孟“重义轻利”学说大加肯定，否定“利”的合理性和历史作用，提出“存天理，灭人欲”的主张。中国封建社会儒家理学从维护封建统治阶级的根本利益出发，提出封建阶级的利益观。所谓“存天理，灭人欲”，只不过是封建统治阶级欺骗老百姓的把戏，遵从封建社会的道德要求，让被统治阶级放弃利益追求，目的是维护统治阶级的利益。事实上，封建地主阶级从来没有放弃过自己的利益欲求。

针对宋明理学的禁欲思想，南宋思想家陈亮（1143—1194年）和叶适（1150—1223年）主张功利主义，认为道德不能脱离国计民生，不能脱离生活，道德需要借功利实现其价值。明清之际反对封建礼教的斗士李贽（1527—1602年）宣传个人功利主义，反映了封建社会晚期工商阶层的利益诉求，对封建统治阶级的利益观是一个反驳。清初思想家、教育家、颜李学派创始人颜元（1635—1704年）肯定人欲的合理性，主张谋取利益和道德原则相结合，提出“正其谊以谋其利，明其道而计其功”的义利统一观。颜元的利益观是对封建唯心主义义利观的否定，有其合理价值。

在西方思想史上，关于利益问题的论述也有许多有价值的看法。利益（interest）一词来源于拉丁文intecesse，原义是指某些具有报酬性的东西。古希腊哲学家柏拉图（Plato，约前427—前347年）在《理想国》中论述“公道既为政府之利益，非即强者之利益乎”[58]，反映了奴隶主阶级的利益观。

17世纪荷兰唯物论者斯宾诺莎（Spinoza，1632—1677年）认为，人为了保存自身而尔虞我诈，彼此处于敌对状态，人的自私需要是社会冲突的最终原因。17世纪英国唯物论者霍布斯（Hobbes，1588—1679年）则说：“对于每一个人，其目的都是为着他自己的利益的。”[59]他有一句名言：“人对人像狼一样。”因为在他看来，处于自然状态中的人的自然本性是“自爱心”“自利心”，人是彻头彻尾的利己的存在，这是造成人与人之间全面战争和冲突的原因。

真正把利益问题提到人类社会生活乃至历史变迁首要地位的西方资产阶级思想家，是18世纪法国唯物主义学者爱尔维修。在他看来，利益是社会生活中唯一的、普遍起作用的因素，是社会生活的基础、动力和社会矛盾根源，一切错综复杂的社会现象都可以从利益的角度得到解释，无论在任何时候、任何地方，无论在道德上，还是在认识上，都是个人利益支配着个人的判断，国家利益支配着国家的判断。爱尔维修较为明确地看到了利益规律制约着人的社会生活及社会历史的变迁。

19世纪德国唯心主义古典哲学家黑格尔认为，私人利益，特别是自私和恶劣的欲望是历史发展的直接动因。他还进一步用利益去说明社会不同集团、不同阶级、不同阶层的矛盾、冲突的原因。

自18世纪以来，资产阶级思想家们已经形成了比较系统的利益理论，这些理论承认人的物质欲望的正当性，承认物质利益的历史作用，这对封建主义和唯心主义神学利益观是一个沉重的打击。然而，他们的利益理论美化了资产阶级唯利是图的阶级本性，是资产阶级利益观的理论表现：一方面，他们看到了利益的历史作用和社会功能，反映了上升期资产阶级对封建主义及神学利益观的批判；另一方面，也反映了资产阶级追逐物质利益的精神实质，强调利己主义的资产阶级本质。

也有一些唯心主义思想家把唯物主义和人类美德对立起来，认为唯物主义就是贪吃、酗酒、娱乐、肉欲、虚荣、爱财、吝啬、贪婪、牟利、投机，而把唯心主义理解为对美德、普遍的人类爱的信仰。

唯物主义历史观创立之前的思想家们无法摆脱唯心史观的支配，无法科学揭示利益的形成机制和社会本质。

从唯物史观出发，马克思和恩格斯正确地说明了利益的本质、特点及其历史作用，科学地界定了利益范畴，形成了马克思主义利益理论：

——**追求利益是人类一切社会活动的动因**。“人们为之奋斗的一切，都同他们的利益有关。”[60]

——**利益是思想的基础，利益决定思想，利益推动生产和生活**。“‘思想’一旦离开‘利益’，就一定会使自己出丑。”[61]利益“成为生产的推动因素”。列宁肯定了马克思、恩格斯的思想，认为“利益‘推动着民族的生活’”[62]。

——**利益纠纷是阶级斗争产生的物质根源**。阶级斗争是“基于物质利益的”[63]根本冲突。

——**利益冲突具有推动社会发展的动力作用**。针对英法两国封建贵族、资产阶级和无产阶级的斗争情况，恩格斯认为：“这三大阶级的斗争和它们的利益冲突是现代历史的动力，至少是这两个最先进国家的现代历史的动力。”[64]

——**利益的社会本质和社会基础是生产关系**。“每一既定社会的经济关系首先表现为利益”[65]，经济利益是生产关系的具体表现，只有从生产关系出发，才能说明利益的本质和历史作用。

——**利益决定、支配政治权力、政治活动**。阶级斗争“首先是为了经济利益而进行的，政治权力不过是用来实现经济利益的手段”[66]。

——**分工是引起利益矛盾的原因**。“一个民族内部的分工，首先引起工商业劳动同农业劳动的分离，从而也引起城乡的分离和城乡利益的对立。”[67]“随着分工的发展也产生了单个人的利益或单个家庭的利益与所有互相交往的个人的共同利益之间的矛盾。”[68]

——**在阶级社会中，共同利益实际上是特殊的阶级利益。**“每一个企图取代旧统治阶级的新阶级，为了达到自己的目的不得不把自己的利益说成是社会全体成员的共同利益。”[69]资产阶级标榜为共同的利益，实际上就是资产阶级自己特殊的阶级利益。

马克思主义利益理论认为，任何一个社会首先必须满足人们的物质生活需要，满足人们的物质要求，即满足人们的物质利益要求。利益是社会发展的基础、前提和动力因素。生产力是社会发展的根本动力，而追求物质利益是人类一切社会活动的最终动因，是推动人们进行社会历史活动的内在推动力量，是历史演变的伟大杠杆。如果我们把物质利益作为观察历史的认识基点，那么我们就可以透视整个社会历史，洞察人类社会一切纷杂现象，从中理出一条清晰的线索来。任何社会变革归根结底都必须重新调整人们的利益关系，以促进和推动社会生产的发展，以满足人们的物质文化利益的需要。

二　利益实质是一种社会关系

马克思在《莱茵报》时期“第一次遇到要对所谓物质利益发表意见的难事”[70]。当时德国封建统治阶级为了维护剥削者的利益，把捡枯树枝列为盗窃林木的范围。围绕着穷人捡枯树枝是否犯盗窃罪的辩论，马克思坚定地站在贫苦人民一边，批判封建统治者的特权，要求保留人民的权益。然而，整个国家和法都是保护剥削阶级私有利益的，正是贵族地主阶级的私人利益左右、决定国家和法。马克思说：“利益是很有眼力的”，“整个世界……都是一个充满危险的世界，因为世界并不是一种利益的世界，而是许多种利益的世界。”[71]这使马克思深刻认识到社会等级背后隐藏着物质利益。在《关于林木盗窃法的辩论》中，马克思进一步把对立和不同的社会集团同物质利益上的对立和不同联系起来，看到物质利益在社会生活中的作用。

马克思看到了物质利益背后隐藏着不以个人意志为转移的客观关系的决定作用，并把这种客观关系同剥削阶级的利益联系起来了。马克思通过现实利益问题，深入到对现实经济问题的研究，从而确立了生产关系的科学范畴，创立了崭新的唯物史观，进而正确地解决了利益的本质和历史作用问题，建立了历史唯物主义的利益范畴，找到了真正引起历史转变的阿基米德支点——物质利益。

任何一个社会首先必须满足人们的物质生活需要，满足人们的物质利益要求。在人类活动的范围内，利益无处不在，无时不有。

什么是利益呢？要搞清楚什么是利益，就必须首先搞清楚什么是需要。

人作为有生命活动的社会存在物，只要具有生命，就有需求，需要吃饭、喝水、穿衣、住房……需要一切维持生命运动的必需品。然而，人不仅仅限于物质需要，还有精神需要。随着物质生活的不断丰富发展，随着社会进步和人类文明的发展，在解决物质生活资料需求的基础上，人的精神需求会越来越发展，需要识字、读书、欣赏艺术，追求美、人的尊严、人格、声誉、价值、自由、民主等维持精神活动的一切需求。看来，需要是人的生命活动的表现，凡是有生命活动的人，就有需要。

人的需要与动物需要的本质不同在于，人的需要是社会需要，不是纯粹的自然生理需要，人的任何需要都渗透着社会性。马克思明确地指出，人们的社会关系也是由人的需要产生的，是人的需要的现实产物。他说，把人和社会“连接起来的唯一纽带是自然的必然性，是需要和私人利益”[72]。马克思是从需要的社会性质来认识需要的。马克思主义认为，人要生活，就必须从事满足生活本身的生产活动，生产决定需要；人的需要又推动生产，也就是说，需要在某种意义上决定了第一个历史活动生产。生产与需要的相互作用决定人们之间的物质联系，推动人类社会进步，形成历史发展。

解决了什么是需要，就可以解决什么是利益的问题了。

——**需要与利益既一致又有区别**。一方面，利益与需要之间是相互联系的。需要是利益的前提和基础，特别是物质的自然生理需要是形成利益（首先是物质利益）的自然基础。人的需要体现了人对物质文化和精神文化的需求，构成利益的前提和基础。另一方面，利益与需要之间是有区别的。二者之间最重要的区别是：需要反映的是人们对客观需求对象的直接欲求、直接依赖关系，是人们维持生命的物质生活条件和精神生活条件的直接依赖关系。譬如，饿了，要吃饭，对食物就产生一种直接的需求依赖关系。利益则是在需要的基础上形成的，是人对客观需求对象的关心、兴趣、认识和追求，反映了人与人之间的社会关系，是人们之间对需求对象的一种分配关系。譬如，在原始社会，人们为了有足够的食物，满足自身生存的需要，就要结合在一起，构成劳动共同体，进行捕猎生产。捕猎归来，人们就要对猎物进行分配，这就产生了人与人之间的利益分配关系。如何分配猎物，是按捕猎的人数平均分，还是获取猎物多的人获得较多的猎物，这都涉及利益分配问题。利益的实质是人与人之间对需求对象的分配关系，是一种经济、社会关系。

——**利益具有社会关系的本质**。利益是必然经过社会关系，首先是经济关系的过滤才能体现出来的需要。需要本身不是利益，不能把需要和利益混为一谈。需要仅反映了人与客观需求对象的直接关系，而利益则反映出人与人之间的因对需求对象的依赖而产生的相互关系。需要转化成利益，必须要经过社会关系，首先是经济关系的作用。在任何一个具体的社会形态中，人的需要在一定的社会关系中就表现为利益。利益是需要在经济关系上的表现，离开现实的社会经济关系，就不可能理解利益。譬如，人们对食品的追求构成了人的最基本的物质要求，然而，人们要获得这种物质需要的满足，必须首先占有生产资料，然后经过一定的社会分配方式才能获得。于是，人对物质生产条件的需要、对物的直接需求关系，就表现为人与人之间的一种利益关系。可见，人对物的直接需求关系，经过经济关系的中介，就表现为人与人之间因需要而发生的利益关系。一定的社会经济分配关系是利益的社会本质。**利益是关系范畴**。利益实质上是人对一定的需求对象的占有关系、分配关系，离开对一定需求对象的占有关系、分配关系，不能称为利益。

三　民生是高于一切的人民的根本利益

民生就是人民的生存权、生活权、幸福权，是人民追求美好生活的需求，是人民的根本利益之所在。人民的利益高于一切，民生重于一切。如果顺应人民的利益，重视民生，那么便会推动历史的进步；如果与人民的利益背道而驰，无视民生，那么人民便会维护自己的利益，同违背人民利益的行为作斗争。

人民既是经济利益、政治利益和精神利益的创造者，也是这些利益的享有者。任何真正的社会运动，都是人民为争取自己的权利、利益而自觉参与的运动，都是民生运动。在剥削阶级占统治地位的社会中，人民在经济、政治、社会各方面处于无权地位，他们的作用得不到正常的发挥。人民要争取自己的经济利益、政治权利，就必须进行反对统治者和剥削者的斗争。在社会主义条件下，人民在经济上有了生产资料的所有权和支配权，在政治上也确立了自己的主体地位。作为人民利益代表的中国共产党必须一切从人民的利益出发，重视民生，抓好民生。

人民是由现实的人组成的，而现实的人要想实现其社会利益，需要满足吃、穿、住、用、行等个人基本需求，这本身也就说明民生需求就是要满足每个人利益的合理性。邓小平认为："每个人都应该有他一定的物质利益"〔73〕。"不讲多劳多得，不重视物质利益，对少数先进分子可以，对广大群众不行，一段时间可以，长期不行。革命精神是非常宝贵的，没有革命精神就没有革命行动。但是，革命是在物质利益的基础上产生的，如果只讲牺牲精神，不讲物质利益，那就是唯心论。"〔74〕正当的物质利益需求是应该得到尊重和支持的，一定要使人民得到应该得到的、看得见、摸得着的物质利益，而且随着经济的发展，人民得到看得见、摸得着的物质利益要不断地增加。只有这样，才能使人民真心诚意地拥护改革开放和社会主义现代化建设。

毛泽东把合乎最广大人民的最大利益作为最高标准，"应该使每个同志明了，共产党人的一切言论行动，必须以合乎最广大人民群众的最大利益，为最广大人民群众所拥护为最高标准"〔75〕。这就是我们共产党人解决民生问题的最高准则。民生要求与历史发展的必然性是相一致的，能否代表人民的根本利益，得到人民的拥护，是国家兴衰成败的关键。因此，要把人民的利益、意志、愿望、要求作为党和国家制定路线、方针、政策的出发点和归宿，在任何时候、任何条件下，都必须一切从人民利益出发，全心全意地为人民服务，实际地解决好民生问题。"我们共产党人区别于其他任何政党的又一个显著的标志，就是和最广大的人民群众取得最密切的联系。全心全意地为人民服务，一刻也不脱离群众；一切从人民的利益出发，而不是从个人或小集团的利益出发；向人民负责和向党的领导机关负责的一致性；这些就是我们的出发点。"〔76〕

共同富裕是社会主义的重要本质，是社会主义不能动摇的基本原则，是社会主义解决民生问题的最高要求。社会主义必须走

共同富裕的道路，解决好民生问题，努力维护好、实现好、发展好人民利益。

什么是社会主义？社会主义的本质是什么？邓小平一针见血地指出："社会主义的本质，是解放生产力，发展生产力，消灭剥削，消除两极分化，最终达到共同富裕。"[77]社会主义最基本的特征有两条：一条是解放和发展生产力，另一条是不搞两极分化，共同富裕。这两条是一致的，可以说，社会主义的本质是共同富裕。共同富裕有两层内涵：一是要解放和发展生产力，富起来，贫穷不是社会主义；二是要共同富起来，两极分化也不是社会主义。我国社会主义建设的经验教训，苏联、东欧社会主义失败的惨痛教训明确告诫我们，生产力发展不上去，就不是合格的社会主义；社会主义要富起来，必须发展生产力，发展生产力是根本任务。生产力发展不上去，社会主义制度的优越性就发挥不出来。正是从上述意义上说，解放与发展生产力是社会主义本质的重要内涵。社会主义不排斥富裕，但要的是共同富裕，社会主义解放和发展生产力是为了共同富裕，共同富裕是社会主义的目的，实现共同富裕是民生的根本利益之所在。

中国共产党执政要解决两大任务：一个任务是做大蛋糕，就是解放和发展生产力，让国家尽快地富起来、强起来，这是社会主义共同富裕的物质基础。另一个任务就是要分好蛋糕，解决好分配问题，防止和避免两极分化，让全体人民共同富裕。现在看来，如何分好蛋糕，解决好社会公正问题，这是必须面对的重大现实问题。解决好共同富裕的问题就是解决民生的中心问题，是推进中国特色社会主义发展的重大战略选项。

四　一切从人民利益出发，人民利益至上

人民的利益至高无上，是马克思主义利益观的根本原则。维护人民的利益是我们党的根本出发点和目的。坚持人民的

利益高于一切，个人利益无条件地服从人民利益，这是共产党人应当坚持的马克思主义利益观。中国共产党在中国革命的任何时期都充分代表最广大人民群众的根本利益，在社会主义改革开放和现代化建设的新的历史条件下，在发展市场经济的新情况下，中国共产党仍然代表最广大人民群众的根本利益，这一点不因环境和条件的改变而改变。

发展社会主义市场经济有积极的一面，也有消极的一面。在发展市场经济的过程中，个人主义、拜金主义、享乐主义、小团体主义，甚至腐败堕落现象也会滋长蔓延，这又会损害人民的根本利益。因此，在社会主义市场经济条件下，共产党员能不能以人民的利益为重，经得起市场经济的考验，是一个十分重要的问题。共产党员只有树立人民利益高于一切的马克思主义利益观，才能处理好市场经济中形形色色的利益问题，经得起考验。

全心全意为人民谋利益，是共产党党性的集中表现。

党性是阶级性的最高、最集中的体现。在阶级存在的社会里，任何一个政党都代表一定的阶级或阶层的利益。中国共产党是代表中国工人阶级及广大人民群众的根本利益的，正是在这个意义上说，中国共产党的党性就是工人阶级利益、人民利益的集中体现。坚持党性，必须坚持人民利益高于一切的原则。人民的利益高于一切，是党员思想和行动的最高准则，全心全意为人民谋利益是党性纯真的表现。用党性原则约束自己，最重要的就是一心一意为人民谋利益。为人民谋利益，对于我们的干部来说，并不是新要求，但是，在改革开放、发展社会主义市场经济的新时期，我们的党员能否始终如一、言行一致地为人民谋利益，却不是很容易的事。这对党员的党性要求来说，又是一个非常重要而又严格的考验。

每一个党员怎样才能做到全心全意为人民谋利益呢？要真学真信真懂真用马克思主义世界观方法论，树立共产主义远大理想，坚持中国特色社会主义的道路自信、理论自信、制度自信、文化自信。要做到理论彻底，政治清醒，理想远大，信念坚定；严格要求自己，反腐倡廉，摆正主仆关系，树立领导就是服务的意识，切切实实为人民办好事，永远做人民的公仆；正确对待和处理好个人利益，必须把人民的利益摆在首位，在个人利益和人民利益发生矛盾时，个人利益要服从人民利益，作为共产党员应该提倡奉献精神。

在市场经济条件下，共产党人应该具有的马克思主义利益观是：

——一切从人民的利益出发，是共产党员约束自身行为的最高准则。

——全心全意为人民谋利益，是共产党员一切言行的根本落脚点。

——不谋私利，是共产党员对待利益问题的基本原则。

——个人利益服从人民利益，是共产党员的党性要求。

——符合不符合人民的利益，是判断我们党得失成败的根本标准。

结 语

利益问题是一个重大的现实问题，同时也是一个严肃的哲学问题。马克思主义利益理论为我们提供了在复杂的社会生活中分析、认识、解决一切社会利益问题的明晰的指导。列宁指出：“如果你们没有指出哪些阶级的利益，哪些在当前占主导地位的利益决定着各政党的本质和这些政党的政策的本质，那么事实上你们就没有运用马克思主义……”〔78〕从历史的跨度来看，利益是社会历史变迁的内在动力，站在利益的角度可以透视整个人类社会，揭示社会历史之谜；从当今风云突变的国际形势来看，利益是左右国际局势的深层原因，以利益为出发点可以洞察世界格局变化的动向；从中国特色社会主义伟大实践来看，运用马克思主义利益理论，可以正确处理人民内部的利益关系和利益矛盾，合理协调各方利益关系，充分调动人民群众的积极性，保持社会持续稳定和谐，推进中国特色社会主义事业发展。

注 释

〔1〕康德:《实践理性批判》，人民出版社 2016 年版，第 186 页。

〔2〕《毛泽东文集》第 8 卷，人民出版社 1999 年版，第 321 页。

〔3〕《马克思恩格斯文集》第 2 卷，人民出版社 2009 年版，第 598 页。

〔4〕《马克思恩格斯文集》第 3 卷，人民出版社 2009 年版，第 428 页。

〔5〕《列宁专题文集·论马克思主义》，人民出版社 2009 年版，第 14 页。

〔6〕《马克思恩格斯文集》第 4 卷，人民出版社 2009 年版，第 313 页。

〔7〕《马克思恩格斯文集》第 1 卷，人民出版社 2009 年版，第 503 页。

〔8〕《马克思恩格斯文集》第 1 卷，人民出版社 2009 年版，第 505 页。

〔9〕《马克思恩格斯文集》第 1 卷，人民出版社 2009 年版，第 196 页。

〔10〕《马克思恩格斯文集》第 10 卷，人民出版社 2009 年版，第 289 页。

〔11〕《马克思恩格斯文集》第 2 卷，人民出版社 2009 年版，第 34 页。

〔12〕《马克思恩格斯文集》第 10 卷，人民出版社 2009 年版，第 106 页。

〔13〕《马克思恩格斯文集》第 9 卷，人民出版社 2009 年版，第 391—392 页。

〔14〕《马克思恩格斯文集》第 10 卷，人民出版社 2009 年版，第 106 页。

〔15〕《马克思恩格斯文集》第 9 卷，人民出版社 2009 年版，第 29 页。

〔16〕《列宁专题文集·论社会主义》，人民出版社 2009 年版，第 145 页。

〔17〕《列宁专题文集·论马克思主义》，人民出版社 2009 年版，第 206 页。

〔18〕《马克思恩格斯选集》第 4 卷，人民出版社 2012 年版，第 595 页。

〔19〕《列宁专题文集·论辩证唯物主义和历史唯物主义》，人民出版社 2009 年版，第 166 页。

〔20〕《列宁专题文集·论马克思主义》，人民出版社 2009 年版，第 15 页。

〔21〕《列宁全集》第 15 卷，人民出版社 1988 年版，第 375 页。

〔22〕《马克思恩格斯全集》第 25 卷，人民出版社 2001 年版，第 534 页。

〔23〕《马克思恩格斯文集》第 4 卷，人民出版社 2009 年版，第 304 页。

〔**24**〕张岱年、敏泽主编：《回读百年》第 5 卷（上），大象出版社 2009 年版，第 320 页。

〔**25**〕《普列汉诺夫哲学著作选集》第 2 卷，生活 · 读书 · 新知三联书店 1961 年版，第 359—360 页。

〔**26**〕《马克思恩格斯文集》第 4 卷，人民出版社 2009 年版，第 308 页。

〔**27**〕张岱年、敏泽主编：《回读百年》第 5 卷（上），大象出版社 2009 年版，第 332 页。

〔**28**〕张岱年、敏泽主编：《回读百年》第 5 卷（上），大象出版社 2009 年版，第 291 页。

〔**29**〕张岱年、敏泽主编：《回读百年》第 5 卷（上），大象出版社 2009 年版，第 322 页。

〔**30**〕参见张岱年、敏泽主编《回读百年》第 5 卷（上），大象出版社 2009 年版，第 286 页。

〔**31**〕《马克思恩格斯文集》第 2 卷，人民出版社 2009 年版，第 591—592 页。

〔**32**〕《列宁专题文集 · 论社会主义》，人民出版社 2009 年版，第 357—358 页。

〔**33**〕《马克思恩格斯文集》第 8 卷，人民出版社 2009 年版，第 29 页。

〔**34**〕《马克思恩格斯文集》第 1 卷，人民出版社 2009 年版，第 540—541 页。

〔**35**〕《列宁专题文集 · 论辩证唯物主义和历史唯物主义》，人民出版社 2009 年版，第 161 页。

〔**36**〕《马克思恩格斯文集》第 5 卷，人民出版社 2009 年版，第 10 页。

〔**37**〕《马克思恩格斯全集》第 42 卷，人民出版社 2016 年版，第 16 页。

〔**38**〕《马克思恩格斯文集》第 9 卷，人民出版社 2009 年版，第 300 页。

〔**39**〕《马克思恩格斯文集》第 4 卷，人民出版社 2009 年版，第 302 页。

〔**40**〕《马克思恩格斯文集》第 1 卷，人民出版社 2009 年版，第 295 页。

〔**41**〕《马克思恩格斯文集》第 1 卷，人民出版社 2009 年版，第 604 页。

〔**42**〕《列宁专题文集 · 论辩证唯物主义和历史唯物主义》，人民出版社 2009 年版，第 162 页。

〔**43**〕《马克思恩格斯文集》第 2 卷，人民出版社 2009 年版，第 14 页。

〔**44**〕《列宁专题文集 · 论辩证唯物主义和历史唯物主义》，人民出版社 2009 年版，第 185 页。

〔**45**〕《邓小平文选》第 3 卷，人民出版社 1993 年版，第 382—383 页。

〔**46**〕《马克思恩格斯文集》第2卷，人民出版社2009年版，第43页。

〔**47**〕《马克思恩格斯文集》第2卷，人民出版社2009年版，第592页。

〔**48**〕《列宁全集》第55卷，人民出版社2017年版，第270页。

〔**49**〕《列宁全集》第55卷，人民出版社2017年版，第274页。

〔**50**〕《马克思恩格斯文集》第2卷，人民出版社2009年版，第602页。

〔**51**〕《马克思恩格斯文集》第4卷，人民出版社2009年版，第304页。

〔**52**〕《马克思恩格斯文集》第4卷，人民出版社2009年版，第305页。

〔**53**〕《马克思恩格斯文集》第4卷，人民出版社2009年版，第305页。

〔**54**〕《马克思恩格斯文集》第4卷，人民出版社2009年版，第306页。

〔**55**〕《马克思恩格斯文集》第10卷，人民出版社2009年版，第592—593页。

〔**56**〕《马克思恩格斯全集》第1卷，人民出版社1995年版，第187页。

〔**57**〕《列宁全集》第16卷，人民出版社2017年版，第136页。

〔**58**〕柏拉图：《理想国》，商务印书馆1959年版，第24—25页。

〔**59**〕霍布斯：《利维坦》，载《西方伦理学名著选辑》（上），商务印书馆1964年版，第667页。

〔**60**〕《马克思恩格斯全集》第1卷，人民出版社1995年版，第187页。

〔**61**〕《马克思恩格斯文集》第1卷，人民出版社2009年版，第286页。

〔**62**〕《列宁全集》第55卷，人民出版社2017年版，第75页。

〔**63**〕《马克思恩格斯文集》第9卷，人民出版社2009年版，第29页。

〔**64**〕《马克思恩格斯文集》第4卷，人民出版社2009年版，第305页。

〔**65**〕《马克思恩格斯文集》第3卷，人民出版社2009年版，第320页。

〔**66**〕《马克思恩格斯文集》第4卷，人民出版社2009年版，第305页。

〔**67**〕《马克思恩格斯文集》第1卷，人民出版社2009年版，第520页。

〔**68**〕《马克思恩格斯文集》第1卷，人民出版社2009年版，第536页。

〔**69**〕《马克思恩格斯文集》第1卷，人民出版社2009年版，第552页。

〔**70**〕《马克思恩格斯文集》第2卷，人民出版社2009年版，第588页。

〔**71**〕《马克思恩格斯全集》第1卷，人民出版社1995年版，第272页。

〔**72**〕《马克思恩格斯文集》第1卷，人民出版社2009年版，第42页。

〔**73**〕《邓小平文选》第2卷，人民出版社1994年版，第337页。

〔**74**〕《邓小平文选》第2卷，人民出版社1994年版，第146页。

〔**75**〕《毛泽东选集》第3卷，人民出版社1991年版，第1096页。

〔**76**〕《毛泽东选集》第 3 卷，人民出版社 1991 年版，第 1094—1095 页。
〔**77**〕《邓小平文选》第 3 卷，人民出版社 1993 年版，第 373 页。
〔**78**〕《列宁全集》第 15 卷，人民出版社 2017 年版，第 375 页。

原版后记

2010 年 7 月 4 日，中国社会科学院院长王伟光教授（时任常务副院长）主持召开了《新大众哲学》编写工作第一次会议，传达了中共中央宣传部关于编写《新大众哲学》课题立项的决定，正式启动了这一重大科研任务。在启动会议上，成立了依托中国辩证唯物主义研究会、以中国社会科学院与中共中央党校的专家学者为主的编写组，由王伟光教授任主编，李景源、庞元正、李晓兵、孙伟平、毛卫平、冯鹏志、郝永平、杨信礼、辛鸣、周业兵、王磊、陈界亭、曾祥富等为编写组成员。

从 2010 年 7 月初到 8 月底，编写组成员认真走访了资深专家学者。对京内专家，采取登门拜访的形式；对京外学者，则采取函询的方式。韩树英、邢贲思、杨春贵、汝信、赵凤岐、黄楠森、袁贵仁、陶德麟、侯树栋、许志功、陈先达、陈晏清、张绪文、宋惠昌、沈冲、卢俊忠、卢国英、王丹一、赵光武、赵家祥等充分肯定了编写《新大众哲学》的重要意义，提出了有价值的建议（其中一部分书面建议已经安排在《马克思主义哲学论丛》上分期刊发了）。编写组专门召开会议，对各位专家提出的意见和建议进行了充分讨论，认真吸取各位专家的建言。

编写组认真提炼和归纳了马克思主义哲学关注并需要回答的 300 个当代重大理论与现实问题。从 2010 年 7 月 31 日到 11 月底，编写组对这些问题进行了反复研讨和精心梳理。经过充分讨论，编写组把《新大众哲学》归纳为总论、唯物论、辩证法、认识论、历史观、价值论和人生观七个分篇，拟定了研究写作提纲，制订了统一规范的写作体例。

《新大众哲学》编写组成员领到写作任务后，自主安排学习、研究与写作。全组隔周安排一次研讨会，对提交的文稿逐一进行研究讨论。在王伟光教授的带动下，这种日常性的集中讨论在三年多的时间里一直得到了严格坚持，从 2010 年 7 月启动到 2013 年 10 月已持续了 80 次，每次都形成了会议纪要。写出初稿后，还安排了 3 次集中讨论，每次集中 3 天时间。这些内容都体现在《新大众哲学》的副产品《梅花香自苦寒来——〈新大众哲学〉编写资料集》中。

主编王伟光教授在公务相当繁忙的情况下，一直亲自主持双周讨论会，即使国外出访或国内出差也想办法补上。他在白天事务缠身的情况下，经常在夜间加班，或从晚上工作到凌晨 2 点，或从清晨 4 点开始工作。他亲自针对问题拟定了写作提纲，审改了每份初稿，甚至对相当多的稿件重新写作，保证了书稿的质量与风格。可以说，在编写《新大众哲学》的过程中，他投入了最多的精力，奉献了最多的智慧。

经过三年多的努力，大部分稿件已基本成稿。为统一写作风格并达到目标要求，王伟光教授主持了五次集中修订书稿。每一次修改文稿，每稿至少改三遍，多则十遍。第一次带领孙伟平和辛鸣，于 2013 年 5 月对所有书稿进行统稿，相当多的书稿几乎改写或重写。在这个基础上，他于同年 7 月—10 月重新修订全部书稿，改写、重写了相当多的书稿，作了第二次集中修订。2013 年 11 月，王伟光教授将全部书稿打印成册，送请国内若干资深专家学者再次征求意见。韩树英、邢贲思、杨春贵、赵凤岐、陶德麟、侯树栋、许志功、陈先达、陈晏清、张绪文、宋惠昌、赵家祥、郭湛、丰子义等认真阅读了书稿，提出了中肯的修改意见。在这期间，王伟光教授对书稿进行了第三次集中审阅、改写和重写。2013 年 12 月上旬，其对书稿进行了第四次集中审阅和改写。2014 年 1 月 5 日，根据专家意见，编写组成员进行了一次，即第 81 次集中讨论。2014 年 1 月—3 月分别作了初步修改。在此基础上，王伟光教授于 2014 年 3 月—6 月进行了第五次集中修改定稿，对每部书稿作了多遍修改，甚至重写。孙伟平也同时阅改了全书，辛鸣、冯鹏志阅改了部分书稿。于 2014 年 6 月 8 日，书稿交由人民出版社和中国社会科学出版社出版。同年 7 月，王伟光教授和孙伟平同志根据编辑建议修订了全部书稿，8 月审改了书稿清样。

在《新大众哲学》即将面世之际，往事历历在目。在这四年左右的时间里，编写组成员牺牲了节假日和平常休息时间，花费了大量的精力和心血。出于对马克思主义哲学的忠诚、信念和追求，老中青学者达成了共识，并紧密凝聚在一起，不辞劳苦，甘于奉献。资深专家的精心指导和严格把关，是《新大众哲学》提升质量的重要条件。《新大众哲学》在写作过程中，参考了《大众哲学》《马克思主义哲学纲要》《通俗哲学》等著述。黑龙江佳木斯市市委书记王兆力、北京观音阁文物有限公司董事长魏金亭、大有数字资源公司董事长张长江、北京国开园中医药技术开发服务中心董事长高武等，提供了便利的会议场地和基本的物质条件，这是《新大众哲学》如期完成的可靠保障。人民出版社和中国社会科学出版社对此书出版高度重视，编辑人员展现了一流的编辑水平和敬业精神。我们一并表示诚挚的感谢！